RAHMAN'IN DOSTLARI İLE ŞEYTANIN DOSTLARI ARASINDAKİ FARK

Sheikh-ul-Islam ibn Taymiyyah

ÖNSÖZ

Rabbim! Bana kolaylaştır ve tamamlamayı nasip et!

Hamd Allah içindir. O'ndan yardım ister, hidayet ve bağışlama-sını talep ederiz. Nefislerimizin şerlerinden ve amellerimizin kötülük-lerinden O'na sığınırız. Allah'ın hidayet verdiğini (doğru yola ilettiğini) saptıracak, saptırdığına da hidayet verecek yoktur. Biz şehadet ederiz ki Allah'dan başka ilah yoktur ve yine şehadet ederiz ki Muhammed -sallallahu aleyhi ve sellem- O'nun kulu ve Resulüdür. Hak olan bir din, hûda ve dinin hepsini açıklamak için Resulünü göndermiştir. Allah şahit olarak yeter.

Rasûlünü kıyamete yakın bir saatte müjdeleyici, uyarıcı, O'nun izniyle Allah'a davet eden, karanlığı aydınlatan bir ışık ve dalâletten (sapıklıktan) doğru yola ileten olarak göndermiştir. O'nunla kör gözleri görür hale getirdi ve O'nunla kullarını günâhlardan temizledi. Kör gözleri O'nunla gördürdü, sağır kulakları O'nunla işittirdi ve (kararmış kalpleri) O'nunla parlattı. O'nunla hak ile bâtılın, hidâyet ile sapıklığın, doğruyla eğrinin, mü'minler ile kâfirlerin, mutluluk içindeki Cennet Ehli ile sıkıntılı Cehennem Ehli'nin ve Allah'ın dostlarıyla Allah'ın düşmanlarını birbirinden ayırt etti. Ve Allah'ın dostlarıyla Allah'ın düşmanlarını beyân etmiştir.

Muhammed -sallallahu aleyhi ve sellem- bir kimse için onun Allah'ın Dostları'ndan olduğuna dâir şâhitlik ederse o Rahman'ın dostlarındandır. Kimin içinde onun Allah'ın düşmanlarından biri olduğuna dâir şâhitlik ederse o Şeytan'ın dostlarındandır.

Allah -Subhânehu ve Teâlâ- Kitabı'nda ve Nebisi -sallallahu aleyhi ve sellem-'in sünnetinde Allah'ın insanlardan dostları olduğu gibi, şeytanın da insanlardan dostları olduğunu açıklamıştır. Ve Rahman'ın dostlarıyla şeytanın dostlarını ayırt etmiştir.

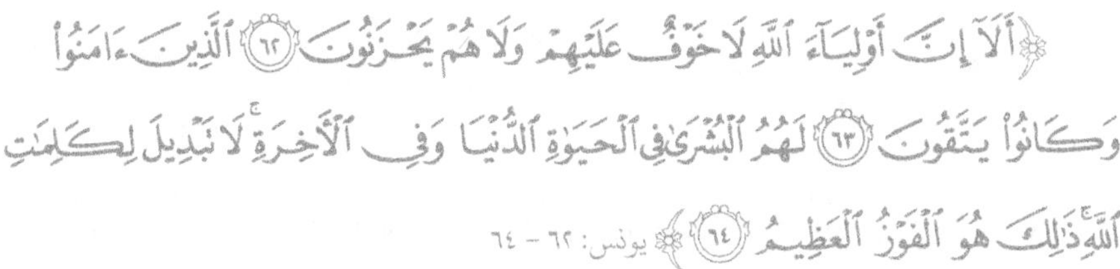

"Haberiniz olsun ki, Allah'ın dostlarına hiçbir korku yoktur; mahzûn olacaklar da onlar değildir. Onlar, îman edenler ve takvaya ermiş olanlardır. Dünya hayatında da âhiret hayatında da müjde onlaradır. Allah'ın sözlerinde hiçbir değişme yoktur. İşte en büyük kurtuluş budur ."[1]

$$\text{﴿ اللّٰهُ وَلِيُّ الَّذِينَ اٰمَنُوا يُخْرِجُهُمْ مِنَ الظُّلُمَاتِ إِلَى النُّورِ وَالَّذِينَ كَفَرُوا أَوْلِيَاؤُهُمُ الطَّاغُوتُ يُخْرِجُونَهُمْ مِنَ النُّورِ إِلَى الظُّلُمَاتِ أُولٰئِكَ أَصْحَابُ النَّارِ هُمْ فِيهَا خَالِدُونَ ﴾}$$

۲۵۷ ﴿۲۵۷﴾ البقرة: ۲۵۷

"Allah, inananların dostudur; onları karanlıklardan aydınlığa çıkarır. Küfredenler ise, onların dostları tağutlardır ve onları aydınlıktan karanlıklara çıkarırlar. Bunlar, cehennem ashabı olup, orada dâimîdirler."[2]

$$\text{﴿ يَا أَيُّهَا الَّذِينَ اٰمَنُوا لَا تَتَّخِذُوا الْيَهُودَ وَالنَّصَارَى أَوْلِيَاءَ بَعْضُهُمْ أَوْلِيَاءُ بَعْضٍ وَمَنْ يَتَوَلَّهُمْ مِنْكُمْ فَإِنَّهُ مِنْهُمْ إِنَّ اللّٰهَ لَا يَهْدِي الْقَوْمَ الظَّالِمِينَ ﴿٥١﴾ فَتَرَى الَّذِينَ فِي قُلُوبِهِمْ مَرَضٌ يُسَارِعُونَ فِيهِمْ يَقُولُونَ نَخْشَى أَنْ تُصِيبَنَا دَائِرَةٌ فَعَسَى اللّٰهُ أَنْ يَأْتِيَ بِالْفَتْحِ أَوْ أَمْرٍ مِنْ عِنْدِهِ فَيُصْبِحُوا عَلَى مَا أَسَرُّوا فِي أَنْفُسِهِمْ نَادِمِينَ ﴿٥٢﴾ وَيَقُولُ الَّذِينَ اٰمَنُوا أَهٰؤُلَاءِ الَّذِينَ أَقْسَمُوا بِاللّٰهِ جَهْدَ أَيْمَانِهِمْ إِنَّهُمْ لَمَعَكُمْ حَبِطَتْ أَعْمَالُهُمْ فَأَصْبَحُوا خَاسِرِينَ ﴿٥٣﴾ يَا أَيُّهَا الَّذِينَ اٰمَنُوا مَنْ يَرْتَدَّ مِنْكُمْ عَنْ دِينِهِ فَسَوْفَ يَأْتِي اللّٰهُ بِقَوْمٍ يُحِبُّهُمْ وَيُحِبُّونَهُ أَذِلَّةٍ عَلَى الْمُؤْمِنِينَ أَعِزَّةٍ عَلَى الْكَافِرِينَ يُجَاهِدُونَ فِي سَبِيلِ اللّٰهِ وَلَا يَخَافُونَ لَوْمَةَ لَائِمٍ ذٰلِكَ فَضْلُ اللّٰهِ يُؤْتِيهِ مَنْ يَشَاءُ وَاللّٰهُ وَاسِعٌ عَلِيمٌ ﴿٥٤﴾ إِنَّمَا وَلِيُّكُمُ اللّٰهُ وَرَسُولُهُ وَالَّذِينَ اٰمَنُوا الَّذِينَ يُقِيمُونَ الصَّلَاةَ وَيُؤْتُونَ الزَّكَاةَ وَهُمْ رَاكِعُونَ ﴿٥٥﴾ وَمَنْ يَتَوَلَّ اللّٰهَ وَرَسُولَهُ وَالَّذِينَ اٰمَنُوا فَإِنَّ حِزْبَ اللّٰهِ هُمُ الْغَالِبُونَ ﴾}$$

﴿٥٦﴾ المائدة: ٥١ ــ ٥٦

"Ey îman edenler! Yahudîleri ve hırısiyanları kendinize dost edinmeyin. Onlar biribirlerinin dostudurlar. İçinizden her kim onları dost edinirse, o onlardandır. Allah, şüphesiz, zâlim kimseleri doğru yola iletmez. Kalplerinde bir hastalık bulunan (münafık) ların "başımıza bir felâket gelmesinden korkuyoruz" diyerek (yahudilerin) arasında koşuştularını gö-rürsün. Fakat mümkündür ki, Allah, kendi katından bir zafer, yahut bir emir

---

[1] Yûnus Sûresi: 62-64
[2] Bakara Sûresi: 257

getirir de, onlar da, içlerinde gizledikleri şeyden dolayı pişman olurlar.Îman edenler ise, "sizinle beraber olduklarına dâir, Allah'a bütün güç-leriyle yemin edenler bunlar mı? " derler. Onların bütün amelleri boşa git-miş ve kendileri de hüsrana uğrayanlardan olmuşlardır.Ey îman edenler! İçinizden her kim, dininden dönerse, (böylelerine karşı) Allah, öyle bir kavim getirir ki, kendisi onları sever, onlar da Allah'ı severler; mü'minlere karşı yumuşak, kâfirlere karşı güçlüdürler. Allah yolunda savaşırlar; ve hiçbir kınayanın kınamasından korkmazlar. İşte bu, Allah'ın dilediğine verdiği bir fazîlettir. Allah, ihsânı bol, her şeyi hakkıyla bilendir.Sizin asıl dostunuz Allah'tır. Rasûlüdür ve (Allah'ın emirlerine) boyun eğerek namazlarını dosdoğru kılıp zekâtlarını veren mü'minlerdir. Bu itibarla, her kim, Allah'ı, Rasûlünü ve îman edenleri dost edinirse, işte dâima gâlip gelecek olanlar, Allah tarafını tutanlardır."[1]

﴿ هُنَالِكَ الْوَلَايَةُ لِلّٰهِ الْحَقِّ هُوَ خَيْرٌ ثَوَابًا وَخَيْرٌ عُقْبًا ۝ ﴾ الكهف: ٤٤

" İşte bu durumda yardım, yalnız hak olan Allah'a âittir; O, sevab yönünden daha hayırlıdır; âkıbet yönünden de daha hayırlıdır."[2]

Şeytanın dostlarını zikrederek Allah şöyle buyuruyor:

﴿ فَإِذَا قَرَأْتَ الْقُرْاٰنَ فَاسْتَعِذْ بِاللّٰهِ مِنَ الشَّيْطَانِ الرَّجِيمِ ۝ إِنَّهُ لَيْسَ لَهُ سُلْطَانٌ عَلَى الَّذِينَ اٰمَنُوا وَعَلَى رَبِّهِمْ يَتَوَكَّلُونَ ۝ إِنَّمَا سُلْطَانُهُ عَلَى الَّذِينَ يَتَوَلَّوْنَهُ وَالَّذِينَ هُمْ بِهِ مُشْرِكُونَ ۝ ﴾ النحل: ٩٨ ـ ١٠٠

" Kur'an okuduğun zaman, (Allah'ın rahmetinden) kovulmuş şeytandan Allah'a sığın. Şu bir gerçektir ki, şeytanın îman edenler ve Rabbine güvenip dayananlar üzerinde hiçbir nüfûzu yoktur.Onun nüfûzu, sadece kendisini dost tutanlar ve onun yüzünden müşrik olanların üzerindedir." [3]

﴿ الَّذِينَ اٰمَنُوا يُقَاتِلُونَ فِي سَبِيلِ اللّٰهِ وَالَّذِينَ كَفَرُوا يُقَاتِلُونَ فِي سَبِيلِ الطَّاغُوتِ فَقَاتِلُوا أَوْلِيَاءَ الشَّيْطَانِ إِنَّ كَيْدَ الشَّيْطَانِ كَانَ ضَعِيفًا ۝ ﴾ النساء: ٧٦

---

[1] Mâide Sûresi : 51-56
[2] Kehf Sûresi: 44
[3] Nahl Sûresi : 98-100

"Oysa îman edenler Allah yolunda, küfredenler de, bâtıl inançları uğruna savaşırlar.
O halde siz (ey mü'minler!) şeytanın dostlarıyla savaşın. Şüphe yoktur ki, şeytanın hilesi
zayıftır."[1]

وَإِذْ قُلْنَا لِلْمَلَائِكَةِ اسْجُدُوا لِآدَمَ فَسَجَدُوا إِلَّا إِبْلِيسَ كَانَ مِنَ الْجِنِّ فَفَسَقَ عَنْ أَمْرِ رَبِّهِ أَفَتَتَّخِذُونَهُ وَذُرِّيَّتَهُ أَوْلِيَاءَ مِنْ دُونِي وَهُمْ لَكُمْ عَدُوٌّ بِئْسَ لِلظَّالِمِينَ بَدَلًا ﴿٥٠﴾ الكهف: ٥٠

"Meleklere 'Âdem'e secde edin' dediğimizde, cinlerden olan İblîs dışında hepsi
secde etmişti de İblis Rabbının emrinden çıkmıştı. (Ey insan oğulları!) Şimdi beni bırakıpta
sizin düşmanınız olduğu halde bu İblîsi ve onun soyunu dostlar mı ediniyorsunuz? Zâlimler
için Allah'a karşılık ne kötü bir bedel! "[2]

... وَمَنْ يَتَّخِذِ الشَّيْطَانَ وَلِيًّا مِنْ دُونِ اللَّهِ فَقَدْ خَسِرَ خُسْرَانًا مُبِينًا

﴿١١٩﴾ النساء، من الآية: ١١٩

"Kim Allah'ı bırakıp da şeytanı dost edinirse, apaçık bir hüsrana uğramış olur."[3]

الَّذِينَ قَالَ لَهُمُ النَّاسُ إِنَّ النَّاسَ قَدْ جَمَعُوا لَكُمْ فَاخْشَوْهُمْ فَزَادَهُمْ إِيمَانًا وَقَالُوا حَسْبُنَا اللَّهُ وَنِعْمَ الْوَكِيلُ ﴿١٧٣﴾ فَانْقَلَبُوا بِنِعْمَةٍ مِنَ اللَّهِ وَفَضْلٍ لَمْ يَمْسَسْهُمْ سُوءٌ وَاتَّبَعُوا رِضْوَانَ اللَّهِ وَاللَّهُ ذُو فَضْلٍ عَظِيمٍ ﴿١٧٤﴾ إِنَّمَا ذَلِكُمُ الشَّيْطَانُ يُخَوِّفُ أَوْلِيَاءَهُ فَلَا تَخَافُوهُمْ وَخَافُونِ إِنْ كُنْتُمْ مُؤْمِنِينَ ﴿١٧٥﴾ آل عمران: ١٧٣ - ١٧٥

"Onlara bazı kimseler, "(size düşman olan) insanlar, size karşı bir araya geldiler; bu
sebeple onlardan korkun" demişlerdi de, (bu söz), onların îmanını artırmış ve "Allah bize
yeter; O, ne güzel bir vekildir" demişlerdir. (Nitekim o düşmanla karşılaşmak için çıktıktan
sonra) kendilerine hiçbir kötülük dokunmadan, Allah'tan gelen bir nimet ve kârlı bir ticaret
ile geri dönmüşler ve (bu hareketleriyle) Allah'ın rızasına da uymuşlardır. Allah, son
derece büyük lütuf sahibidir. (Düşmanların size karşı birleştikleri haberini getiren adam,)

---

[1] Nisa Sûresi: 76
[2] Kehf Sûresi : 50
[3] Nisâ Sûresi: 119

sadece sizi dostlarıyla korkutan şeytandır. Eğer gerçekten mü'min kimseler iseniz, onlardan korkmayıp benden korkun."[1]

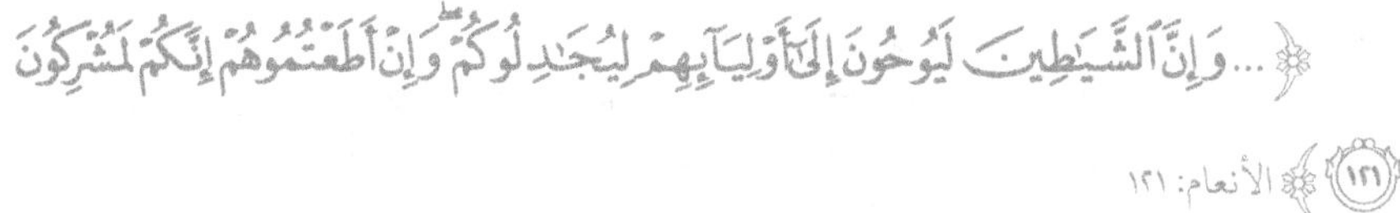

"Biz, şeytanları, îman etmeyenlere dost kılmışızdır. Onlar bir kötülük yaptıkları zaman: "Babalarımızı bu yolda bulduk. Allah da bize bunu emretti" derler. De ki: Allah kötülüğü emretmez. Allah'a karşı bilmediğiniz şeyleri mi söylüyorsunuz. De ki: Rabbim adaleti emretti. Her secde ettiğinizde yüzlerinizi O'na çevirin ve dini yalnız Allah'a has kılarak O'na yalvarın. İlkin sizi yarattığı gibi (yine O'na) döneceksiniz. O, bir gurubu doğru yola iletti, bir guruba da sapıklık müstahak oldu. Şüphesiz ki onlar, Allah'ı değil şeytanları kendilerine dost edinmişlerdir ve zannederler ki kendileri doğru yoldadırlar."[2]

﴿ ...وَإِنَّ الشَّيَاطِينَ لَيُوحُونَ إِلَى أَوْلِيَائِهِمْ لِيُجَادِلُوكُمْ وَإِنْ أَطَعْتُمُوهُمْ إِنَّكُمْ لَمُشْرِكُونَ ﴾

الأنعام: ١٢١ ﴿١٢١﴾

"Muhakkak ki şeytanlar, dostlarına sizinle mücadele etmelerini telkîn edeceklerdir."[3]

Halîl -Aleyhisselam- şöyle der:

﴿ يَا أَبَتِ إِنِّي أَخَافُ أَنْ يَمَسَّكَ عَذَابٌ مِنَ الرَّحْمَنِ فَتَكُونَ لِلشَّيْطَانِ وَلِيًّا ﴾ مـريم:

٤٥

"Ey babacığım! Ben, Rahman'dan gelecek bir azâbın sana dokunmasından korkuyorum; bu takdirde şeytana dost olursun."[4]

---

[1] Âl-i İmran Sûresi: 173-175
[2] A'râf Sûresi: 27-30
[3] En'âm Sûresi: 121
[4] Meryem Sûresi : 45

﴿يَٓا اَيُّهَا الَّذ۪ينَ اٰمَنُوا لَا تَتَّخِذُوا عَدُوّ۪ي وَعَدُوَّكُمْ اَوْلِيَٓاءَ تُلْقُونَ اِلَيْهِمْ بِالْمَوَدَّةِ وَقَدْ كَفَرُوا بِمَا جَٓاءَكُمْ مِنَ الْحَقِّ يُخْرِجُونَ الرَّسُولَ وَاِيَّاكُمْ اَنْ تُؤْمِنُوا بِاللّٰهِ رَبِّكُمْ اِنْ كُنْتُمْ خَرَجْتُمْ جِهَادًا ف۪ي سَب۪يل۪ي وَابْتِغَٓاءَ مَرْضَات۪ي تُسِرُّونَ اِلَيْهِمْ بِالْمَوَدَّةِ وَاَنَا۬ اَعْلَمُ بِمَٓا اَخْفَيْتُمْ وَمَٓا اَعْلَنْتُمْ وَمَنْ يَفْعَلْهُ مِنْكُمْ فَقَدْ ضَلَّ سَوَٓاءَ السَّب۪يلِ ١ اِنْ يَثْقَفُوكُمْ يَكُونُوا لَكُمْ اَعْدَٓاءً وَيَبْسُطُٓوا اِلَيْكُمْ اَيْدِيَهُمْ وَاَلْسِنَتَهُمْ بِالسُّٓوءِ وَوَدُّوا لَوْ تَكْفُرُونَ ٢ لَنْ تَنْفَعَكُمْ اَرْحَامُكُمْ وَلَٓا اَوْلَادُكُمْ يَوْمَ الْقِيٰمَةِ يَفْصِلُ بَيْنَكُمْ وَاللّٰهُ بِمَا تَعْمَلُونَ بَص۪يرٌ ٣ قَدْ كَانَتْ لَكُمْ اُسْوَةٌ حَسَنَةٌ ف۪ٓي اِبْرٰه۪يمَ وَالَّذ۪ينَ مَعَهُ اِذْ قَالُوا لِقَوْمِهِمْ اِنَّا بُرَءٰٓؤُ۬ا مِنْكُمْ وَمِمَّا تَعْبُدُونَ مِنْ دُونِ اللّٰهِ كَفَرْنَا بِكُمْ وَبَدَا بَيْنَنَا وَبَيْنَكُمُ الْعَدَاوَةُ وَالْبَغْضَٓاءُ اَبَدًا حَتّٰى تُؤْمِنُوا بِاللّٰهِ وَحْدَهُٓ اِلَّا قَوْلَ اِبْرٰه۪يمَ لِاَب۪يهِ لَاَسْتَغْفِرَنَّ لَكَ وَمَٓا اَمْلِكُ لَكَ مِنَ اللّٰهِ مِنْ شَيْءٍ رَبَّنَا عَلَيْكَ تَوَكَّلْنَا وَاِلَيْكَ اَنَبْنَا وَاِلَيْكَ الْمَص۪يرُ ٤ رَبَّنَا لَا تَجْعَلْنَا فِتْنَةً لِلَّذ۪ينَ كَفَرُوا وَاغْفِرْ لَنَا رَبَّنَا اِنَّكَ اَنْتَ الْعَز۪يزُ الْحَك۪يمُ ٥﴾ المتحنة: ١ - ٥

"Ey îman edenler! Benim de düşmanım olan, sizinde düşmanınız olan kimseleri dost edinmeyin; zira aranızdaki dostluğa istinaden onlara, (Peygambere âit haberler) sızdırırsınız. Halbuki onlar, size gelen hakkı inkâr etmişlerdir. Peygamberleri ve sizi, Rabbınız olan Allah'a îman ettiniz diye yurdunuzdan çıkarıyorlardı. Eğer benim yolumda cihâd etmek ve benim hoşnutluğumu kazanmak için çıkmışsanız, onları dost edinmeyin. Zira dostluk sebebiyle onlara gizlice haber bildirmiş olursu-nuz. Ben, gizlediğinizi de, açığa vurduğunuzu da bilirim. İçinizden her kim bunu yaparsa, hak yoldan sapmış olur. Eğer onlar size üstün gelirlerse, size düşman olurlar. Ellerini ve dillerini size kötülük etmek için uzatırlar. Bir küfretseniz diye arzu duyarlar. Kıyamet günü, ne akrabanız ve ne de evlâtlarınız size hiçbir fayda sağlamayacak. Allah onlarla sizin aranızı ayıracaktır. Allah, yaptıklarınızı hakkıyla görendir. İbrahim'in, babasına söylediği "Senin için mutlaka Allah'tan mağfiret dileyeceğim. Fakat Allah'tan sana gelecek bir şeyi savmaya gücüm yetmez" sözü dışında, İbrahim'de ve onunla beraber olanlarda, sizin için uyulacak güzel bir örnek vardır. Hani onlar kavimlerine demişti ki:"Biz sizden ve sizin Allah'tan başka ibadet ettiğiniz şeylerden uzağız. Biz, sizin putlarınızı inkâr ediyoruz. Siz, tek bir Allah'a îman etmedikçe, bizimle sizin aranızda, ebedî olarak kin ve düşmanlık belirmiştir. Rabbimiz!

Sana tevekkül ettik; sana yöneldik. Dönüş sanadır. "Rabbimiz! Bizi, inkâr edenlerle deneme ve bizi bağışla. Şüphesiz dâima gâlip ve hikmet sâhibi olan sensin."[1]

BÖLÜM

Şayet insanlar arasında Rahman'ın dostları ve şeytanın dostları bilinirse, bunlarla onların arasını ayırmak gerekir. Tıpkı Allah azze ve cellenin ve Rasûlü -sallallahu aleyhi ve sellem-'in ikisinin arasını ayırdığı gibi. Allah'ın dostları, O'ndan hakkıyla korkan mü'minlerdir. Allah -Subhanehu ve Teâlâ-'nın buyurduğu gibi:

$$\text{أَلَا إِنَّ أَوْلِيَاءَ اللَّهِ لَا خَوْفٌ عَلَيْهِمْ وَلَا هُمْ يَحْزَنُونَ ۝ يونس: ٦٢}$$

"Haberiniz olsun ki, Allah'ın dostlarına hiçbir korku yoktur; mahzûn olacaklar da onlar değildir. Onlar, îman edenler ve takvaya ermiş olanlardır."[2]

Buhârî ve başkalarının Ebu Hureyre'den -Allah ondan razı olsun- rivâyet ettikleri bir hadiste, Allah Rasûlü -sallallahu aleyhi ve sellem- şöyle buyuruyor:

"Allah Teâlâ şöyle buyuruyor:"Kim benim bir dostuma düşmanlık ederse,muhakkak ki o bana karşı savaş açmıştır -veya ona harp ilan ederim- Kulum, bana en sevgili gelen, üzerine farz kıldığım şeylerle bana yaklaşır. Ve nafile ibadetlerle bana yaklaşmaya devam eder. Tâki ben de onu severim. Onu sevdiğimde, onun duyan kulağı, gören gözleri, tutan eli ve yürüyen ayağı olurum. Benden bir şey istediğinde muhakkak ona veririm. Benden sığınma istediğinde onu korumam altına alırım. Mü'min kulumun nefsini kabzetmede (ruhunu almada) tereddüt ettiğim gibi, yaptığım hiçbir şeyde tereddüt etmedim. O ölümü kerih görür (hoşlanmaz) ben de onun sevmediklerini sevmem. Ama ölümden kaçış yoktur."

Evliyâ (dostlar) hakkında rivayet edilen en sahih hadis budur.

Nebi -sallallahu aleyhi ve sellem- bunu açıklayıp şöyle buyurmuştur:

"Kim Allah'ın dostlarına düşmanlık ederse, Allah da ona harp ilan eder."[3]

Başka bir hadiste:

"Tıpkı kızgın bir aslanın intikamını aldığı gibi, ben de dostlarımın intikamını alırım." buyuruyor.

Yani; tıpkı kızgın bir aslanın intikamını alması gibi, ben de dostlarımın intikamını alırım. Böyledir, çünkü Allah'ın dostları O'na îman edenler, O'nu dost edinenler, sevdiğini sevenler, nefret ettiğine nefret edenler, razı olduğuna razı olanlar, hoşnut olmadığına

---

hoşnut olmayanlar, emrettiğini emredenler, yasakladığını yasaklayanlar, verilmesini istediği kimseye verenler, yasakladığına da vermeyenlerdir.

Tirmizi ve başka hadis kitaplarında geçtiği gibi; Allah Rasûlü -sallallahu aleyhi ve sellem- şöyle buyuruyor:

"Îmanın en sağlam tutanağı: Allah için sevmek ve Allah için buğzetmektir."[1]

Ebu Davûd'un rivâyet ettiği başka bir hadiste Allah Rasûlü -sallallahu aleyhi ve selem- şöyle buyuruyor:

"Kim Allah için sever, Allah için buğzeder, Allah için verir ve Allah için yasaklarsa (vermezse) **muhakkak ki o îmanını tamamlamıştır."**[2]

Dostluk, adavetin (düşmanlığın) zıddıdır. Dostluğun aslı ise; muhabbet-sevgi ve yakın olmaktır. Adavetin (düşmanlığın) aslı ise; nefret etme ve uzaklaşmadır. "Bunun velî (dost) diye isimlendirilmesinin sebebi; taate devam ettiği yani sürekli itaat ettiği içindir" denilmişse de, birinci mana daha doğrudur. Şayet Allah'ın dostu (velisi) O'nun sevdiği, razı olduğu, hoşlanmadığı, kızdığı, emrettiği ve nehyettiğinde muvafık olursa, o halde O'nun dostuna düşman olan Allah'a düşman olur.

Allah Teâlâ'nın buyurduğu gibi:

﴿ ...لَا تَتَّخِذُوا عَدُوِّي وَعَدُوَّكُمْ أَوْلِيَاءَ تُلْقُونَ إِلَيْهِمْ بِالْمَوَدَّةِ... ﴾ المتحنة من الآية: ١

"Benim de düşmanım olan, sizin de düşmanınız olan kimseleri dost edinmeyin; zira aranızdaki dostluğa istinaden onlara (peygamberlere âit haberler) sızdırırsınız."[3]

Her kim, Allah'ın dostlarına düşmanlık ederse Allah'a düşmanlık etmiş olur. [Her kim Allah'ın dostlarına düşmanlık ederse, Allah'a savaş açmıştır.]

Onun için Allah Teâlâ şöyle buyuruyor:

"Kim benim dostuma düşmanlık ederse, bana savaş îlan etmiştir."

Allah dostlarının en üstünü Allah'ın peygamberleridir. Peygamberlerin en üstünü de Rasûllerdir. Rasûllerin en üstünü de Ulul-Azm peygamberleri: Nuh, İbrahim, Musa, İsa ve Muhammed'dir. (Salât ve selâm onların üzerine olsun)

Allah Teâlâ şöyle buyuruyor:

---

[1] Ahmed Müsnedinde 3/430, Heysemi Mecmeuz-Zevaid 1/89. Elbani bu hadisin hasen olduğunu söylemiştir (Sahiha: 1728)
[2] Ebu Davûd: 4681, Ahmed Müsnedi: 3/438 ve 440. Hasen bir hadistir. (Elbani Sahihası: 380)
[3] Mumtehine Suresi: 1

(شَرَعَ لَكُم مِّنَ الدِّينِ مَا وَصَّى بِهِ نُوحاً وَالَّذِي أَوْحَيْنَا إِلَيْكَ وَمَا وَصَّيْنَا بِهِ إِبْرَاهِيمَ وَمُوسَى وَعِيسَى أَنْ أَقِيمُوا الدِّينَ وَلَا تَتَفَرَّقُوا فِيهِ كَبُرَ عَلَى الْمُشْرِكِينَ مَا تَدْعُوهُمْ إِلَيْهِ اللَّهُ يَجْتَبِي إِلَيْهِ مَن يَشَاءُ وَيَهْدِي إِلَيْهِ مَن يُنِيبُ)

"Dîni dosdoğru tutun ve onda tefrikaya düşmeyin" diye Allah'ın Nûh'a tavsiye ettiğini, sana vahyettiğimizi, İbrahim'e, Mûsâ'ya ve İsâ'ya tavsiye ettiğini, size dinden şerîat olarak koymuştur."[1]

(وَإِذْ أَخَذْنَا مِنَ النَّبِيِّينَ مِيثَاقَهُمْ وَمِنكَ وَمِن نُّوحٍ وَإِبْرَاهِيمَ وَمُوسَى وَعِيسَى ابْنِ مَرْيَمَ وَأَخَذْنَا مِنْهُم مِّيثَاقاً غَلِيظاً {٧} لِيَسْأَلَ الصَّادِقِينَ عَن صِدْقِهِمْ وَأَعَدَّ لِلْكَافِرِينَ عَذَاباً أَلِيماً)

« Peygamberlerden (görevlerini yapmak ve dini tebliğ etmek üzere) sözlerini almıştık. Senden, Nûh'tan, İbrahim'den, Mûsâ'dan ve Meryem oğlu Îsâ'dan, doğrulara doğrularından sormak, kâfirlere acı bir azâb ha-zırlamak için bunların hepsinden söz almıştık. »[2]

Ulul-Azm peygamberlerin en fazîletlisi: Peygamberlerin sonuncusu, muttakilerin önderi, Âdem oğullarının efendisi, bir araya gelip huzura çıktıklarında onların imamı ve hatîbi, öncekilerin ve sonrakilerin gıpta ettikleri Makam-ı Mahmûd'un, hamd sancağının ve Havz-ı Kevser'in sahibi, kıyamet günü yaratılmışların şefaatçisi, vesile ve fazîletin /üstünlüğün sahibi Muhammed -sallallahu aleyhi ve sellem-'dir.Allah Teâlâ O'nu kitapların en fazîletlisiyle göndermiş, dînî şeriatlarının en üstünüyle onu görevlendirmiş, ümmetini insanlar içinden çıkarılmış en hayırlı ümmet kılmış, daha öncekiler de olmayan iyilik ve fazîletleri, Rasûlullah -sallallahu aleyhi ve sellem- ve O'nun ümmetinde toplamıştır.Onlar (Muhammed ümmeti), yaratılış olarak en son ümmet olmasına rağmen (kıyâmet günü) ilk diriltilecek ümmet O'nun ümmeti olacaktır.

Allah Rasûlü -sallallahu aleyhi ve sellem-'in sahih bir hadisde buyurdukları gibi:

"Bizler sonuncularız (en son yaratılmış ümmetiz). Kıyâmet günü ise önce gelenleriz. Bizden önce kitap verilenler geçip gittiler. Bize ise onlardan sonra kitap verildi. İşte bu onların ihtilaf ettikleri gündür. -Yani Cuma günü- Allah Teâlâ onu bize hediye etmiştir. İnsanlar onda bize tâbidirler. Yarın (cumartesi) yahudiler için, yarından sonrası ise (pazar) Hıristiyanlar içindir. »[3]

Yine şöyle buyuruyor -sallallahu aleyhi ve sellem-:

---

[1] Şûra Sûresi: 13
[2] Ahzâb Sûresi: 7-8
[3] Buhari: 238, Nesâi: 3/85-87, Ahmed Müsned'inde: 3/243,249,274,312,341 Ebu Hureyre hadisi

"Kıyâmet günü ilk diriltilecek olan benim."[1]

Başka bir hadis de şöyle buyuruyor -sallallahu aleyhi ve sellem-:

"Cennetin kapısına gelirim ve açılmasını talep ederim.Cennetin bekçisi der ki: Sen kimsin? Bunun üzerine ben derim ki: Ben Muhammed'im. O şöyle der:Senden önce bu kapıyı hiç kimseye açmamakla emrolundum. »[2]

Allah Rasûlü -sallallahu aleyhi ve sellem-'in ve O'nun ümmetinin fazîletleri pek çoktur. Allah Teâlâ O'nu gönderdiğinde Allah dostları ile düşmanlarını birbirinden ayırt edici kılmıştır. Allah dostu ancak O'na ve O'nun getirdiğine îmân eden, batınına ve zahirine ittiba eden (uyan) kimsedir. Rasûlullah -sallallahu aleyhi ve sellem-'e uymayan kimse Allah'ın sevgisini ve dostluğunu iddia edemez. O, Allah dostlarından değildir. Bilakis kim ki O'na muhalefet ederse Allah'ın düşmanlarından ve şeytanın dostlarındandır. Allah Teâlâ şöyle buyuruyor:

$$ (\quad قُلْ إِن كُنتُمْ تُحِبُّونَ اللَّهَ فَاتَّبِعُونِي يُحْبِبْكُمُ اللَّهُ) $$

"(Ey Muhammed) De ki: Şayet Allah'ı seviyorsanız bana tâbi olun ki Allah da sizi sevsin." [3]

Hasan el-Basri -Allah ona rahmet etsin- şöyle diyor:

"Bir kavim (topluluk) Allah'ı sevdiklerini iddiâ ettiler. Bunun üzerine Allah, imtihan amacıyla onlara bu âyeti kerîmeyi indirdi. Allah Teâlâ, kimin Rasûl -sallallahu aleyhi ve sellem-'e uyarsa, Allah'ın onu sevdiğini beyan etmiştir. Kim ki Allah'ı sevdiğini iddia eder, fakat Rasûl -sallallahu aleyhi ve sellem-'e uymazsa, o, Allah'ın dostlarından değildir. İnsanlardan çoğu, Allah'ın dostları olmadıkları halde kendilerinim veya başkalarının Allah Teâlâ'nın dostlarından olduklarını zannederler. Yahudi ve hıristiyanlar Allah'ın dostları olduklarını, cennete ancak onlardan olanların girebileceğini, bilakis onların Allah'ın oğulları ve sevgilileri olduklarını iddia ederler. Allah Teâlâ şöyle buyuruyor:

$$ (\quad قُلْ فَلِمَ يُعَذِّبُكُم بِذُنُوبِكُم بَلْ أَنتُم بَشَرٌ مِّمَّنْ خَلَقَ يَغْفِرُ لِمَن يَشَاءُ وَيُعَذِّبُ مَن يَشَاءُ وَلِلَّهِ مُلْكُ السَّمَاوَاتِ وَالْأَرْضِ وَمَا بَيْنَهُمَا وَإِلَيْهِ الْمَصِيرُ) $$

« (Ey Muhammed onlara) de ki: "Öyleyse Allah, günahlarınız yüzünden size niçin azâb ediyor? Hayır, siz de O'nun yarattıklarından bir beşersiniz. O, dilediğini bağışlar, dilediğine de azâb eder. Göklerin, yerin ve ikisi arasındaki her şeyin mülkiyeti yalnız Allah'a âittir.Varış O'nadır. »[4]

---

[1] Tirmizi: 3693 (3701), Ebu Davûd: 4673, Muslim: 2278: Ebu Hureyre hadisi: «Kabirden ilk diriltilecek olan benim) lafzıyla gelmiştir.

[2] Muslim: 197, Ahmed Musned'inde: 3/136.

[3] Âl-i İmran Sûresi: 31

[4] Mâide Sûresi: 18

(وَقَالُواْ لَن يَدْخُلَ الْجَنَّةَ إِلاَّ مَن كَانَ هُوداً أَوْ نَصَارَى تِلْكَ أَمَانِيُّهُمْ قُلْ هَاتُواْ بُرْهَانَكُمْ إِن كُنتُمْ صَادِقِينَ {١١١} بَلَى مَنْ أَسْلَمَ وَجْهَهُ لِلّهِ وَهُوَ مُحْسِنٌ فَلَهُ أَجْرُهُ عِندَ رَبِّهِ وَلاَ خَوْفٌ عَلَيْهِمْ وَلاَ هُمْ يَحْزَنُونَ {١١٢})

« "Yahudi yahut hıristiyan olanlardan başkası aslâ cennete giremez" demişlerdir. Bu, onların kuruntularıdır. (Ey Muhammed! Onlara) de ki: "Eğer sözünüzde sâdık iseniz, delilinizi getirin". Hayır! Kim ihlâs ile yü-zünü Allah'a çevirirse, işte onun bu amelinin, Rabbi katında sevabı vardır. Onlara hiçbir korku yoktur; mahzûn olacaklar da onlar değildir. » [1]

Mekkeli arap müşrikler, Mekke sakinleri oldukları ve Kâbe'ye yakın oldukları için Allah'ın ehli (dostları-sevgilileri) olduklarını iddia ediyorlardı. Buna istinâden başkalarına karşı büyüklük taslıyorlardı. Allah Teâlâ'nın buyurduğu gibi:

(قَدْ كَانَتْ آيَاتِي تُتْلَى عَلَيْكُمْ فَكُنتُمْ عَلَى أَعْقَابِكُمْ تَنكِصُونَ {٦٦} مُسْتَكْبِرِينَ بِهِ سَامِراً تَهْجُرُونَ)

« Âyetlerim size okunuyordu da siz büyüklük taslayıp gece vakti heze-yanlar savurarak topuklarınız üzerinde geri dönüyordunuz. » [2]

(وَإِذْ يَمْكُرُ بِكَ الَّذِينَ كَفَرُواْ لِيُثْبِتُوكَ أَوْ يَقْتُلُوكَ أَوْ يُخْرِجُوكَ وَيَمْكُرُونَ وَيَمْكُرُ اللّهُ وَاللّهُ خَيْرُ الْمَاكِرِينَ {٣٠} وَإِذَا تُتْلَى عَلَيْهِمْ آيَاتُنَا قَالُواْ قَدْ سَمِعْنَا لَوْ نَشَاء لَقُلْنَا مِثْلَ هَذَا إِنْ هَذَا إِلاَّ أَسَاطِيرُ الأَوَّلِينَ {٣١} وَإِذْ قَالُواْ اللَّهُمَّ إِن كَانَ هَذَا هُوَ الْحَقَّ مِنْ عِندِكَ فَأَمْطِرْ عَلَيْنَا حِجَارَةً مِّنَ السَّمَاءِ أَوِ ائْتِنَا بِعَذَابٍ أَلِيمٍ {٣٢} وَمَا كَانَ اللّهُ لِيُعَذِّبَهُمْ وَأَنتَ فِيهِمْ وَمَا كَانَ اللّهُ مُعَذِّبَهُمْ وَهُمْ يَسْتَغْفِرُونَ {٣٣} وَمَا لَهُمْ أَلاَّ يُعَذِّبَهُمُ اللّهُ وَهُمْ يَصُدُّونَ عَنِ الْمَسْجِدِ الْحَرَامِ وَمَا كَانُواْ أَوْلِيَاءهُ إِنْ أَوْلِيَاؤُهُ إِلاَّ الْمُتَّقُونَ وَلَـكِنَّ أَكْثَرَهُمْ لاَ يَعْلَمُونَ)

"O küfredenler, seni bağlamak, yahut öldürmek, yahut ta seni (yurdundan) çıkarmak için sana tuzak kurmuşlardır. Onlar tuzak kurarken, Allah da tuzak kurmuş (ve senin, İslâm zaferi için hicret etmeni istemiş) tu. Allah tuzak kuranların en hayırlısıdır. Onlara âyetlerimiz okunduğu zaman dediler ki: "(Evet) işittik, istesek biz de bunun mislini elbette söyleyebiliriz. Bu öncekilerin masallarından başka bir şey değildir."

---

[1] Bakara Sûresi: 111-112
[2] Mu'minûn Sûresi: 66-67

Hani (o kâfirler) bir zaman da: Ey Allah'ım! Eğer bu Kitap senin katından gelmiş bir gerçekse üzerimize gökten taş yağdır, yahut bize elem verici bir azap getir! demişlerdi.

Halbuki sen onların içinde iken Allah, onlara azap edecek değildir. Ve onlar mağfiret dilerlerken de Allah onlara azap edici değildir.

Onlar Mescid-i Haram'ın mütevellileri olmadıkları halde (müminleri) oradan geri çevirirlerken Allah onlara ne diye azap etmeyecek ? Oranın mütevellîleri takvâ sahiplerinden başkaları değildir. Fakat çokları bunu bilmezler. »[1]

Allah Teâlâ, müşriklerin, ne Allah'ın ne de Kâbe'nin dostları ol-madıklarını beyan etmiştir. Allah'ın dostları ancak muttakilerdir. (Allah'tan hakkıyla korkanlardır.)

Buhârî ve Müslim'de gelen, Amr b. Âs'ın rivayet etmiş olduğu bir hadisde o şöyle diyor:

Ben Rasûlullah -sallallahu aleyhi ve sellem-'den duydum. (Gizlemeksizin açığa vurarak) şöyle diyordu:

« Falan oğulları benim dostlarım değildir. -Yani akrabalarından bir topluluk- Benim dostlarım ancak Allah ve mü'minlerin salihleridir. »[2]

Bu, Allah Teâlâ'nın şu sözüne muvafıktır:

$$ (\text{ إِنْ تَتُوبَا إِلَى اللَّهِ فَقَدْ صَغَتْ قُلُوبُكُمَا وَإِنْ تَظَاهَرَا عَلَيْهِ فَإِنَّ اللَّهَ هُوَ مَوْلَاهُ} $$
$$ \text{وَجِبْرِيلُ وَصَالِحُ الْمُؤْمِنِينَ وَالْمَلَائِكَةُ بَعْدَ ذَلِكَ ظَهِيرٌ}) $$

« Eğer Peygambere karşı birbirinize arka çıkarsanız, şunu iyice biliniz ki, onun dostu Allah'tır, Cibrîl'dir ve mü'minlerin salihleridir. »[3]

Mu'minlerin salihleri ise; mu'minlerden salih olan kimselerdir. Onlar, muttaki mu'minlerdir ve Allah'ın dostlarıdırlar. Bu sınıfa girenler ise; Ebu Bekir, Ömer, Osman, Ali, ağacın altında beyat eden Rıdvan Beyatı ehli ki sayıları bin dört yüz kişilerdi, onların hepsi cennettedir.

Nebi -sallallahu aleyhi ve sellem-'den gelen sahih bir hadisde o şöyle buyuruyor:

« Ağaç altında beyat edenlerin hiçbiri cehenneme girmeyecektir. »[4]

Buna benzer başka bir hadisde:

« Allah'ın dostları, her nerede ve ne halde olurlarsa olsunlar, Allah'tan hakkıyla korkan kimselerdir. »[1]

---

[1] Enfâl Sûresi: 30-34
[2] Buhari: 5990, Muslim: 215, Ahmed Musned'inde: 3/203.
[3] Tahrîm Sûresi: 4
[4] Muslim: 2496, Ebu Davud: 4653, Tirmizi: 3859

Tıpkı bazı kâfirlerin Allah'ın dostu olmadıkları halde, Allah'ın dostu olduklarını iddia etmeleri gibi. Halbuki onlar Allah'ın düşman-larıdır. Yine görünüşte İslam olduklarını söyleyen münafıklar, zâhiren kelime-i şehadeteyni (Ben şehadet ederim ki Allah'tan başka ilah yoktur ve Muhammed O'nun Rasûlüdür) ikrar ederler ve O'nun -sallallahu aleyhi ve sellem- bütün insanlara gönderildiğini, bilakis insanlara ve cinlere gönderildiğini söylerler. Ama batında ise (kalplerinde) bunun aksine inanırlar. Örneğin; O'nun Allah'ın elçisi olduğuna itikat etmezler. O'nun itaat edilen bir melek olması gerektiğine, insanları görüşleriyle idare ettiğine (yönelttiğine) ve meleklerden ayrı bir cins olduğuna inanırlar. Veya onlar derler ki: Muhakkak ki O, Ehli Kitab'ın değil de ummilerin (okuma yazması olmayanların) peygamberi olduğunu söylemeleri gibi. Tıpkı yahudi ve hıristiyanlardan bir çoklarının söyledikleri gibi. Veya diyorlar ki: Yaratılmışların geneline gönderilmiş ve Allah'ın özel dostları vardır.Onlara (Resul) gönderilmemiş ve onların buna ihtiyaçları yoktur. Bilakis onların onun tara-fından olmaksızın Allah'a giden yolları vardır. Tıpkı Mûsâ ve Hıdır'ın beraberliği gibi. Veya onlar Allah'tan ihtiyaçları olan her şeyleri a-lıyorlar ve ondan vasıta olmaksızın faydalanıyorlar. Veya o, zahiri şeriatla gönderilmiş ve onla bunda ona muvafıktırlar. Batini hakikatlere gelince onunla gönderilmemiştir, veya onu bilmiyordu. Veya onlar bunları ondan daha iyi biliyorlardı. Veya, onlar tıpkı onun hiçbir yol (vasıta) olmaksızın bildiği gibi onlar da biliyorlardı.

Bunlardan bazıları ise şöyle diyorlardı: Sufilerin ona (peygambere) ihtiyaçları yoktur. Onlar için gönderilmemişlerdir. Onlardan bazıları ise şöyle diyorlar: Allah Teâlâ batında, miraç gecesinde, peygambere vahyedilen, onlara vahyedilmiştir. Sufiler, peygamberlerin mertebesine ulaşmışlardır.Bunlar onların cehaletlerinden oluşan hatalarıdır. Onlar, İsra'nın Mekke'de olduğunu bilmiyorlar.

Allah Teâlâ'nın buyurduğu gibi:

$$\text{(سُبْحَانَ الَّذِي أَسْرَى بِعَبْدِهِ لَيْلاً مِّنَ الْمَسْجِدِ الْحَرَامِ إِلَى الْمَسْجِدِ الأَقْصَى الَّذِي بَارَكْنَا حَوْلَهُ لِنُرِيَهُ مِنْ آيَاتِنَا إِنَّهُ هُوَ السَّمِيعُ البَصِيرُ)}$$

"Kulu Muhammed'i, geceleyin, Mescid-i Haram'dan, etrafını müba-rek kıldığımız Mescid-i Aksa'ya götüren Allah, her türlü noksan sıfatlardan münezzehtir. "[2]

Suffe ise Medine'de idiler. Suffe, Peygamber efendimiz -sallallahu aleyhi ve sellem-'in mescidinin sol yanında bulunur. Oraya kimi kimsesi olmayan gariban kimseler gelir ve orada kalırlardı. Mü'minler, Peygamber -sallallahu aleyhi ve sellem-'in şehrine Medine'ye hicret ederler, onlardan yer bulabilenler orada yerleşir, bulamayanlar ise, başka bir yer bulana kadar mescide yerleşirdi.

---

[1] Ahmed Musned'inde: 5/235 Sahih bir hadistir. (Elbani: Sahihul-Cami: 2008
[2] İsrâ Sûresi: 1

Suffe ehli, Suffe'ye iltizam eden belirli şahıslar değillerdir. Bazen sayıları çoğalır, bazen de azalırdı. Bir şahıs orada belli bir müddet kalır, daha sonra oradan ayrılırdı. Oraya inenler diğer Müslüman-lar gibiydiler. Ne ilim yönünden ne de din yönünden herhangi bir üstünlükleri yoktu. Bilakis onların içinden, dininden dönmüş mür-tedler ve Nebi -sallallahu aleyhi ve sellem- de öldürdüğü kimseler vardı. Tıpkı Uraneyn kabilesi gibi. Bunlar Medine'ye gelmişler, hazımsızlık (karın ağrısı) hastalığının tedavisini talep etmişlerdi. Nebi -sallallahu aleyhi ve sellem- de bunun üzerine sütü bol develer göndermiş ve onun sidiğinden ve sütünden içmelerini emretmişti. Bunlar iyileştikleri zaman, çobanı öldürmüşler ve develeride beraberlerinde sürüp götürmüşlerdi. Bunun üzerine Nebi -sallallahu aleyhi ve sellem- onları yakalatıp bacakları ve ellerinin kesilmesini ve gözlerinin oyulmasını emretmiştir. Ve onları, su istedikleri halde su verilmez bir şekilde, bir arazi de terk etmişlerdir. Onların bu olaylarını anlatan hadisi Enes —Allah ondan razı olsun - rivayet etmiş ve hadis Buhârî ve Müslim'de gelmektedir. [1]

İşte onlardan Suffe'ye gelenler oldu. Bunlar gibi Suffe'ye inenler de vardı. Suffe'ye Müslümanların hayırlılarından Sa'd b. Ebi Vak-kas - ki o Suffe'ye inenlerin en efdalidir- sonra oradan ayrılmıştır. Ebu Hureyre ve başkaları da Suffe ehlindendir. Ebu Abdurrahman es-Sulemi Suffe'ye inenlerin tarihini bir araya getirmiştir.

Ensar ise, Suffe ehlinden değillerdir. Muhacirlerin büyükleri Ebu Bekir, Ömer, Osman, Ali, Talha, Zubeyr, Abdurrahman b. Avf, Ebu Ubeyde b. Cerrah ve başkaları da Suffe ehlinden değillerdir.

Bir rivayete göre Muğire b. Şube'nin hizmetçisi de Suffe ehlin-dendi. Allah Rasûlü -sallallahu aleyhi ve sellem- şöyle buyuruyor:

« Bu yedi kişiden biridir. » [2] Bu, hadis alimlerinin ittifakıyla yalan bir hadistir. Velev ki Ebu Nuaym "Hilye" adlı kitabında rivayet etmiş olsa da, bunun gibi Nebi -sallallahu aleyhi ve sellem-'den rivayet edilen ve evliyanın sayısından, ebdal, nukeba, nuceba, evtad ve ektabdan bahsedilen rivayetler de yalan olanlarındandır. Yine üç, dört, yedi, on iki, kırk, yetmiş, üç yüz, üç yüz on üç veya bir tek kutup[3] veya bir tek ğavsın[4] olduğunu söyleyen, Nebi -sallallahu aleyhi ve sellem-'den bir tane dahi sahih hadis gelmemiştir. Selefde ebdal lafzından başka bu lafızları kullanmamışlardır.

Ahmed'in Müsned'inde geçen bir hadiste onların kırk kişi ve Şam'da oldukları Ali -Allah ondan razı olsun- hadisinde rivayet olunmuştur. Ancak bu hadis sahih olmayıp, munkatı bir hadistir.[5] Ali b. Ebi Talib ve beraberinde bulunan sahabeler, Şam'da bulunan

---

[1] Buhari: 233, Muslim: 1671, Tirmizi: 72, 1846, Ebu Davud: 4364.

[2] Bu hadis, mekan ve aded olmaksızın, şahitleri ve diğer senedleriyle birlikte hasen bir hadistir. Sahavi: "El-Mekasidul-Hasene" adlı kitabında (8-11) ve "Tevabin" kitabında Abdulkadir Arnavut tahkikli. 225-226. sayfalar.

[3] Kutup: Tasavvufta, evrenin manevi yönetiminden sorumlu veliler hükümetinin başkanı.

[4] Ğavs: Tasavvufta kâinatın yönetiminden sorumlu olduğuna inanılan veliler örgütünün başı.

[5] Ahmed, Müsned'inde: 1/112.

Muaviye ve onunla birlikte olanlardan daha üstün oldukları bilinen bir şeydir. Ali'nin -Allah ondan razı olsun- askeri olmaksızın Muaviye'nin askeri insanların en efdali olamaz.

Buhârî ve Muslim'in sahihlerinde Ebu Said'den, onun da Nebi -sallallahu aleyhi ve sellem-'den rivayet ettiği hadiste Allah Rasûlü -sallallahu aleyhi ve sellem- şöyle buyuruyor:

«Müslümanlar fırkalaştıkları (bölündükleri) zaman bir kısım insanlar dinden çıkarlar. İki gruptan hakka daha yakın olan diğerini katleder. »[1]

Bu dinden çıkanlar ise Haricilerdir. Bunlar ise Ali'nin -Allah ondan razı olsun- hilafeti döneminde Müslümanlar arasındaki fırkalaşma sonucu ortaya çıkmışlardır. Onları Ali -Allah ondan razı olsun- ve taraftarları öldürmüşlerdir. Yukarıdaki sahih hadis Ali ve ashabının, Muaviye ve ashabından daha haklı olduğuna delâlet eder. Durum böyleyken nasıl olurda ebdal (Allah'ın veli kulları) daha yüceyi bırakıp, daha aşağıdaki askerlerle birlikte olabilir?

Bazıları Allah Rasûlü -sallallahu aleyhi ve sellem-'in şu şiiri söylediğini rivayet ederler:

Heva yılanı ciğerimi soktu

Onun ne tabibi, ne de efsuncusu var

Ancak kendisine çok bağlandığım bir sevgili var

Onun yanındadır benim rukyem ve tedavim

Bu şiiri söyledikten sonra Nebi -sallallahu aleyhi ve sellem- sevgi duyduğundan dolayı (cezbesinden) omuzlarındaki bürdesi (cüb-besi) yere düşmüştü. Bu rivayet, hadis alimlerinin ittifakıyla yalan bir haberdir. Bundan daha yalan bir haber de bazılarının Allah Rasûlü -sallallahu aleyhi ve sellem-'in elbisesini parçaladığı ve Cebrail'in —Allah'ın selamı onun üzerine olsun- de ondan bir parça alıp arşa astığı rivayetidir. Bu ve benzeri rivayetler, Rasûlullah -sallallahu aleyhi ve sellem- adına uydurulmuş apaçık yalanlar olduğu ilim ehli tarafından bilinmektedir.

Yine Ömer'den -Allah ondan razı olsun- bildirdikleri bir rivayette o şöyle diyor: « Nebi -sallallahu aleyhi ve sellem- ve Ebu Bekir konu-şuyorlardı. Ben ise aralarında tıpkı bir zenci gibiydim. » bu hadiste ilim ehlinin ittifakıyla yalan ve uydurmadır.

Buradaki maksat ise; Zahiren risaletin genelini yapıp, batında ise (kalbinde) bunun aksine itikat edenin münafık olduğudur. Onlar kendilerinin ve benzerlerinin, batında Rasûlullah -sallallahu aleyhi ve sellem-'in getirdiğine küfretmeleriyle beraber, Allah velileri (dostları) olduklarını iddia ederler. Bu ya inatlarından ya da ceha-letlerindendir. Tıpkı bir çok Yahudi ve Hıristiyanların kendilerinin Allah'ın dostları olduklarını ve

---

[1] Muslim: 1065, Ahmed Müsned'inde: 3/32 ve 48, Ebu Davud: 4667, Buhari'de ise hadis başka bir lafızla gelmektedir: 3344.

Muhammed -sallallahu aleyhi ve sellem-'in Allah'ın Rasûlü olduğunu iddia etmeleri gibi. Fakat onlar derler ki: O -sallallahu aleyhi ve sellem-, ehli kitaptan başkalarına gönderilmiş ve bizim de tabi olmamız gerekmez. Çünkü bize ondan önce peygamberler gönderilmiştir. Onlar, Allah'ın dostları olduklarını iddia etmelerine rağmen hepsi kâfirdir. Allah dostları ancak Allah Teâlâ'nın şu âyetinde vasfettiği kimselerdir:

$$ (\quad أَلَا إِنَّ أَوْلِيَاء اللّهِ لاَ خَوْفٌ عَلَيْهِمْ وَلاَ هُمْ يَحْزَنُونَ ﴿٦٢﴾ الَّذِينَ آمَنُواْ وَكَانُواْ يَتَّقُونَ) $$

« Haberiniz olsun ki, Allah'ın dostlarına hiçbir korku yoktur; mahzûn olacaklarda onlar değildir. Onlar, îman edenler ve takvaya ermiş olanlardır. » [1]

İman esaslarında, muhakkak Allah'a, meleklerine, kitaplarına, peygamberlerine ve âhiret gününe îman etmesi gerekir. Allah Teâlâ'nın gönderdiği her rasûle ve indirdiği her kitaba îman et-meli. Allah Teâlâ'nın buyurduğu gibi:

$$ (\quad قُولُواْ آمَنَّا بِاللّهِ وَمَا أُنزِلَ إِلَيْنَا وَمَا أُنزِلَ إِلَى إِبْرَاهِيمَ وَإِسْمَاعِيلَ وَإِسْحَاقَ وَيَعْقُوبَ وَالأسْبَاطِ وَمَا أُوتِيَ مُوسَى وَعِيسَى وَمَا أُوتِيَ النَّبِيُّونَ مِن رَّبِّهِمْ لاَ نُفَرِّقُ بَيْنَ أَحَدٍ مِّنْهُمْ وَنَحْنُ لَهُ مُسْلِمُونَ ﴿١٣٦﴾ فَإِنْ آمَنُواْ بِمِثْلِ مَا آمَنتُم بِهِ فَقَدِ اهْتَدَواْ وَّإِن تَوَلَّواْ فَإِنَّمَا هُمْ فِي شِقَاقٍ فَسَيَكْفِيكَهُمُ اللّهُ وَهُوَ السَّمِيعُ الْعَلِيمُ) $$

« (Ey Müslümanlar! Siz de) deyin ki: "Biz, Allah'a, bize indirilene, İbrahim, İsmail, İshak ve torunlarına indirilenlere, Mûsâ'ya, Îsâ'ya ve (bütün) peygamberlere Rabları tarafından verilenlere îman ettik. Bunlardan hiçbiri arasında ayırım yapmayız. Biz, Allah'a teslim olanlarız." Eğer (Yahudi ve Hıristiyanlar da) sizin îman ettiğiniz gibi îman ederse, şüphesiz hidayete ererler. Yok, eğer yüz çevirirlerse, onlar, muhakkak, düşmanlık içindedirler. (Ey Muhammed!) Allah, onlara karşı sana yeter. O, hakkıyla işiten, hakkıyla bilendir. » [2]

$$ (\quad آمَنَ الرَّسُولُ بِمَا أُنزِلَ إِلَيْهِ مِن رَّبِّهِ وَالْمُؤْمِنُونَ كُلٌّ آمَنَ بِاللّهِ وَمَلآئِكَتِهِ وَكُتُبِهِ وَرُسُلِهِ لاَ نُفَرِّقُ بَيْنَ أَحَدٍ مِّن رُّسُلِهِ وَقَالُواْ سَمِعْنَا وَأَطَعْنَا غُفْرَانَكَ رَبَّنَا وَإِلَيْكَ الْمَصِيرُ ﴿٢٨٥﴾ لاَ يُكَلِّفُ اللّهُ نَفْساً إِلاَّ وُسْعَهَا لَهَا مَا كَسَبَتْ وَعَلَيْهَا مَا اكْتَسَبَتْ رَبَّنَا لاَ تُؤَاخِذْنَا إِن نَّسِينَا أَوْ أَخْطَأْنَا رَبَّنَا وَلاَ تَحْمِلْ عَلَيْنَا إِصْراً كَمَا حَمَلْتَهُ عَلَى) $$

[1] Yûnus Sûresi: 62-63
[2] Bakara Sûresi: 136-137

الَّذِينَ مِن قَبْلِنَا رَبَّنَا وَلاَ تُحَمِّلْنَا مَا لاَ طَاقَةَ لَنَا بِهِ وَاعْفُ عَنَّا وَاغْفِرْ لَنَا وَارْحَمْنَا أَنتَ مَوْلاَنَا فَانصُرْنَا عَلَى الْقَوْمِ الْكَافِرِينَ)

« Rabbından, kendisine indirilene Peygamber de îman etmiştir, mü'-minler de; hepsi de, Allah'a, meleklerine, kitaplarına ve peygamberlerine îman etmiş ve şöyle demişledir: "Allah'ın peygamberlerinden hiçbirini (di-ğerinden) ayırt etmeyiz. İşittik ve itaat ettik; Rabbımız, bağışlamanı di-leriz. Dönüş sanadır."

Allah, hiç kimseye gücü dışında bir şey yüklemez. (Kişinin) kazandığı iyilik lehine, kötülük ise aleyhinedir. Rabbımız! Bizden öncekilere yükle-diğin gibi, bize de ağır yük yükleme. Rabbımız! Gücümüzün yetmeyeceğini bize taşıtma. Bizi affet; bizi bağışla ve bize merhamet et. Sen bizim mevlamızsın. Kâfir milletlere karşı bize yardım et. »[1]

(الم {١} ذَلِكَ الْكِتَابُ لاَ رَيْبَ فِيهِ هُدًى لِّلْمُتَّقِينَ {٢} الَّذِينَ يُؤْمِنُونَ بِالْغَيْبِ وَيُقِيمُونَ الصَّلاةَ وَمِمَّا رَزَقْنَاهُمْ يُنفِقُونَ {٣} والَّذِينَ يُؤْمِنُونَ بِمَا أُنزِلَ إِلَيْكَ وَمَا أُنزِلَ مِن قَبْلِكَ وَبِالآخِرَةِ هُمْ يُوقِنُونَ {٤} أُوْلَئِكَ عَلَى هُدًى مِّن رَّبِّهِمْ وَأُوْلَئِكَ هُمُ الْمُفْلِحُونَ)

« Elif. Lâm. Mîm. İşte bu Kitap, kendisinde şüphe (edilecek hiçbir şey) yoktur; Allah'tan sakınanlar için bir rehberdir. (Bu sakınanlar) gay-ba inanırlar; namazlarını dosdoğru kılarlar ve bizim kendilerine verdiği-miz rızıktan (başkalarına da) infak ederler. Hem sana indirilen (Kitab)'a, hem de senden önceki (peygamber)lere indirilen (kitap)lere inanırlar; hiç şüphe etmeden âhirete de inanırlar. İşte bunlar, Rab'larından gelen hida-yet üzeredirler; kurtuluşa erenler de bunlardır. »[2]

Îmân esaslarında, mutlaka Muhammed -sallallahu aleyhi ve sellem-'in peygamberlerin sonuncusu olduğu ve ondan sonra peygamber gelmeyeceğine, bütün insanlara ve cinlere gönderildiğine inanılması gerekir. Her kim, Rasûlün getirdiğinin bir kısmını alıp, diğer kısmını inkâr ederse mü'min değil bilakis kâfirdir. Allah Teâlâ'nın buyurduğu gibi:

(إِنَّ الَّذِينَ يَكْفُرُونَ بِاللّهِ وَرُسُلِهِ وَيُرِيدُونَ أَن يُفَرِّقُواْ بَيْنَ اللّهِ وَرُسُلِهِ وَيَقُولُونَ نُؤْمِنُ بِبَعْضٍ وَنَكْفُرُ بِبَعْضٍ وَيُرِيدُونَ أَن يَتَّخِذُواْ بَيْنَ ذَلِكَ سَبِيلاً {١٥٠} أُوْلَـئِكَ هُمُ الْكَافِرُونَ حَقّاً وَأَعْتَدْنَا لِلْكَافِرِينَ عَذَاباً مُّهِيناً {١٥١} وَالَّذِينَ آمَنُواْ بِاللّهِ وَرُسُلِهِ وَلَمْ يُفَرِّقُواْ بَيْنَ أَحَدٍ مِّنْهُمْ أُوْلَـئِكَ سَوْفَ يُؤْتِيهِمْ أُجُورَهُمْ وَكَانَ اللّهُ غَفُوراً رَّحِيماً)

---

[1] Bakara Sûresi: 285-286
[2] Bakara Sûresi: 1-5

« Allah'ı ve peygamberini inkâr edenler, Allah ve peygamberi arasını açmak isteyenler, bazılarına inanır, bazılarını da inkâr ederiz, diyenler ve (iman ile küfür) arasında bir yol tutmak isteyenler... İşte gerçekten kâfir olanlar bunlardır. Ve biz, (böyle) kâfirler için zelîl edici bir azâb hazırla-dık. Allah'a ve peygamberine îman edenler ve onlardan hiçbiri arasında ayırım yapmayanlar ise, işte bunlara da mükâfatları verilecektir. Allah, çok bağışlayıcıdır, çok merhametlidir. » [1]

Nebi -sallallahu aleyhi ve sellem-'in, kulları ile Allah arasındaki Allah Teâlâ'nın emir ve nehiylerini bildiren bir aracı olduğuna, O'nun helali-haramı, vaadi-vaîdi (söz ve tehdidi) olduğuna inanmak yine imandandır. Helâl, Allah ve Rasûlü -sallallahu aleyhi ve sellem-'in helal kıldığı, haram ise Allah ve Rasûlü -sallallahu aleyhi ve sellem-'in haram kıldığıdır. Din de, Allah ve Rasûlü -sallallahu aleyhi ve sellem-'in şeriat kıldığıdır. Her kim, velilerden birinin, Muhammed -sallallahu aleyhi ve sellem-'e tabi olmaksızın Allah'a giden bir yol olduğuna itikat ederse, o, şeytanın dostlarından olan bir kâfirdir.

Kulları yaratması, onları rızıklandırması, dualarına icabet etme-si, kalplerine hidayet vermesi, düşmanlarına karşı yardım etmesi ve bundan başka menfaatlerin (iyiliklerin) getirilmesi ve kötülüklerin defedilmesi yalnızca Allah Teâlâ'ya mahsus olan şeylerdir. Sebeplerden istediğini yapar. Bunlar da peygamberler bir vasıta olarak araya giremezler.

Bir kişi zühdde, kullukta ve ilimde hangi dereceye ulaşırsa ulaş-sın, Muhammed -sallallahu aleyhi ve sellem-'in getirdiğine iman etmezse o, mü'min olmadığı gibi Allah'ın dostu da değildir. Tıpkı yahudi ve hıristiyanların rahip, papaz ve âbidleri (çokca ibadet edenleri) gibi.

Yine bunun gibi müşriklerden ibadet ve ilme müntesip olanlar; Arap, Türk ve Hint müşrikler ve onlardan başka, Türk ve Hint alim-lerinden, dinin de ilim veya zühd ve ibadete sahip ancak, Muhammed -sallallahu aleyhi ve sellem-'in getirdiklerinin tümüne iman etmezse, kendini ve taifesini Allah'ın velisi zannetse de, o, kâfirdir, Allah'ın düşmanıdır. Aynen kâfir Mecusilerden Pers alimlerinin olduğu gibi.

Aristo ve benzerleri gibi Yunan Mecusi alimleri, yıldız ve puta tapan müşriklerdi. (Aristo İsa -aleyhisselam-'dan üç yüz sene önce yaşamıştır). Aristo Filips'in oğlu Makedonyalı İskender'in veziriydi. (Aristo onun için Romen ve Yunan tarihini yazmıştır. Yahudi ve hıristiyanlar, tarihçesini yazmıştır.) Bu, Allah Teâlâ'nın Kitabında zikrettiği Zülkarneyn değildir. Tıpkı bazı insanların, onun isminin İsken-der olduğunu gördüklerinde, Aristo'nun Zülkarneyn'in veziri olduğunu zannetmeleri gibi. Bunun o olduğunu zannettiler. (İbni Sina ve onunla beraber olanların zannetmeleri gibi.)

Bu ise onların zannetleri gibi değildir. Bilakis bu, Ariston'un vezir-liğini yaptığı İskender, müşriktir. Ondan daha geçtir ve seddi görmemiş, Ye'cüc ve Me'cüc ülkesine de ulaşmamıştır. Aristo'nun vezirlerinden biri olan İskender ise onun için bilinen Rum tarihini yazmıştır.

Arap, Hindu, Türk, Yunan müşriklerinin ve başka gurupların içerisinde ilimde, zühdde ve ibadette ictihadları olmalarına rağmen onlar peygamberlere itaat etmemiş, onların getirdiklerine iman etmemiş, haber verdiklerini tasdik etmemiş (doğrulamamış), ve emrettiklerine de boyun eğmemişlerdir. Bunlar ne mü'minlerdir ve ne de Allah'ın dostlarıdırlar. Bunların yanına şeytanlar yaklaşırlar ve onlara vahyederler. Ve bu şeytanlar kapalı yada kolay görünmeyen gizli bazı işlerini haber verirler ve onların sihir cinsinden olağanüstü bazı tasarrufları vardır. Onlar sihir ve kehânet cinsinden şeytanlar onlara inerler.

Allah Teâlâ şöyle buyuruyor:

$$\text{(هَلْ أُنَبِّئُكُمْ عَلَى مَن تَنَزَّلُ الشَّيَاطِينُ ﴿٢٢١﴾ تَنَزَّلُ عَلَى كُلِّ أَفَّاكٍ أَثِيمٍ ﴿٢٢٢﴾ يُلْقُونَ السَّمْعَ وَأَكْثَرُهُمْ كَاذِبُونَ)}$$

«Size, şeytanların kimlere indiğini haber vereyim mi? Onlar, çok günâh işleyen yalancılara inerler. Bunlar, şeytanlara kulak verirler; çoğu yalancılardır. »[1]

Bunların hepsi peygamberlere tabi olmadıklarında gaibden haber verme ve görülmemiş, duyulmamış garip acayipliklere nisbet olurlar. Mutlaka onların ve şeytanlarının yalanlanması gerekir. Onların amellerinin içerisinde şirk, zulüm, kötülükler, aşırılık ve ibadette bidat çeşitlerinden ma'siyet ve günahkârlık vardır.

Bunun için şeytanlar inerek onlara yaklaşırlar. Bunun üzerine onlar da Allah'ın dostlarından değil, şeytanın dostlarından olmuşlardır.

Allah Teâlâ şöyle buyuruyor:

$$\text{(وَمَن يَعْشُ عَن ذِكْرِ الرَّحْمَنِ نُقَيِّضْ لَهُ شَيْطَاناً فَهُوَ لَهُ قَرِينٌ)}$$

«Allah'ın zikrini kim umursamazsa, ona bir şeytanı musallat ederiz de, artık o, ondan ayrılmayan bir arkadaş olur. »[2]

Rahman'ın zikri, Kur'an gibi Rasûlullah -sallallahu aleyhi ve sellem-'in gönderildiği zikirdir. Kim Kur'an'a iman etmez, onun emirlerini doğrulamaz ve onun emirlerinin vacipliliğine itikat etmezse, Allah'tan yüz çevirmiş olur ki böylelikle şeytan da ona yaklaşmış olur.

Allah Teâlâ şöyle buyuruyor:

---

[1] Şuarâ Sûresi: 221-223
[2] Zuhruf Sûresi: 36

(وَهَذَا ذِكْرٌ مُبَارَكٌ أَنزَلْنَاهُ أَفَأَنتُمْ لَهُ مُنكِرُونَ)

«Bu da, (Muhammed'e) indirdiğimiz mübarek bir öğüttür. »[1]

(وَمَنْ أَعْرَضَ عَن ذِكْرِي فَإِنَّ لَهُ مَعِيشَةً ضَنكاً وَنَحْشُرُهُ يَوْمَ الْقِيَامَةِ أَعْمَى {١٢٤} قَالَ رَبِّ لِمَ حَشَرْتَنِي أَعْمَى وَقَدْ كُنتُ بَصِيراً {١٢٥} قَالَ كَذَلِكَ أَتَتْكَ آيَاتُنَا فَنَسِيتَهَا وَكَذَلِكَ الْيَوْمَ تُنسَى)

«Kim de beni anmaktan yüz çevirirse, onun için dar bir geçim vardır. Kıyâmet günü de onu kör olarak haşrederiz. O, "Rabbim! Niçin beni kör olarak haşrettin; halbuki ben gören bir kimse idim?" der. Allah da şöyle buyurur: "Öyle. Sana âyetlerimiz gelmişti de, sen onları unutmuştun; bugün de sen öyle unutulursun" »[2]

Bu da delalet etmektedir ki O'nun zikri, indirmiş olduğu âyetleridir. Bu yüzdendir ki, bir kimse Allah Subhânehu ve Teâlâ'yı güzel bir şekilde zühdle beraber gece gündüz daima zikreder, kullukta O'na çalışkan bir şekilde ibadet eder, fakat Allah'ın indirmiş olduğu zikre ki o Kur'an'dır, tabi olmazsa o, şeytanın dostlarındandır. Havada uçsa, suyun üzerinde yürüse bile. Muhakkak ki şeytan onu havada taşımaktadır. Bu mesele içinde bulunduğumuz bu konudan ayrı ve geniştir.

BÖLÜM

İnsanlardan bazılarında iman olmasına karşın nifaktan bir şube de vardır. Buhârî ve Müslim'de, Abdullah b. Ömer'in -Allah ondan râzı olsun-, Peygamber -sallallahu aleyhi ve sellem-'den rivayetinde Allah Rasûlü -sallallahu aleyhi ve sellem- şöyle buyurur:

«Şu dört şey kimde bulunursa halis bir münafık olur. Kimde onlardan bir haslet varsa, tâki onu terk edene kadar onda nifaktan bir haslet vardır : Konuştuğunda yalan söyler, söz verdiğinde sözünde durmaz, (kendisine bir şey) emânet edildiğinde (emânete) ihânet eder, sözleştiğinde vefasızlık eder ve tartıştığında haktan ayrılıp batılı ve yalanı söyler. »[1]

Yine Buhârî ve Muslimde, Ebu Hureyre -Allah ondan râzı olsun-'dan Nebi -sallallahu aleyhi ve sellem-'den bildirdiği bir hadiste Allah Rasûlü -sallallahu aleyhi ve sellem- şöyle buyurur:

«İman altmış veya yetmiş küsür şubedir. En üstünü "La İlahe İllallah" sözü, en aşağısı ise yolda insanlara eza verici şeyleri izale etmektir. Haya da imandan bir şubedir. »[2]

Nebi -sallallahu aleyhi ve sellem- burada kimde bu hasletlerden biri bulunursa, tâki onu terk edene kadar nifaktan bir haslet olduğunu beyan etmiştir.

Yine Buhârî ve Müslim'de geçen bir hadiste; Bilal -Allah ondan râzı olsun-'ya "Siyahî kadının oğlu" diye ayıplayan mü'minlerin en hayırlılarından olan Ebu Zer -Allah ondan râzı olsun-'ya "Sen de cahiliye izleri var" sözüne karşın Ebu Zer şöyle der: "Yaşlılığıma rağmen mi?" Allah Rasûlü -sallallahu aleyhi ve sellem- "Evet" buyurur.[3]

Buhârî ve Muslim de gelen bir hadiste Allah Rasûlü -sallallahu aleyhi ve sellem- şöyle buyuruyor:

---

[1] Buhari: 34; 2459,3178 Muslim: 58
[2] Buhari: 9 Muslim: 35
[3] Buhari: 30,2545,6050 Muslim: 1661

«Ümmetimdeki şu dört haslet, hala terk etmedikleri cahiliye adetlerindendir : Asil soyuyla övünmek, nesepleri ayıplama, ölülerin üzerine sesli bir şekilde ağlayıp yakarma ve yıldızlara bakarak yağmur isteme. »[1]

Buhârî ve Müslim'deki başka bir hadiste Ebu Hureyre -Allah ondan râzı olsun-, Nebi -sallallahu aleyhi ve sellem-'den bildirdiğine göre Allah Rasûlü -sallallahu aleyhi ve sellem- şöyle buyuruyor:

«Münafığın alâmeti üçtür: Konuştuğunda yalan söyler, söz verdiğinde sözünde durmaz ve (kendisine bir şey) emânet edildiğinde (emânete) ihânet eder."

Müslim de geçen rivayette şu ibare mevcuttur:

"Oruç tutsa da, namaz kılsa da ve kendisinin müslüman olduğunu iddia etse bile" »[2]

Buhârî de İbn-i Müleyke'nin şöyle dediği rivayet olunur:

«Resûlullah -sallallahu aleyhi ve sellem-'in ashâbından otuz kişiyi idrak ettim. Onların hepsi de nefislerinde nifaktan korkuyorlardı. »

Allah Teâlâ şöyle buyuruyor:

$$ \text{(وَمَا أَصَابَكُمْ يَوْمَ الْتَقَى الْجَمْعَانِ فَبِإِذْنِ اللَّهِ وَلِيَعْلَمَ الْمُؤْمِنِينَ ﴿١٦٦﴾ وَلِيَعْلَمَ الَّذِينَ نَافَقُواْ وَقِيلَ لَهُمْ تَعَالَوْاْ قَاتِلُواْ فِي سَبِيلِ اللَّهِ أَوِ ادْفَعُواْ قَالُواْ لَوْ نَعْلَمُ قِتَالاً لاَّتَّبَعْنَاكُمْ هُمْ لِلْكُفْرِ يَوْمَئِذٍ أَقْرَبُ مِنْهُمْ لِلإِيمَانِ)} $$

«İki ordunun karşılaştıkları gün, başınıza gelen felâket, Allah'ın izniyledir ve mü'min olanları ortaya çıkarması içindir. Ve bir de münafık olanları... Nitekim onlara, "gelin, Allah yolunda savaşın; yahut (düşmana) karşı durun" denilince, "savaş olacağını bilsek, elbette size uyardık" demişlerdir. O gün onlar, imandan çok küfre yakındılar. »[3]

Bunlar küfre, îmandan daha yakın kılındılar ve kendilerinin (îmanla küfrü) bir araya getirdiklerini ve küfürlerinin daha kuvvetli olduğunu, onlardan başkasında ise, (îman ve küfür) bir araya gelmiş, onun îmanı ise daha güçlü olmuştur.

Allah'ın dostları, Allah'tan hakkıyla korkan mü'minler olduğuna göre, kulum îmanı ve takvasıyla onun dostluğu Allah Teâlâ için olur. Her kimin îmanı ve takvası kâmil olursa, onun Allah dostluğu da kâmil olur. İnsanların Allah'a olan dostlarında birbirlerine karşı üstünlükleri vardır. Bu birbirlerine karşı olan üstünlük, îman ve takva üstünlüğüdür. Yine Allah düşmanlarının da birbirlerine karşı üstünlükleri vardır. Onların birbirlerine karşı olan üstünlükleri ise küfür ve nifaktadır. Allah Teâlâ şöyle buyuruyor:

---

[1] Muslim: 934
[2] Buhari: 33,2682,2749,6095 Muslim: 59 Tirmizi: 2633 Nesai: 8/117
[3] Âl-i İmran Sûresi: 166-167

(وَإِذَا مَا أُنزِلَتْ سُورَةٌ فَمِنْهُم مَّن يَقُولُ أَيُّكُمْ زَادَتْهُ هَـذِهِ إِيمَاناً فَأَمَّا الَّذِينَ آمَنُواْ فَزَادَتْهُمْ إِيمَاناً وَهُمْ يَسْتَبْشِرُونَ {١٢٤} وَأَمَّا الَّذِينَ فِي قُلُوبِهِم مَّرَضٌ فَزَادَتْهُمْ رِجْساً إِلَى رِجْسِهِمْ وَمَاتُواْ وَهُمْ كَافِرُونَ)

«Bir sûre indirildiği zaman, o münafıklar arasında, "bu sûre hanginizin îmanını artırdı?" diyenler vardır.İşte o îman edenler var ya, onların îmanını artırmıştır. Ve bunu, birbirlerine müjdelerler. Halbuki kalplerinde bir hastalık bulunanlar ise, onların pisliklerine bir pislik daha katmış ve kâfir olarak ölmüşlerdir.»[1]

(إِنَّمَا النَّسِيءُ زِيَادَةٌ فِي الْكُفْرِ)

« (Haram ayları) ertelemek ancak küfürde ziyadeliktir. »[2]

(وَالَّذِينَ اهْتَدَوْا زَادَهُمْ هُدًى وَآتَاهُمْ تَقْوَاهُمْ)

« Hidayete erenler ise, Allah, onların hidayetlerini arttırmıştır ve takvalarını korumuştur. »[3]

Allah Teâlâ münafıklar hakkında şöyle buyuruyor:

(فِي قُلُوبِهِم مَّرَضٌ فَزَادَهُمُ اللّهُ مَرَضاً وَلَهُم عَذَابٌ أَلِيمٌ بِمَا كَانُوا يَكْذِبُونَ)

« Onların kalplerinde bir hastalık vardır; Allah'ta hastalıklarını gittikçe artırmıştır. »[4]

Allah Subhânehû ve Teâlâ şöyle beyan ediyor: Bir şahısta, îmanı derecesinde Allah'ın dostluğundan bir payı olabileceği gibi, küfrü ve nifağı derecesinde de Allah'ın düşmanlığından bir payı olabilir. Allah Teâlâ şöyle buyuruyor:

(وَيَزْدَادَ الَّذِينَ آمَنُوا إِيمَاناً)

« Îman edenlerin imanını artırsın. »[5]

(لِيَزْدَادُوا إِيمَاناً مَّعَ إِيمَانِهِمْ)

« Îmanlarına îman katsınlar. »[6]

---

[1] Tevbe Sûresi: 124-125
[2] Tevbe Sûresi: 37
[3] Muhammed Sûresi: 17
[4] Bakara Sûresi: 10
[5] Muddessir Sûresi: 31
[6] Fetih Sûresi: 4

BÖLÜM

Allah'ın dostları iki kısımdır: Öne geçenler ve yakın olanlar, orta yolda olan Ashabul-Yemîn (sağ halkı).

Allah Teâlâ Kitabının bir çok yerinde onları zikretmiştir. Vâkıâ sûresinin başında ve sonunda, İnsan, Mutaffifîn ve Fâtır sûrelerinde. Allah Subhânehû ve Teâlâ Vâkıa sûresinin başında büyük kıyâmetten, sonunda da küçük kıyâmetten bahsetmiştir.

Bu sûrenin başında Allah Teâlâ şöyle buyurur:

(إِذَا وَقَعَتِ الْوَاقِعَةُ ﴿١﴾ لَيْسَ لِوَقْعَتِهَا كَاذِبَةٌ ﴿٢﴾ خَافِضَةٌ رَّافِعَةٌ ﴿٣﴾ إِذَا رُجَّتِ الْأَرْضُ رَجًّا ﴿٤﴾ وَبُسَّتِ الْجِبَالُ بَسًّا ﴿٥﴾ فَكَانَتْ هَبَاء مُّنبَثًّا ﴿٦﴾ وَكُنتُمْ أَزْوَاجاً ثَلَاثَةً ﴿٧﴾ فَأَصْحَابُ الْمَيْمَنَةِ مَا أَصْحَابُ الْمَيْمَنَةِ ﴿٨﴾ وَأَصْحَابُ الْمَشْأَمَةِ مَا أَصْحَابُ الْمَشْأَمَةِ ﴿٩﴾ وَالسَّابِقُونَ السَّابِقُونَ ﴿١٠﴾ أُوْلَئِكَ الْمُقَرَّبُونَ ﴿١١﴾ فِي جَنَّاتِ النَّعِيمِ ﴿١٢﴾ ثُلَّةٌ مِّنَ الْأَوَّلِينَ ﴿١٣﴾ وَقَلِيلٌ مِّنَ الْآخِرِينَ)

« Kıyamet koptuğu zaman, onun vukuunda hiçbir yalan olmadığı anlaşılacaktır. O, kimi için alçaltıcı, kimi için de yükselticidir. Yer sarsıldık-ca sarsıldığı, dağlar darmadağın olup toz haline geldiği ve siz de üç sınıf olduğunuz zaman, işte o meymenetli olanlar (amel defteri sağ tarafından verilenler) ne mutludur o meymenetliler. Ve o meymenetsiz olanlar (amel defteri sol tarafından verilenler), ne bedbahttır o meymenetsizler!

Allah'ın tâatinde öne geçenler, O'nun rahmetinde de önde olanlardır. İşte bunlar, nimet cennetlerinde Rableri katında gözde olanlardır. Bunların çoğu ewelkilerden, azı da sonrakilerdendir. »[1]

Bu, Allah Teâlâ'nın evvelkileri ve sonrakileri topladığı, büyük kıyametin koptuğunda insanların kısımlara ayrılmasıdır. Allah Teâlâ' nın sûrenin sonunda vasfettiği gibi:

(فَلَوْلَا إِذَا بَلَغَتِ الْحُلْقُومَ ﴿٨٣﴾ وَأَنتُمْ حِينَئِذٍ تَنظُرُونَ ﴿٨٤﴾ وَنَحْنُ أَقْرَبُ إِلَيْهِ مِنكُمْ وَلَكِن لَّا تُبْصِرُونَ ﴿٨٥﴾ فَلَوْلَا إِن كُنتُمْ غَيْرَ مَدِينِينَ﴿٨٦﴾ تَرْجِعُونَهَا إِن كُنتُمْ صَادِقِينَ ﴿٨٧﴾ فَأَمَّا إِن كَانَ مِنَ الْمُقَرَّبِينَ﴿٨٨﴾ فَرَوْحٌ وَرَيْحَانٌ وَجَنَّةُ نَعِيمٍ ﴿٨٩﴾ وَأَمَّا إِن كَانَ مِنْ أَصْحَابِ الْيَمِينِ ﴿٩٠﴾ فَسَلَامٌ لَّكَ مِنْ أَصْحَابِ الْيَمِينِ ﴿٩١﴾ وَأَمَّا إِن كَانَ مِنَ الْمُكَذِّبِينَ الضَّالِّينَ ﴿٩٢﴾ فَنُزُلٌ مِّنْ حَمِيمٍ ﴿٩٣﴾ وَتَصْلِيَةُ جَحِيمٍ﴿٩٤﴾ إِنَّ هَذَا لَهُوَ حَقُّ الْيَقِينِ ﴿٩٥﴾ فَسَبِّحْ بِاسْمِ رَبِّكَ الْعَظِيمِ)

« Can boğaza dayandığında ve siz de o sırada bakıp dururken, biz size ondan daha yakınız, fakat siz görmezsiniz. Mademki kıyamet günü hesaba çekilecek değilsiniz, eğer sözünüzde sadık iseniz, çıkmak üzere olan o canı geri getirmeniz gerekmez mi? Eğer ölen kişi, Allah'a yaklaştırılanlardan ise, o, rahatlık, bol rızık ve nimet cennetindedir. Ve eğer meymenetlilerden ise, meymenetlilerden sana selam olsun. Yok eğer yalanlayan sapıklardan ise, ona kaynar sudan bir konuk sofrası ve cehenneme atılış vardır. İşte asıl gerçek olan da budur. O halde yüce Rabbinin adıyla tesbih et. »[1]

Allah Teâlâ İnsan Sûresi'nde şöyle buyuruyor:

(إِنَّا هَدَيْنَاهُ السَّبِيلَ إِمَّا شَاكِراً وَإِمَّا كَفُوراً ﴿٣﴾ إِنَّا أَعْتَدْنَا لِلْكَافِرِينَ سَلَاسِلَا وَأَغْلَالاً وَسَعِيراً ﴿٤﴾ إِنَّ الْأَبْرَارَ يَشْرَبُونَ مِن كَأْسٍ كَانَ مِزَاجُهَا كَافُوراً ﴿٥﴾ عَيْناً يَشْرَبُ بِهَا عِبَادُ اللَّهِ يُفَجِّرُونَهَا تَفْجِيراً ﴿٦﴾ يُوفُونَ بِالنَّذْرِ وَيَخَافُونَ يَوْماً كَانَ شَرُّهُ مُسْتَطِيراً ﴿٧﴾ وَيُطْعِمُونَ الطَّعَامَ عَلَى حُبِّهِ مِسْكِيناً وَيَتِيماً وَأَسِيراً ﴿٨﴾ إِنَّمَا نُطْعِمُكُمْ لِوَجْهِ اللَّهِ لَا نُرِيدُ مِنكُمْ جَزَاء وَلَا شُكُوراً﴿٩﴾ إِنَّا نَخَافُ مِن رَّبِّنَا يَوْماً عَبُوساً قَمْطَرِيراً ﴿١٠﴾ فَوَقَاهُمُ اللَّهُ شَرَّ ذَلِكَ الْيَوْمِ وَلَقَّاهُمْ نَضْرَةً وَسُرُوراً ﴿١١﴾ وَجَزَاهُم بِمَا صَبَرُوا جَنَّةً وَحَرِيراً﴿١٢﴾ مُتَّكِئِينَ فِيهَا عَلَى الْأَرَائِكِ لَا يَرَوْنَ فِيهَا شَمْساً وَلَا زَمْهَرِيراً)

« Sonra da ona gideceği yolu gösterdik. Kimi şükrederek bu yoldan gider; kimi de kâfir olarak ondan sapar. Kâfirler için elbette zincirler, halkalar ve alevli cehennem hazırladık. İyiler ise, karışımı kâfûr olan bir tastan içerler. O kâfûr, bir pınardır ki, onu, diledikleri yere fışkırtıp akıtan Allah'ın kulları içerler. Kendilerine vâcip kıldıkları adağı

---

yerine getirirler, kötülüğü yaygınlaşmış olan bir günden korkarlar. İçlerinin çekmesine rağmen, yiyeceklerini yoksula, yetime ve esire yedirirler. "Biz sizi sırf Allah rızası için doyuruyoruz. Sizden bir karşılık ve teşekkür beklemiyoruz."

"Biz, yüzleri asıklaştıracak olan bir günde Rabbimizden korkarız" derler. Allah da onları bu günün şerrinden korur ve yüzlerine parlaklık, kalplerine de neşe verir. Sabretmiş olmaları dolayısıyla onları, cennetle ve ipekle mükafatlandırır. Cennette sedirlere yaslanmış olarak, ne yakıcı güneş görürler, ne de dondurucu soğuk...»[1]

Yine Mutaffifin Sûresi'nde zikrederek şöyle buyuruyor:

(كَلَّا إِنَّ كِتَابَ الْفُجَّارِ لَفِي سِجِّينٍ {٧} وَمَا أَدْرَاكَ مَا سِجِّينٌ {٨} كِتَابٌ مَّرْقُومٌ {٩} وَيْلٌ يَوْمَئِذٍ لِّلْمُكَذِّبِينَ {١٠} الَّذِينَ يُكَذِّبُونَ بِيَوْمِ الدِّينِ {١١} وَمَا يُكَذِّبُ بِهِ إِلَّا كُلُّ مُعْتَدٍ أَثِيمٍ {١٢} إِذَا تُتْلَى عَلَيْهِ آيَاتُنَا قَالَ أَسَاطِيرُ الْأَوَّلِينَ {١٣} كَلَّا بَلْ رَانَ عَلَى قُلُوبِهِم مَّا كَانُوا يَكْسِبُونَ {١٤} كَلَّا إِنَّهُمْ عَن رَّبِّهِمْ يَوْمَئِذٍ لَّمَحْجُوبُونَ {١٥} ثُمَّ إِنَّهُمْ لَصَالُوا الْجَحِيمِ {١٦} ثُمَّ يُقَالُ هَذَا الَّذِي كُنتُم بِهِ تُكَذِّبُونَ {١٧} كَلَّا إِنَّ كِتَابَ الْأَبْرَارِ لَفِي عِلِّيِّينَ {١٨} وَمَا أَدْرَاكَ مَا عِلِّيُّونَ {١٩} كِتَابٌ مَّرْقُومٌ {٢٠} يَشْهَدُهُ الْمُقَرَّبُونَ {٢١} إِنَّ الْأَبْرَارَ لَفِي نَعِيمٍ {٢٢} عَلَى الْأَرَائِكِ يَنظُرُونَ {٢٣} تَعْرِفُ فِي وُجُوهِهِمْ نَضْرَةَ النَّعِيمِ {٢٤} يُسْقَوْنَ مِن رَّحِيقٍ مَّخْتُومٍ {٢٥} خِتَامُهُ مِسْكٌ وَفِي ذَلِكَ فَلْيَتَنَافَسِ الْمُتَنَافِسُونَ {٢٦} وَمِزَاجُهُ مِن تَسْنِيمٍ {٢٧} عَيْناً يَشْرَبُ بِهَا الْمُقَرَّبُونَ)

« Fakat hayır, ölçüde hile yapmaktan sakının! Zira kötü iş yapanların amelleri "siccin" denilen kitapta yazılıdır. "Siccin"in ne olduğunu sen bilemezsin, o işaretlenmiş bir kitaptır. O gün, ceza gününü yalanlayanların vay haline! Onu her haddi aşan günahkârlardan başkası yalanlamaz. Ona âyetlerimiz okunduğu zaman "evvelkilerin masalları" der. Hayır, dedikleri gibi değil fakat onların amelleriyle kazanmış oldukları şey, kalplerini paslandırmıştır. Hayır, o gün onlar Rablerini görmekten mutlaka mahrum kalacaklardır. Sonra da onlar, varıp cehenneme gideceklerdir. Daha sonra da onlara denilecektir ki: "İşte sizin yalanlayıp durduğunuz şey işte budur". Hayır, onların dedikleri gibi değil. İyilerin kitabı şüphesiz "İlliyyûn" dadır. "İlliyyûn" un ne olduğunu sen bilemezsin. O, Allah'a yakın olan meleklerin gördüğü işaretlenmiş bir kitaptır. Şüphe yoktur ki iyiler, nimet içinde ve sedirler üzerinde nimetleri seyrederler. Onları, yüzlerindeki nimet parıltısından tanırsın.

Onlara, bitimi misk kokan, mühürlü hâlis bir şarap içirilir. Yarışanlar işte bunun için yarışsınlar. Bu şarabın karışımı, cennette gözdelerin içtiği yukarıdan akan bir kaynaktır. »[1]

İbn-i Abbas ve seleften gelen haberde, onlar şöyle diyorlar:

"Ashabul-Yemin (sağ halkı) için karışımlar (şerbet) vardır. Oradan mukarrabûn (yakın olanlar) saf olarak içerler. Allah Teâlâ'nın "Oradan içenler" âyetinde buyurduğu gibi. Bunu içenler ondan başkasına ihtiyaç duymazlar. Bu yüzden onu katkısız içerler. Allah Teâlâ'nın buyurduğu gibi:

$$\left(\text{ إِنَّ الْأَبْرَارَ يَشْرَبُونَ مِن كَأْسٍ كَانَ مِزَاجُهَا كَافُوراً } \{٥\} \text{ عَيْناً يَشْرَبُ بِهَا عِبَادُ اللَّهِ يُفَجِّرُونَهَا تَفْجِيراً } \right)$$

« İyileri ise, karışımı kâfûr olan bir tastan içerler. O kâfûr, bir pınardır ki, onu, diledikleri yere fışkırtıp akıtan Allah'ın kulları içerler. »[2]

Bu sûrede zikredilen Mukarrabûn (yakın olanlar) Allah'ın kullarıdır. Böyledir, çünkü ceza (karşılık) hayırda da şerde de amelin cinsindendir. Nebi -sallallahu aleyhi ve sellem-'in buyurduğu gibi:

« Kim bir mü'minin dünya sıkıntılarından bir sıkıntısını giderirse, Allah da onun kıyamet günü sıkıntılarından bir sıkıntısını giderir. Kim kolaylaştırırsa Allah da dünya ve âhirette ona kolaylaştırır. Kim bir müslümanın bir ayıbını örterse Allah'da onun hem dünya hem de âhirette bir ayıbını örter. Kul, kardeşinin yardımında olduğu sürece Allah da o kulunun yardımındadır. Kim bir yola girer, o yolda da ilim isterse (talep ederse) Allah da ona cennete giden yolu kolaylaştırır.

Bir topluluk Allah'ın evlerinden bir evde toplanırlar, Allah'ın Kitabı'nı okurlar ve onu kendi aralarında ders yaparlarsa üzerlerine sekînet iner, onları rahmet kaplar, melekler onları kuşatır, Allah Teâlâ onları katında olanlara zikreder. Her kim amelinin gecikmesine sebep olursa nesebi tez davranmaz. »[3] Muslim sahihinde rivayet etmiştir.[4]

Allah Rasûlü -sallallahu aleyhi ve sellem- şöyle buyuruyor:

« Merhamet edenlere, Rahman'da merhamet eder. Sizler yeryüzündekilere merhamet edin ki, semadaki (Allah'da) size merhamet etsin.»[5] Tirmizi hadisin sahih olduğunu söylemiştir.

---

[1] Mutaffifîn Sûresi: 7-28

[2] İnsan Sûresi: 5-6

[3] "Her kim amelinin gecikmesine sebep olursa onun nesebi tez davranmaz" cümlesinin manası: Kimin ameli nakıssa (eksikse) amel işleyenler ashabına kavuşamaz. Şerefli nesebine ve babalarının üstünlüğüne güvenip amellerini kısaltmaması (tembellik etmemesi) gerekir. (Muslim- Nevevi Şerhi).   Mütercim.

[4] Muslim: 2699   Ebû Davûd: 4946

[5] Ebû Dâvûd: 4941 Tirmizi: 1925 Hadis şahitleriyle sahihtir. El-Elbanî "Sahiha": 925

Sünen kitaplarında gelen başka bir hadiste Allah Rasûlü -sallallahu aleyhi ve sellem- şöyle buyurur:

« Allah Teâlâ şöyle buyuruyor: Ben Rahmanım, merhameti yarattım ve onun için ismimden bir ismi yardım. Kim ona ulaşırsa, ben de ona ulaşırım. Kim de onu keserse, ben de onu kesip koparırım. »[1]

Yine şöyle buyurur -sallallahu aleyhi ve sellem- :

« Kim birleştirirse, Allah onu birleştirir, kim de keserse Allah'da onu keser.»[2] Bu tür rivayetler çoktur.

Daha önce geçtiği gibi Allah'ın dostları iki kısımdır: Mukarrabun ve Ashabul-Yemin. Nebi -sallallahu aleyhi ve sellem- bu iki kısmın amelini evliya hadisinde zikrederek şöyle buyurmuştur:

« Allah Teâlâ şöyle buyuruyor: Kim benim dostuma düşmanlık ederse bana harp ilan etmiştir. Kulun kendisine farz kıldığım ibadetlerin edasıyla bana yaklaştığı gibi, başka bir şeyle yaklaşmamıştır. Kulum bana nafilelerle yaklaşmaya devam eder, tâki ben de onu severim. Onu sevdiğim zaman duyan kulağı, gören gözü, tutan elleri ve yürüyen ayağı olurum. »[3]

Sadık olan Ashabul-Yemin (sağ halkı) Allah'a farzlarla yakınlaşanlardır. Onlar, Allah'ın üzerlerine vâcip kıldığını yaparlar ve Allah'ın üzerlerine haram kıldığını terk ederler. Kendi üzerlerine mendupları üstlenmedikleri gibi, olur olmaz mübahlardan da vazgeçmezler.

Sabikûn-Mukarrabun (öne geçenler ve yakın olanlar) ise Allah'a farzlardan sonra nafilelerle yaklaşırlar. Vacipleri ve müstehapları yerine getirirler, haramları ve mekruhları terk ederler. Allah'a, O'nun sevdiği amellerden güçlerinin yettiklerini yaparak bütünüyle yaklaşmaya başladıklarında, Rab'da onları tam bir muhabbetle sever. Allah Teâlâ'nın buyurduğu gibi:

« Kulum bana nafilelerle yaklaşmaya devam eder. Hatta ben de onu severim. » Yani Allah Teâlâ'nın şu âyetinde buyurduğu gibi mutlak bir sevgidir:

---

[1] Buhari "Edebul-Mufred": 53 Ebu Davud: 1694 Tirmizi: 1908 Sahih bir hadistir. El-Elbani "Sahiha": 540
[2] Buhari: 4830,4832 Muslim: 2254
[3] Buhari: 6502

(اهدِنَــا الصِّــرَاطَ المُسـتَقِيمَ {٦} صِــرَاطَ الَّــذِينَ أَنعَـمـتَ عَلَـيهِمْ غَيرِ المَغضُـوبِ عَلَيهِمْ وَلاَ الضَّالِّينَ)

« Bizi doğru yola ulaştır. Kendilerine nimet nimet verdiğin kimselerin yoluna... Gazabına uğrayanların ve sapık olanların yoluna değil. »[1]

Yani; Allah Teâlâ'nın aşağıdaki âyette buyurduğu gibi onları tam ve mutlak nimetlerle nimetlendirmiştir:

(وَمَـن يُطِـعِ اللّـهَ وَالرَّسُـولَ فَأُوْلَـئِكَ مَـعَ الَّـذِينَ أَنْعَـمَ اللّـهُ عَلَـيْهِم مِّـنَ النَّبِـيِّينَ وَالصِّدِّيقِينَ وَالشُّهَدَاء وَالصَّالِحِينَ وَحَسُنَ أُولَئِكَ رَفِيقاً)

« Her kim Allah'a ve peygamberlere itaat ederse, işte böyleleri, (kıyamet gününde) Allah'ın kendilerine nimet verdiği peygamberler, sıddîkler, şehidler ve Sâlihlerle beraberdirler. Onlar en iyi arkadaştırlar. »[2]

Bu mukarrabûn (yaklaşanlar), mübahlar onlar için Allah Azze ve Celle'ye yaklaştıkları bir tâat olmuştur. Amellerinin hepsi Allah için ibadet (kulluk) olmuştur. Bunun üzerine katıksız saf şaraptan içerler. Allah için katıksız amel işledikleri gibi.

Muktesidûn (orta bir yol izleyenler) ise, onların amellerinde, kendi nefisleri için yaptıkları vardır. Onun cezası olmadığı gibi sevabı da yoktur ve onlar saf katıksız şaraptan da içmezler. Bilakis onlar için, Mukarrabûn'un (yaklaşanlar) içeceklerinden dünyadaki karıştırdıkları içeceklerden olan karışım (şerbet-şarap) vardır.

Nebilerin, Resul-Kul ve Nebi-Melik(kral) taksimine bakıldığında, Allah Subhânehû ve Teâlâ Muhammed -sallallahu aleyhi ve sellem-'i Resul-Kul, Nebi-Melik (kral) taksimi arasında O'nu Resul-Kul olarak seçmiştir. Nebi-Melik ise, tıpkı Davud ve Süleyman ve o ikisinin benzerleri gibileridir. (Allah'ın salat ve selamı onların üzerine olsun.) Allah Teâlâ Süleyman aleyhisselam'ın kıssasında şöyle buyurmuştur:

(قَالَ رَبِّ اغْفِرْ لِي وَهَبْ لِي مُلْكاً لَّا يَنبَغِي لِأَحَدٍ مِّنْ بَعْدِي إِنَّكَ أَنتَ الْوَهَّابُ {٣٥} فَسَخَّرْنَا لَهُ الرِّيحَ تَجْرِي بِأَمْرِهِ رُخَاء حَيْثُ أَصَابَ {٣٦} وَالشَّيَاطِينَ كُلَّ بَنَّاء وَغَوَّاصٍ {٣٧} وَآخَرِينَ مُقَرَّنِينَ فِي الْأَصْفَادِ {٣٨} هَذَا عَطَاؤُنَا فَامْنُنْ أَوْ أَمْسِكْ بِغَيْرِ حِسَابٍ)

« Demişti ki: "Rabbim! Beni bağışla ve bana, benden sonra hiç kimseye nasip olmayacak bir hükümranlık ihsan et. Şüphesiz dâima ihsan eden sensin." Emriyle istediği

---

yere yumuşak bir şekilde esip giden rüzgârı, bina yapan ve dalgıçlık eden şeytanları ve yine şeytanlardan zincire vurulmuş diğerlerini ona tâbi kılmıştık. "Bu bizim (sana) ihsanımızdır; ister ver, ister tut; hesapsızdır" (demiştik). »[1]

Yani; istediğine ver, istediğine verme, senin üzerine hesap yoktur. Hükümdar olan Nebi, Allah'ın üzerine farz kıldığını yapar ve Allah'ın haram kıldığını terk eder. Üzerine hiçbir günah olmaksızın hükümranlık ve malda seçtiği ve sevdiğini yapar.

Resul-Kul olana gelince; birisine ancak Allah'ın emriyle verebilir. İstediğine verip, istediğinden de bunu haram kılamaz. Bilakis Rabbisinin ona vermesiyle verebilir. Rabbisinin emriyle O'nun vali tayin ettiği, vali tayin edilir. Amellerin hepsi Allah Teâlâ için ibadettir (kulluktur). Buhârî'nin sahihinde Ebu Hureyre'den -Allah ondan râzı olsun- gelen rivayet gibi.

Allah Rasûlü -sallallahu aleyhi ve sellem- şöyle buyurur:

« Allah'a yemin olsun ki ben, ne bir kimseye verebilir, ne de bir kimseden men edebilirim. Ben ancak bölüştürenim ve emrolunduğuma göre yerleştiririm. »[2]   Bunun manası; ne bir kişiye verebilirim, ne de onu men edebilirim. Bu ancak Allah'ın emriyledir.)

Bunun içindir ki şer'î malları Allah'a ve Rasûlüne bağlamıştır. Allah Teâlâ'nın şu âyetinde buyurduğu gibi:

$$ \text{(قُلِ الأَنفَالُ لِلّهِ وَالرَّسُولِ)} $$

« De ki: "Enfal" (harp ganimetleri) Allah'a ve Rasûle âittir. »[3]

$$ \text{(مَّا أَفَاء اللَّهُ عَلَى رَسُولِهِ مِنْ أَهْلِ الْقُرَى فَلِلَّهِ وَلِلرَّسُولِ)} $$

« Allah'ın şehir halkının mallarından Rasûlüne verdiği ganimetler Allah'a ve Rasûle âittir. »[4]

$$ \text{(وَاعْلَمُواْ أَنَّمَا غَنِمْتُم مِّن شَيْءٍ فَأَنَّ لِلّهِ خُمُسَهُ وَلِلرَّسُولِ)} $$

« Şunu da bilin ki, ganîmet olarak aldığınız bir şeyin beşte biri mutlaka Allah'a ve Rasûlüne aittir. »[5]

Bunun içindir ki alimlerin bu konuda ki en açık sözleri; bu mallar Veliyyul-Emrin ictihadı doğrultusunda Allah ve Rasûlünün sevdiği şeylerde tasarruf edilir. Maliki mezhebinin ve seleften başka alimlerin görüşleri de böyledir. Bu, Ahmed'den rivayet olarak zikredilir. Beşte bir hakkında ise şöyle denildi:

---

[1] Sâd Sûresi: 35-39
[2] Buhari: 3117
[3] Enfal Sûresi: 1
[4] Haşr Sûresi: 7
[5] Enfal Sûresi: 41

Şafiînin ve Ahmed'in söyledikleri gibi o (ganimet) beşe bölünür. Ebu Hanife'de ganimet mallarının üçe bölüneceğini söylemiştir.

Buradaki maksat ise, Rasûl-Kul'un, Nebi-Hükümdar olandan daha üstün olduğudur. Tıpkı İbrahim, Musa, İsa ve Muhammed'in (salat ve selam onların üzerine olsun), Yusuf, Davud ve Süleyman'dan (salat ve selam onların üzerine olsun) üstün oldukları gibi. Yine Mukarrabûn-Sabikûn (yaklaşanlar-öne geçenler)'un orta yollu Ashabul-Yemîn (sağ halkı)'den daha üstün olması gibi. Her kim Allah'ın üzerine vacib kıldığını eda eder ve mübahlardan hoşuna gittiğini yaparsa, o, bunlardandır (orta yollu Ashabul-Yemîn). Her kim de Allah'ın sevdiği ve razı olduğunu yapar, bundan da Allah'ın emrettiği mübahlara sığınırsa bu da onlardandır (Mukarrabûn-Sabikûn).

BÖLÜM

Allah Subhânehû ve Teâlâ dostları olan Sabikûn (öne geçenler) ve Muktesidûn (mutedil olanlar)'ı Fâtır Sûresi'nde şöyle zikrediyor:

(ثُمَّ أَوْرَثْنَا الْكِتَابَ الَّذِينَ اصْطَفَيْنَا مِنْ عِبَادِنَا فَمِنْهُمْ ظَالِمٌ لِنَفْسِهِ وَمِنْهُمْ مُقْتَصِدٌ وَمِنْهُمْ سَابِقٌ بِالْخَيْرَاتِ بِإِذْنِ اللَّهِ ذَلِكَ هُوَ الْفَضْلُ الْكَبِيرُ {٣٢} جَنَّاتُ عَدْنٍ يَدْخُلُونَهَا يُحَلَّوْنَ فِيهَا مِنْ أَسَاوِرَ مِن ذَهَبٍ وَلُؤْلُؤًا وَلِبَاسُهُمْ فِيهَا حَرِيرٌ {٣٣} وَقَالُوا الْحَمْدُ لِلَّهِ الَّذِي أَذْهَبَ عَنَّا الْحَزَنَ إِنَّ رَبَّنَا لَغَفُورٌ شَكُورٌ {٣٤} الَّذِي أَحَلَّنَا دَارَ الْمُقَامَةِ مِن فَضْلِهِ لَا يَمَسُّنَا فِيهَا نَصَبٌ وَلَا يَمَسُّنَا فِيهَا لُغُوبٌ)

« Sonra bu Kitab'ı, kullarımızdan seçtiğimiz kimselere miras olarak bıraktık. Şu var ki, bunların içinde, kendisine zulmeden vardır; mutedil olan vardır ve Allah'ın izniyle hayır işlerinde koşturan vardır. İşte bu miras, Allah'tan büyük lütuftur. Bu mirasa konanlar Adin cennetlerine girerler. Orada altın bilezik ve incilerle süslenirler. Orada ki elbiseleri de ipektir. Derler ki: "Korkuyu bizden gideren Allah'a hamdolsun. Şüphe yoktur ki Rabbimiz çok bağışlayıcıdır; çok merhametlidir."

"Çünkü lütfu ile bizi kalınacak olan cennete yerleştirecek olan O'dur. Bize orada ne bir yorgunluk dokunur, ne de bir usanç gelir. »[1]

Fakat bu âyetteki üç sınıf, Muhammed -sallallahu aleyhi ve sellem-'in ümmetine hastır. Allah Teâlâ'nın buyurduğu gibi:

---

[1] Fâtır Sûresi: 32-35

« Sonra bu Kitab'ı, kullarımızdan seçtiğimiz kimselere miras olarak bıraktık. Şu var ki, bunların içinde, kendisine zulmeden vardır; mutedil olan vardır ve Allah'ın izniyle hayır işlerinde koşturan vardır. İşte bu miras, Allah'tan büyük lütuftur.»

Muhammed -sallallahu aleyhi ve sellem-'in ümmeti, geçmiş ümmetlerden sonra Kitab'ı miras alanlardır. Bu Kur'an'ın korunmasına has kılınmış değildir. Bilakis, Kur'an'a îman eden herkes bunlardandır. Allah Teâlâ onları nefsine zulmeden, mutadil olanlar ve sâbık (hayırda öne geçenler) olarak kısımlara ayırdı. Bu ise "Vâkıa, Mutaffifîn ve İnsan" sûrelerindekinin hilafınadır. Kâfiriyle, mü'miniyle geçmiş ümmetler buna girerler. Bu taksim ise Muhammed -sallallahu aleyhi ve sellem-'in ümmeti içindir. Nefsine zulmedenler, günâhta ısrarcı olanlardır. Mutedil olanlar, farzları eda eden ve haramlardan sakınanlardır. Hayırda öne geçenler ise, âyetlerde geçtiği gibi farzları ve nâfileleri eda edenlerdir.

Her kim hangi günah olursa olsun güzel bir tövbeyle tövbe ederse hayırda öne geçen ve mutedil olanların dışına çıkmaz. Allah Teâlâ'nın âyetinde buyurduğu gibi:

$$
\text{(وَسَارِعُواْ إِلَى مَغْفِرَةٍ مِّن رَّبِّكُمْ وَجَنَّةٍ عَرْضُهَا السَّمَاوَاتُ وَالأَرْضُ أُعِدَّتْ لِلْمُتَّقِينَ ﴿١٣٣﴾ الَّذِينَ يُنفِقُونَ فِي السَّرَّاء وَالضَّرَّاء وَالْكَاظِمِينَ الْغَيْظَ وَالْعَافِينَ عَنِ النَّاسِ وَاللّهُ يُحِبُّ الْمُحْسِنِينَ ﴿١٣٤﴾ وَالَّذِينَ إِذَا فَعَلُواْ فَاحِشَةً أَوْ ظَلَمُواْ أَنْفُسَهُمْ ذَكَرُواْ اللّهَ فَاسْتَغْفَرُواْ لِذُنُوبِهِمْ وَمَن يَغْفِرُ الذُّنُوبَ إِلاَّ اللّهُ وَلَمْ يُصِرُّواْ عَلَى مَا فَعَلُواْ وَهُمْ يَعْلَمُونَ ﴿١٣٥﴾ أُوْلَئِكَ جَزَآؤُهُم مَّغْفِرَةٌ مِّن رَّبِّهِمْ وَجَنَّاتٌ تَجْرِي مِن تَحْتِهَا الأَنْهَارُ خَالِدِينَ فِيهَا وَنِعْمَ أَجْرُ الْعَامِلِينَ)}
$$

« Rabbinizden gelecek olan mağfirete ve takvâ sâhipleri için hazırlanan, genişliği gökler ve yer kadar olan cennete koşun. (İşte o takvâ sahipleri) bollukta ve darlıkta, Allah yolunda sarf eden, kinlerini içlerinde tutan ve insanların kusurlarını bağışlayan kimselerdir. Allah iyilik edenleri sever.

(Yine o takvâ sahipleri) çirkin bir kötülük işlediklerinde, yahut kendilerine zulmettiklerinde, Allah'ı zikredip günâhlarının bağışlanmasını dilerler. Zaten Allah'tan başka günâhları kim bağışlar? Keza onlar, yaptıkları kötü işlerde, bile bile direnmezler. İşte böyle olanların mükâfatları, Rableri tarafından bağışlanmak ve (ağaçları) altından ırmak akan dâimî kalacakları cennetlerdir. Böyle amel edenlerin mükâfatı ne güzeldir. »[1]

Ve Allah Teâlâ'nın: « Onların girecekleri Adn cennetleridir. »[2] âyetinden ehli sünnet, tevhid ehlinin cehenneme girmeyeceği sonucunu çıkarmışlardır.

---

[1] Âl-i İmran Sûresi: 133-136
[2] Ra'd Sûresi: 23

Büyük günah işleyenlerin cehenneme girmesi ise, tıpkı onların tekrar cehennemden çıkacak olmaları, Nebimiz Muhammed -sallallahu aleyhi ve sellem-'in şefaatinin büyük günah işleyenlere olması, Peygamber -sallallahu aleyhi ve sellem-'in ve O'ndan başkasının şefaatiyle cehennemden çıkarılacakların olduğu Nebi -sallallahu aleyhi ve sellem-'in sünnetlerinde mütevatir olarak gelmiştir. Bazıları şöyle dediler: Büyük günâh işleyenler cehennemde ebedîdirler. Ve âyeti tevil edip sabikûnun (öne geçenlerin) cehenneme gireceklerini, mutedil olan veya nefsine zulmedenin ise girmeyeceğini söylerler. Mutezile ve Mürcienin tevil ederek, büyük günâh sahiplerinin cehenneme girmeyeceklerini ve onların hepsinin azabsız cennete gireceklerini iddia etmeleri gibi. Her ikisi de Nebi -sallallahu aleyhi ve sellem-'den gelen mütevatir sünnetine, ümmetin ve imamların icmasına muhaliftir.

Bu iki taifenin sözlerinin doğru olmadığına Allah Teâlâ'nın Kitab'ında şu iki âyet işaret etmektedir:

$$ (إِنَّ اللَّهَ لاَ يَغْفِرُ أَن يُشْرَكَ بِهِ وَيَغْفِرُ مَا دُونَ ذَلِكَ لِمَن يَشَاءُ) $$

« Allah, kendisine şirk koşulmayı aslâ affetmez; bunun dışındaki (günâh) leri ise, dilediği kimseler için bağışlar. »[1]

Allah Teâlâ şirki bağışlamadığını ve bundan başkasını dilediği kimse için bağışlayacağını haber veriyor. Mutezilenin dediği gibi bundan muradın, tövbe edenin olduğunu söylemek caiz değildir. Çünkü Allah şirki ve şirkten başka günâhları tövbe eden için bağışlar. Meşiete bağlı değildir. Bunun içindir ki, tövbe edenler için mağfireti zikrettiğinde Allah Teâlâ şöyle buyuruyor:

$$ (قُلْ يَا عِبَادِيَ الَّذِينَ أَسْرَفُوا عَلَى أَنفُسِهِمْ لَا تَقْنَطُوا مِن رَّحْمَةِ اللَّهِ إِنَّ اللَّهَ يَغْفِرُ الذُّنُوبَ جَمِيعاً إِنَّهُ هُوَ الْغَفُورُ الرَّحِيمُ) $$

« (Ey Muhammed!) De ki: "Ey kendilerine karşı günâh işlemekte aşırı giden kullarım! Allah'ın rahmetinden ümidinizi kesmeyin. Zira Allah bütün günâhları bağışlar. O, çok bağışlayıcıdır; çok merhametlidir." »[2]

Burada Allah Teâlâ mağfireti umum kılmış ve genellemiştir. Muhakkak ki Allah, kulu hangi günahı işlerse işlesin tövbe ederse onu bağışlar. Her kim, şirkten tövbe ederse Allah onu bağışlar. Her kim, büyük günâhlardan tövbe ederse Allah onu bağışlar. Ve kul, hangi günâh olursa olsun ondan tövbe ederse, Allah onu bağışlar.

Tevbe âyetinde, umum kılmış ve genellemiştir. Diğer âyetlerde de hususileştirmiştir. Şirki özellemiş ve onu bağışlamamıştır. Ve bundan gayrisini meşietine bırakmıştır. [Allah'ın

---

[1] Nisa Sûresi: 48,116
[2] Zumer Sûresi: 53

bütün sıfatlarını inkâr etmek şirktendir.] Bu, her günâhın mutlaka bağışlanacağını söyleyenlerin sözlerinin batıllığına işaret etmektedir. [Şirkten daha büyük olan Allah'ın bütün sıfatlarını inkâr etme meselesine dikkat çekmiştir.] Veya günâhından dolayı azap edilmeyeceğini tasvip etmişlerdir. Bu böyle bile olsa, Allah Teâlâ günâhların bazılarını bağışlayıp Bazılarını bağışlamayacağını zikrettiğinde, velev ki nefsine zulmeden tövbesiz ve günâhları yok eden hasenât olmaksızın, bu meşiete bağlı değildir.

Allah Teâlâ'nın « Bundan başkasını dilediği için bağışlar.» âyeti günâhların bazılarını bağışlayıp, bazılarını bağışlamayacağına delildir. Nefy batıl olmuş, affetmek ise geneldir.

BÖLÜM

Allah'ın dostları, Allah'tan hakkıyla korkan mü'minler olduğuna göre, insanlar imanda ve takvada birbirlerine karşı üstünlük gösterirler. Onlar, Allah'ın dostluğunda bunun derecesinde üstünlük gösterirler. Tıpkı onların küfürde ve nifakta üstünlük gösterdikleri gibi. Yine onlar bunun derecesinde Allah'ın düşmanlığında üstünlük gösterirler.

Îmanın ve takvanın aslı; Allah'ın peygamberlerine imandır. Bunun toplamı ise; peygamberlerin sonuncusu Muhammed -sallallahu aleyhi ve sellem-'e îmandır. O'n a îman etmek, Allah'ın Kitap'larına ve peygamberlere îmanı içine alır. Küfrün ve nifağın aslı ise; peygamberleri ve onların getirdiklerini inkâr etmektir. İşte bu, sahibinin âhirette azabı hak ettiği küfürdür. Allah Teâlâ Kitabında ancak risaletin ulaşmasından sonra azâb edeceğini haber vermiştir. Allah Teâlâ şöyle buyuruyor:

$$ (وَمَا كُنَّا مُعَذِّبِينَ حَتَّى نَبْعَثَ رَسُولاً) $$

« Biz bir peygamber göndermedikçe (hiçbir kavme) azâb edici değiliz. » [1]

$$ (إِنَّا أَوْحَيْنَا إِلَيْكَ كَمَا أَوْحَيْنَا إِلَى نُوحٍ وَالنَّبِيِّينَ مِن بَعْدِهِ وَأَوْحَيْنَا إِلَى إِبْرَاهِيمَ وَإِسْمَاعِيلَ وَإِسْحَاقَ وَيَعْقُوبَ وَالأَسْبَاطِ وَعِيسَى وَأَيُّوبَ وَيُونُسَ وَهَارُونَ وَسُلَيْمَانَ وَآتَيْنَا دَاوُودَ زَبُوراً {١٦٣} وَرُسُلاً قَدْ قَصَصْنَاهُمْ عَلَيْكَ مِن قَبْلُ وَرُسُلاً لَّمْ نَقْصُصْهُمْ عَلَيْكَ) $$

وَكَلَّمَ اللّهُ مُوسَى تَكْلِيماً ﴿١٦٤﴾ رُسُلاً مُبَشِّرِينَ وَمُنذِرِينَ لِئَلاَّ يَكُونَ لِلنَّاسِ عَلَى اللّهِ حُجَّةٌ بَعْدَ الرُّسُلِ وَكَانَ اللّهُ عَزِيزاً حَكِيماً)

« Biz, Nûh'a ve ondan sonraki peygamberlere vahyettiğimiz gibi sana da vahyettik. Keza İbrahim'e İsmail'e, İshak'a, Yakub'a, torunlarına, Îsâ'ya, Eyyûb'a, Yûnus'a, Hârûn'a ve Süleyman'a vahyetmiş, Dâvûd'a da Zebûr'u vermiştik. Daha önce (kıssalarını) sana anlattığımız peygamberlerle, anlatmadığımız başka peygamberlere de vahyettik. Allah Mûsâ'ya da hitabederek (onunla) konuştu. Keza (gönderilen) peygamberlerden sonra, insanların Allah'a karşı özür olarak ileri sürebilecekleri bir delilleri bulunmaması için müjdeleyen ve korkutan peygamberler gönderdik. Allah, Aziz'dir, Hakîm'dir. »[1]

Allah Teâlâ cehennem ehli hakkında da şöyle buyuruyor:

(تَكَادُ تَمَيَّزُ مِنَ الْغَيْظِ كُلَّمَا أُلْقِيَ فِيهَا فَوْجٌ سَأَلَهُمْ خَزَنَتُهَا أَلَمْ يَأْتِكُمْ نَذِيرٌ ﴿٨﴾ قَالُوا بَلَى قَدْ جَاءنَا نَذِيرٌ فَكَذَّبْنَا وَقُلْنَا مَا نَزَّلَ اللَّهُ مِن شَيْءٍ إِنْ أَنتُمْ إِلَّا فِي ضَلَالٍ كَبِيرٍ)

« Bir kalabalığın oraya her atılışında, oranın bekçileri onlara "size bir uyarıcı gelmedi mi?" diye sorarlar. Onlar da derler ki: "Evet, bize bir uyarıcı gelmişti. Fakat biz onu yalanladık ve Allah hiçbir şey indirmedi. Siz ancak büyük bir sapıklık içindesiniz, dedik. »[2]

Allah Teâlâ, bir topluluğun cehenneme her atılışında kendilerine bir uyarıcının geldiğini ve onu yalanladıklarını ikrâr ettiklerini haber vermiştir. Bu da işaret etmektedir ki, cehenneme ancak uyarıcıyı (peygamberi) yalanlayan topluluklar atılacaktır. Allah Teâlâ iblise hitabında şöyle diyor:

(لَأَمْلَأَنَّ جَهَنَّمَ مِنكَ وَمِمَّن تَبِعَكَ مِنْهُمْ أَجْمَعِينَ)

« "Cehennemi, senden olanların ve onların içinden sana uyanların hepsiyle dolduracağım."»[3]

Allah Teâlâ cehennemi iblis ve ona tabi olanlarla dolduracağını haber veriyor. Cehennem onlarla doldurulduğu zaman onlardan başkası giremeyecektir. Bu da gösterir ki, cehenneme ancak şeytana uyanlar girecektir. Bu günâhı olmayanın oraya girmeyeceğine işaret eder. Her kim de şeytana uymazsa günahkâr olmaz. Daha önce geçtiği gibi, cehenneme ancak peygamberler tarafından hüccet ikame edilipte bunu yalanlayanlar girecektir.

---

[1] Nisa Sûresi: 163-165
[2] Mülk Sûresi: 8-9
[3] Sâd Sûresi: 85

BÖLÜM

İnsanlardan bazıları peygamberlere genel ve toptan iman ederler. Ancak tafsilatlı îmana gelince, peygamberlerinin dediklerinin getirdiklerinin bir çoğu ona ulaşmış, bazısı ise ulaşmamıştır. Peygamberlerden kendisine ulaşana îman etmiş, ulaşmayanı ise bilmemiştir. Şayet ulaşsaydı muhakkak îman ederdi. Fakat peygamberlerin getirdiklerine toptan iman etmiştir. Bunun içindir ki, îmanı ve takvasıyla birlikte emrini yerine getirirse o, Allah'ın dostlarındandır. İmanı ve takvası derecesinde Allah'ın dostluğundan payını alır. Kendisine hüccet ikame edilmemişse Allah Teâlâ kendisini tanımayla ve O'na tafsilatlı imanla mükellef kılmaz. Onun terkinden dolayı da ona azâb etmez. Fakat, bunların yokluğu derecesinde Allah'ın dostluğunun kemalinden kaybeder. Her kim de peygamberlerinin getirdiklerini bilir, ona tafsilatlı bir imanla îman eder ve onunla da amel ederse, o, imanını ve Allah için dostluğu kemale erdirmiş olur. Bunu tafsilatlı olarak bilmeyen ve onunla amel etmeyen de, her ikisi de Allah Teâlâ'nın dostlarıdır.

Cennette de dereceler ve büyük üstünlükler vardır. Allah'ın mü'min ve muttaki dostlarının da, imanları ve takvaları derecesinde dereceleri vardır. Allah Tebâreke ve Teâlâ şöyle buyuruyor:

(كَانَ يُرِيدُ الْعَاجِلَةَ عَجَّلْنَا لَهُ فِيهَا مَا نَشَاءُ لِمَنْ نُرِيدُ ثُمَّ جَعَلْنَا لَهُ جَهَنَّمَ يَصْلَاهَا مَذْمُوماً مَدْحُوراً {١٨} وَمَنْ أَرَادَ الْآخِرَةَ وَسَعَى لَهَا سَعْيَهَا وَهُوَ مُؤْمِنٌ فَأُولَئِكَ كَانَ

سَعْيُهُم مَّشْكُوراً {١٩} كُلاًّ نُّمِدُّ هَـؤُلاء وَهَـؤُلاء مِنْ عَطَاء رَبِّكَ وَمَا كَانَ عَطَاء رَبِّكَ مَحْظُوراً {٢٠} انظُرْ كَيْفَ فَضَّلْنَا بَعْضَهُمْ عَلَى بَعْضٍ وَلَلآخِرَةُ أَكْبَرُ دَرَجَاتٍ وَأَكْبَرُ تَفْضِيلاً)

« Kim dünyayı isterse, biz de orada ona, dilediğimizi dilediğimiz kimse için acele edip veririz. Sonra da ona cehennemi hazırlarız. Yerilmiş ve kovulmuş olarak oraya girer. Her kim de mü'min olarak âhireti ister ve çalışmasını oraya uygun bir şekilde yaparsa, işte böylelerinin çalışmaları (Allah katında) mükâfatlandırılmaya değer bulunur. (Fakat ister mü'min olsun, ister kâfir olsun, dünya da) hem onlara, hem onlara, hepsine de Rabbinin bir kısım nimetlerini ulaştırırız. Zaten Rabbinin ihsanı hiç kimseye men edilmiş değildir. Nitekim bak (mü'min olsun kâfir olsun rızık yönünden) bazısını bazısına nasıl üstün kılmışızdır. Oysa âhirette daha büyük dereceler ve daha büyük üstünlükler vardır. »[1]

Allah Subhânehû ve Teâlâ ihsanından, dünyayı isteyene dünyayı, âhireti isteyene de âhireti vereceğini ve O'nun ihsanının iyilik ve kötülükle sınırlı olmadığını beyan ediyor. Sonra Allah Teâlâ şöyle buyuruyor:

« Nitekim bak, (mü'min olsun, kâfir olsun, rızık yönünden) bazısının bazısından nasıl üstün kılmışızdır. Oysa âhirette daha büyük dereceler ve daha büyük üstünlükler vardır. »

Allah Subhânehû ve Teâlâ âhiret ehlinin orada insanların dünyadaki üstünlüklerinden daha üstün olduklarını ve derecelerinin dünyadaki derecelerinden daha büyük olduğunu beyan ediyor. Yine Allah Teâlâ nebilerin üstünlüklerinin, diğer mü'min kullarının üstünlüğü gibi olduğunu beyan etmiştir. Allah Teâlâ şöyle buyuruyor:

(تِلْكَ الرُّسُلُ فَضَّلْنَا بَعْضَهُمْ عَلَى بَعْضٍ مِّنْهُم مَّن كَلَّمَ اللّهُ وَرَفَعَ بَعْضَهُمْ دَرَجَاتٍ وَآتَيْنَا عِيسَى ابْنَ مَرْيَمَ الْبَيِّنَاتِ وَأَيَّدْنَاهُ بِرُوحِ الْقُدُسِ)

« İşte bu peygamberler... Onlardan bazılarını bazılarına üstün kılmışızdır. Allah'ın konuştuğu ve bazılarının da derecelerini yükselttiği kimseler onlardandır. Meryem oğlu Îsâ'ya apaçık deliller vermiş ve onu Rûhul-Kudüs ile desteklemişizdir. »[2]

(وَلَقَدْ فَضَّلْنَا بَعْضَ النَّبِيِّينَ عَلَى بَعْضٍ وَآتَيْنَا دَاوُودَ زَبُوراً)

« Şurası bir gerçektir ki, biz peygamberlerden bazısını bazısına üstün kıldık ve Dâvûd'a da Zebûr'u verdik. »[3]

---

[1] İsrâ Sûresi: 18-21
[2] Bakara Sûresi: 253
[3] İsra Sûresi: 55

Sahihi Müslim'de, Ebu Hureyre ve Amr b. As'dan -Allah ikisinden de râzı olsun- rivayet edilen hadiste Allah Rasûlü -sallallahu aleyhi ve sellem- şöyle buyurur:

« Bir hakim ictihad eder ve bu ictihadında da isabet ederse, ona iki ecir vardır. Yine ictihad eder ve bu ictihadında da hata ederse ona bir ecir vardır. »[1]

Allah Teâlâ şöyle buyuruyor:

(لَا يَسْتَوِي مِنكُم مَّنْ أَنفَقَ مِن قَبْلِ الْفَتْحِ وَقَاتَلَ أُوْلَئِكَ أَعْظَمُ دَرَجَةً مِّنَ الَّذِينَ أَنفَقُوا مِن بَعْدُ وَقَاتَلُوا وَكُلّاً وَعَدَ اللَّهُ الْحُسْنَى)

« İçinizden Mekke'nin fethinden önce sarf eden ve savaşan kimseler elbette diğerleriyle bir olmazlar. Bunlar, fetihten sonra sarf edip savaşanlardan daha yüksek derecededirler. Allah, hepsine en güzel mükâfat vaat etmiştir. »[2]

(لاَّ يَسْتَوِي الْقَاعِدُونَ مِنَ الْمُؤْمِنِينَ غَيْرُ أُوْلِي الضَّرَرِ وَالْمُجَاهِدُونَ فِي سَبِيلِ اللّهِ بِأَمْوَالِهِمْ وَأَنفُسِهِمْ فَضَّلَ اللّهُ الْمُجَاهِدِينَ بِأَمْوَالِهِمْ وَأَنفُسِهِمْ عَلَى الْقَاعِدِينَ دَرَجَةً وَكُلاًّ وَعَدَ اللّهُ الْحُسْنَى وَفَضَّلَ اللّهُ الْمُجَاهِدِينَ عَلَى الْقَاعِدِينَ أَجْراً عَظِيماً {٩٥} دَرَجَاتٍ مِّنْهُ وَمَغْفِرَةً وَرَحْمَةً وَكَانَ اللّهُ غَفُوراً رَّحِيماً)

« Mü'minlerden, özür sahibi olmaksızın oturanlarla, Allah yolunda mallarıyla ve canlarıyla cihad edenler bir olmazlar. Allah, mallarıyla ve canlarıyla cihad edenleri, oturanlarla, derece itibariyle üstün tutmuştur. Gerçi Allah, hepsine de cenneti vaat etmiştir ve fakat mücahidleri büyük mükâfat yönünden oturanlara üstün kılmıştır. (Bu büyük mükâfat)ı kendisinden (bir lütûf olarak) bir takım dereceler, bağışlanma ve merhamettir. Zira Allah, çok bağışlayıcı ve merhametlidir. »[3]

Allah Teâlâ şöyle buyuruyor:

(أَجَعَلْتُمْ سِقَايَةَ الْحَاجِّ وَعِمَارَةَ الْمَسْجِدِ الْحَرَامِ كَمَنْ آمَنَ بِاللّهِ وَالْيَوْمِ الآخِرِ وَجَاهَدَ فِي سَبِيلِ اللّهِ لاَ يَسْتَوُونَ عِندَ اللّهِ وَاللّهُ لاَ يَهْدِي الْقَوْمَ الظَّالِمِينَ {١٩} الَّذِينَ آمَنُواْ وَهَاجَرُواْ وَجَاهَدُواْ فِي سَبِيلِ اللّهِ بِأَمْوَالِهِمْ وَأَنفُسِهِمْ أَعْظَمُ دَرَجَةً عِندَ اللّهِ وَأُوْلَئِكَ هُمُ الْفَائِزُونَ {٢٠} يُبَشِّرُهُمْ رَبُّهُم بِرَحْمَةٍ مِّنْهُ وَرِضْوَانٍ وَجَنَّاتٍ لَّهُمْ فِيهَا نَعِيمٌ مُّقِيمٌ {٢١} خَالِدِينَ فِيهَا أَبَداً إِنَّ اللّهَ عِندَهُ أَجْرٌ عَظِيمٌ)

---

[1] Buhari: 7352, Müslim: 1716, Ebu Davud: 3574, İbnu Mace: 2314
[2] Hadid Sûresi: 10
[3] Nisa Sûresi: 95-96

« (Bununla beraber) siz, hac sakalığını ve Mescid-i Harâm onarımını, Allah'a ve âhiret gününe îman eden ve Allah yolunda cihada çıkan kimsenin işleriyle bir mi tutuyorsunuz? Allah katında onlar bir olmazlar. Allah, zâlim olan kimselere hidayet etmez. Îman edenler, hicret edenler, Allah yolunda mallarıyla ve canlarıyla cihad edenler, Allah katında en büyük dereceye sâhiptirler. İşte asıl kurtuluşa erenler bunlardır. Rabları onlara, kendi katından bir rahmet, bir hoşnutluk ve içinde hiç tükenmeyecek nimetler bulunan cennetler müjdelemektedir. Orada dâimî ve ebedîdirler. Şüphesiz en büyük mükâfat Allah katındadır. »[1]

(أَمَّنْ هُوَ قَانِتٌ آنَاء اللَّيْلِ سَاجِداً وَقَائِماً يَحْذَرُ الْآخِرَةَ وَيَرْجُو رَحْمَةَ رَبِّهِ قُلْ هَلْ يَسْتَوِي الَّذِينَ يَعْلَمُونَ وَالَّذِينَ لَا يَعْلَمُونَ إِنَّمَا يَتَذَكَّرُ أُوْلُوا الْأَلْبَابِ)

« (Şimdi böyle bir kimse mi daha iyidir,) yoksa gece saatlerini secde ederek ve ayakta durarak tâat içinde geçiren, âhiretten çekinen ve Rabbinin rahmetini bekleyen mi? De ki: "Hiç bilenlerle bilmeyenler bir olur mu?" Ancak akıl sahipleri öğüt alır.»[2]

Allah Teâlâ şöyle buyuruyor:

(يَرْفَعِ اللَّهُ الَّذِينَ آمَنُوا مِنكُمْ وَالَّذِينَ أُوتُوا الْعِلْمَ دَرَجَاتٍ وَاللَّهُ بِمَا تَعْمَلُونَ خَبِيرٌ)

« Allah içinizden îman edenlerin ve kendilerine ilim verilenlerin derecelerini yükseltsin. Allah, yaptıklarınızdan hakkıyla haberdârdır. »[3]

Bir kul, mü'min ve takıy (Allah'tan hakkıyla korkan) olmadığı müddetçe, Allah'ın dostu olamaz. Allah Teâlâ'nın buyurduğu gibi:

(أَلا إِنَّ أَوْلِيَاء اللّهِ لاَ خَوْفٌ عَلَيْهِمْ وَلاَ هُمْ يَحْزَنُونَ {٦٢} الَّذِينَ آمَنُواْ وَكَانُواْ يَتَّقُونَ)

« Haberiniz olsun ki, Allah'ın dostlarına hiçbir korku yoktur; mahzun olacaklar da onlar değildir. Onlar, îman edenler ve takvaya ermiş olanlardır. »[4]

Daha önce geçtiği gibi, Buhârî'de gelen meşhur hadiste Allah Tebareke ve Teâlâ şöyle buyuruyor:

« Kulum bana nafilelerle yaklaşmaya devam eder. Tâki ben de onu severim. »

---

[1] Tevbe Sûresi: 19-22
[2] Zumer Sûresi: 9
[3] Mucâdele Sûresi: 11
[4] Yûnus Sûresi: 62-63

Allah'a farzlarla yaklaşmadıkça, mü'min ve takıy olamaz. Ve o, hürmetkâr olan sağ halkından olur. Bundan sonra, Allah'a nafilelerle yaklaşmaya devam eder. Hatta öne geçen ve yaklaşanlardan (sabikûn-mukarrabûn) olurlar. Şu da bilinmektedir ki; kâfirlerden ve münafıklardan hiç biri Allah'ın dostu olamazlar. Yine îmanı ve ibadeti geçerli olmayan, üzerine günâh olmayan kâfir çocukları ve kendinse davet ve benzeri ulaşmamış, kendilerine peygamber gönderilmedikçe azab edilmez denilse de, onlar, Allah'ın dostları olamazlar. Ancak mü'min muttakiler bunun dışındadır. Her kim, kötülükleri terk ederek ve iyi amellerde bulunarak Allah'a yaklaşmazsa, o, Allah'ın dostlarından olamaz. Yine deliler ve çocuklar da böyledir. Nebi -sallallahu aleyhi ve sellem- şöyle buyuruyor:

« Üç kişiden kalem kaldırılmıştır: Akıllanana kadar deliden, büluğ çağına ulaşana kadar çocuktan ve uyanana kadar uyuyandan. »[1]

Bu hadisi sünen sahipleri, Ali ve Aişe hadislerinden rivayet etmişlerdir. Hadis ehli bunun kabul edilen bir rivayet olduğunda ittifak etmişlerdir.

Fakat âlimlerin çoğunluğuna göre, iyiyi kötüden ayırt edebilecek vasıfta olan çocuğun ibadeti geçerlidir ve onun sevabı vardır. Kendisinden kalemin kaldırıldığı deli ise, yine âlimlerin çoğunluğuna göre ibadetlerinden hiç biri geçerli değildir. Bilakis akıl sahiplerinin genelinin yanında dünya işlerinde ticareti, sanayisi gibi işleri bile geçerli değildir. Yine âlimlerin ittifakıyla kumaş tüccarı, koku alıp satan kokucu, demirci, marangoz olması, sözleşme yapması, alış-verişi, nikâhı, boşanması, şehadeti, ikrarı ve bunlardan başka sözleri, bilakis sözlerinin tümü oyundur, hiçbir geçerliliği yoktur ve üzerine şerî hüküm bina edilemez. Ne sevab vardır ne de günâh. Bu ise, ayırt edici vasfa sahip çocuğun hilafınadır. İcma ve nas ile sabittir ki, yerinde sözlerine itibar edildiği yerler olduğu gibi, yerine göre de tartışıla bilinir.

Aklı olmayandan îman ve takva, farzlarla ve nafilelerle Allah'a yaklaşma kabul edilmediğine göre, Allah'ın dostu da olamaz. Hiçbir kimsenin onun Allah'ın dostu olduğuna itikat etmesi caiz değildir. Özellikle de ondan onun duymasını, gizliliklere ulaşma veya davranışından bin çeşit, tıpkı birine işaret etmesi ve bunun üzerine de onun ölmesi veya bayılması gibi delilinin onun aleyhine olması gibi. Kâfirlerde, münafıklarda, müşriklerde ehli kitapta da şeytani davranışlar ve gizliliklere ulaşma gibi halleri olduğu bilinen bir şeydir. Kâhinlerin, sihirbazların, müşriklerin ubbadlarının ve ehli kitabın olduğu gibi. Bunun içindir ki, bunlara sahip birinin Allah'ın dostu olduğuna işaret edilmesi câiz değildir. Allah'ın dostluğuna aykırı şeyler ondan bilinmese bile bu böyledir. Ondan Allah'ın dostluğuna aykırılık bilinirse durum nasıl olur!? Tıpkı Nebi -sallallahu aleyhi ve sellem-'e ittibaya, batinen ve zahiren uyulmasına itikat etmediği bilinen bir kimse gibi. Bilakis o, batini hakikatı bırakıp, zahiri şeraite itikat eder veya Allah dostları için, Nebilerin yolundan gayri yolları olduğuna itikat eder. Veya onlar derler ki: Nebiler, yolları daralttılar

---

veya onlar genel için güzel bir örnektir, özel için değil. Bunun gibi dostluk iddia edenlerin bazıları da bunu söylerler. Allah dostluğunu bir tarafa bırakın, bunlar da îmana zıt olan küfür vardır. Onlardan birinde, örf ve âdetlerden sâdır olarak Allah'ın dostu olduklarına delil getirirse, o, Yahudi ve Hıristiyanlardan daha aşağıdadır.

Aklı olmayan kişi de böyledir. Onun deli olması, Allah'ın dostu olmanın şartı olan, ibadetleri ve imanın geçerli olmasına tezat teşkil eder. Her kim bazen aklını kaybeder, bazen de aklı başına gelirse; şayet aklının başında olması halinde Allah Ve Rasûlüne îman eder, farzları yerine getirir ve haramlardan sakınırsa, bu, aklını kaybetse bile onun bu aklını kaybetmesi, aklı başına geldiği halindeki imanı ve takvasına Allah Teâlâ sevabını verir. Bunun derecesinde Allah'ın dostluğundan payı vardır. Yine kimin imanından ve takvasından sonra delilik başına gelirse (aklını kaybederse) Allah daha önceki imanından ve takvasından dolayı ecrini ve sevabını alır. Herhangi bir amelî günahı olmaksızın delilikle imtihan edilen şahsın ecri ve sevabı silinmez. Bunun üzerine her kim dostluğunu ilan ettiği veya açığa çıkardığı halde, farzları eda etmez ve haramlardan kaçınmazsa, bununla beraber buna zıt olan şeylerle gelirse, onları yaparsa, hiç kimse onun için bu Allah'ın dostudur diyemez. Şayet bu, delide olmasa, bilakis deli olmaksızın sorumlu olan veya aklı bazen gelip bazen giden, bununla beraber farzları yerine getirmezse, bunun aksine üzerine Rasûl -sallallahu aleyhi ve sellem-'e uymanın gerekli olmadığına itikat ederse bu kâfirdir. Şayet zahiren ve batinen deliyse kalem ondan kaldırılmıştır. Bunun içindir ki, kâfire verilen ceza ile cezalandırılmasa da Allah Azze ve Celle'nin kerametinden, îman ve takva ehlinin hak ettiğine de müstehak olamaz. Bu iki takdir etme olayında, bir kimsenin onun Allah'ın dostu olduğuna itikat etmesi câiz değildir. Fakat aklı başındayken, Allah'a îman eden ve müttaki halindeyken, bunun derecesinde ona Allah'ın dostluğundan pay vardır. [Şayet aklı başında olduğu zaman küfrü, nifağı veya kâfir , münafık olsa da, sonra delilik başına gelse, bunun üzerine onun üzerinde küfür ve nifak olsa cezalandırılmaz. Ve onun deliliği, aklını kaybetmesi, aklı başındayken ki küfrünü ve nifağını yok etmez.

Allah dostlarının, mübah olan işlerde, kendilerini insanlardan ayırt edici bir özellikleri yoktur. Mübah olduğu müddetçe, elbiselerinde, saçlarının tıraş edilmesinde, kısaltılmasında veya saçların örülmesinde herhangi kendilerini ayırt edici bir özellikleri yoktur. "Kaç arkadaş kaftan içinde, kaç zındıkta âbâ içinde" sözünde olduğu gibi. Zahiri bidat ve fücur ehli olmadıklarında Muhammed -sallallahu aleyhi ve sellem- ümmetinin bütün sınıfları içerisinde başarırlar. Kur'an ehli ve ilim ehli içerisinde başarırlar. Cihad ve kılıç ehli içerisinde başarırlar. Tüccar, sanayi ve ziraatta da başarırlar.

Allah Teâlâ Muhammed -sallallahu aleyhi ve sellem- ümmetinin sınıflarını şu âyetinde zikreder:

(إِنَّ رَبَّكَ يَعْلَمُ أَنَّكَ تَقُومُ أَدْنَى مِن ثُلُثَيِ اللَّيْلِ وَنِصْفَهُ وَثُلُثَهُ وَطَائِفَةٌ مِّنَ الَّذِينَ مَعَكَ وَاللَّهُ يُقَدِّرُ اللَّيْلَ وَالنَّهَارَ عَلِمَ أَن لَّن تُحْصُوهُ فَتَابَ عَلَيْكُمْ فَاقْرَؤُوا مَا تَيَسَّرَ مِنَ الْقُرْآنِ عَلِمَ أَن سَيَكُونُ مِنكُم مَّرْضَى وَآخَرُونَ يَضْرِبُونَ فِي الْأَرْضِ يَبْتَغُونَ مِن فَضْلِ اللَّهِ وَآخَرُونَ يُقَاتِلُونَ فِي سَبِيلِ اللَّهِ فَاقْرَؤُوا مَا تَيَسَّرَ مِنْهُ)

« Rabbin, elbette senin ve seninle birlikte olan topluluğun, en azından gecenin üçte ikisinde, yarısında ve üçte birinde kalkıp ibadet ettiğini biliyor. Gece ve gündüzü Allah takdir eder. O, sizin, vakileri hesap edemeyeceğinizi bildiği için tövbenizi kabul etmiştir. Kur'an'dan size kolay geleni okuyun. Allah, içinizden hastalar, yeryüzünde dolaşıp Allah'ın lûtfun-dan rızık arayanlar ve Allah yolunda savaşanlar bulunacağını elbette bilmektedir. Bu itibarla Kur'an'dan kolay olanı okuyun. »[1]

Selef, din ve ilim ehlini "Kurra" diye isimlendirirdi. Alimler ve dindarlar da bunun içine girer. Bundan sonra "Sûfi" ve "Fukara" isimleri sonradan ortaya çıktı. "Sûfi" ismi ise; yünden yapılan elbiseye nisbettir, doğrusu da budur.

Bazıları, onun kafanın arka tarafındaki yün parçasından, bazıları da bunun arap kabilelerinden olup, dine bağlılıklarıyla bilinen Safve b. Mûr b. Ud b. Tabiha'ya nisbet edildiğini söylerler. Yine Suffe Ehline, Safa ehline, safveye, Allah Teâlâ'nın önünde duran ön safa nisbet edildiği söylenmişse de, bu sözlerin hepsi zayıftır. Şayet bu böyle olsaydı "Sûfi" denilmeyip "Suffî, Safâî, Safvî veya Saffî" denilmesi gerekirdi. Yine dine ihtimam gösterenler manasına "Fukara" ismine çevrilmiştir. Bu ise sonradan ortaya çıkarılan bir örftür. İnsanlar "Sûfi" isminin mi, yoksa "Fakir" isminin mi daha üstün olduğu konusunda münakaşa etmişlerdir. Yine, şükreden bir zenginin mi, yoksa bir fakirin mi daha üstün olduğunda münakaşa etmişlerdir.

Bu mesele, Cüneyd ve Ebul-Abbas b. A'ta arasındaki eski bir tartışmadır. Ahmed b. Hanbel'den iki rivayet aktarılmıştır. Bu konunun hepsindeki doğru, Allah Tebâreke ve Teâlâ'nın buyurduğu gibidir. Allah Teâlâ şöyle buyurur:

$$\text{(يَا أَيُّهَا النَّاسُ إِنَّا خَلَقْنَاكُم مِّن ذَكَرٍ وَأُنثَى وَجَعَلْنَاكُمْ شُعُوباً وَقَبَائِلَ لِتَعَارَفُوا إِنَّ أَكْرَمَكُمْ عِندَ اللَّهِ أَتْقَاكُمْ)}$$

« Ey insanlar! Biz sizi, bir erkek ve bir dişiden yarattık. Birbirinizle tanışıp anlaşmanız için sizi milletlere ve kabilelere ayırdık. Allah katında sizin en üstün olanınız, Allah'tan en çok korkanınızdır. »[2]

Buhârî'nin sahihinde Ebu Hureyre'nin -Allah ondan razı olsun- rivayetinde, Allah Rasûlü -sallallahu aleyhi ve sellem-'e, insanların en üstünü hangisidir? diye soruldu. "Allah'tan en çok korkanlardır" buyurdu. Ona "Sana bundan sormuyoruz" denildi. Bunun üzerine "Allah'ın dostu İbrahim'in oğlu, Allah'ın Nebisi İshak'ın oğlu, Allah'ın nebisi Yakub'un oğlu Allah'ın nebisi Yusuf'tur" buyurdu. "Sana bundan sormuyoruz" denildi. Bunun üzerine " Bana arabın madenlerinden mi soruyorsunuz? İnsanlar madendirler. Tıpkı

---

[1] Muzzemmil Sûresi: 20
[2] Hucurat Sûresi: 13

altın ve gümüş madeni gibi. Onların cahiliyede hayırlıları, İslamda da hayırlılarıdır, dinde anlayış sahipleri oldukları zaman" buyurdu. [1]

Kitap ve sünnet, Allah katında insanlar en değerlisinin Allah'tan en çok korkanlar olduğuna işaret etmektedir.

Sünen kitaplarında Nebi -sallallahu aleyhi ve sellem-'den gelen hadiste o şöyle buyuruyor:

« Ne arabın aceme (arap olmayana), ne de acemin araba, ne siyahın beyaza, ne de beyazın siyaha bir üstünlüğü vardır. Üstünlük ancak takvadadır. İnsanlar Âdem'den, Âdem ise topraktandır.»[2]

Yine şöyle buyurur Nebi -sallallahu aleyhi ve sellem-:

« Allah Teâlâ sizden cahiliyenin kibrini, övünmesini ve babalarla övünmeyi giderdi. İnsanlar iki şahıstır: Takıy olan (Allah'tan hakkıyla korkan) mü'min ve şakiy (sıkıntıda) olan fâcir (günahkâr). [3]

Her kim bu sınıflardan Allah'tan en çok korkanı ise, Allah katında da daha seçkin olanıdır. İki şahıs takvada eş değerde olurlarsa, derece olarakta eş değerde olurlar.

Şeriatta fakir lafzı, maldan yana fakir olan (malı olmayan) murad edilir. Yaratılmışın yaratana fakirliği murad edilir. Allah Teâlâ'nın buyurduğu gibi:

$$ (إِنَّمَا الصَّدَقَاتُ لِلْفُقَرَاءِ وَالْمَسَاكِينِ) $$

« Sadakalar ancak fakir ve miskinler içindir. »[4]

$$ (يَا أَيُّهَا النَّاسُ أَنْتُمُ الْفُقَرَاءُ إِلَى اللَّهِ) $$

« Ey insanlar! Siz Allah'a muhtaçsınız. »[5]

Allah Teâlâ fakirlerden olan bu iki sınıfı Kur'an'da övmüştür: Sadakaya muhtaç olanlar ve savaşta elde edilen ganimete ihtiyaç duyanlar.

Allah Teâlâ birinci sınıf hakkında şöyle buyuruyor:

---

[1] Buhari: 2353, 2374, 3383, 3490 Muslim: 2638

[2] Ahmed, Musned'inde: 5/411 Sahih bir hadistir. Heysemi ravilerinin Buhari'nin ravilerinden olduğunu söylemiştir.

[3] Ahmed Musned'inde: 2/524 Ebu Davud: 5116 Tirmizi: 3950 El-Elbani hadisin "Hasen" olduğunu söylemiştir. "Sahihul-Cami': 7744.

[4] Tevbe Sûresi: 60

[5] Fâtır Sûresi: 15

$$(لِلْفُقَرَاءِ الَّذِينَ أُحْصِرُواْ فِي سَبِيلِ اللّهِ لاَ يَسْتَطِيعُونَ ضَرْباً فِي الأَرْضِ يَحْسَبُهُمُ الْجَاهِلُ أَغْنِيَاء مِنَ التَّعَفُّفِ تَعْرِفُهُم بِسِيمَاهُمْ لاَ يَسْأَلُونَ النَّاسَ إِلْحَافاً)$$

«(Sadaka) Allah yolunda (kendilerini) hapsetmiş, kazanç için yeryüzünde dolaşamayan, iffetleri dolayısıyla (isteyemedikleri için) câhilin kendilerini zengin sandığı, senin de sîmalarından tanıdığın, yüzsüzlük edip insanlardan istemeyen fakir içindir. »[1]

İki sınıftan daha üstünü olan ikinci sınıf hakkında Allah Teâlâ şöyle buyuruyor:

$$(لِلْفُقَرَاءِ الْمُهَاجِرِينَ الَّذِينَ أُخْرِجُوا مِن دِيارِهِمْ وَأَمْوَالِهِمْ يَبْتَغُونَ فَضْلاً مِّنَ اللَّهِ وَرِضْوَاناً وَيَنصُرُونَ اللَّهَ وَرَسُولَهُ أُوْلَئِكَ هُمُ الصَّادِقُونَ)$$

« Keza bu ganimetler, yurtlarından ve mallarından atılmış, Allah'tan bir lûtuf ve hoşnutluk arayan, Allah'a ve Rasûlünün dînine yardım eden muhacir fakirlere âittir. İşte asıl doğru olanlar da bunlardır. »[2]

Bu sıfat, kötülükleri terk eden ve Allah'ın düşmanlarıyla batınen ve zahiren cihad edip hicret edenlerdir.Nebi -sallallahu aleyhi ve sellem-'in buyurduğu gibi:

« Mü'min, insanların kanlarından ve mallarından emin oldukları kimsedir. »[3]

« Müslüman, müslümanların dilinden ve elinden selim olduğu kimsedir. Muhacir ise, Allah'ın yasaklarını terk edendir. »[4]

« Mücahid, Allah'ın zatında nefsiyle cihad edendir. »[5]

Bazılarının rivayet ettikleri Peygamber -sallallahu aleyhi ve sellem-'in Tebuk Gazvesi'nden sonra söylediği: « Küçük cihaddan büyük cihada döndük » hadisine gelince, bunun aslı yoktur ve Nebi -sallallahu aleyhi ve sellem-'in fiillerini ve sözlerini bilen hadis ehli tarafından rivayet edilmemiştir. Kâfirlere karşı yapılan cihad, amellerin üstünü, bilakis insanın gönüllü olarak yaptıklarının en üstünüdür.

Allah Teâlâ şöyle buyuruyor:

---

[1] Bakara Sûresi: 273
[2] Haşr Sûresi: 8
[3] Ahmed Musnedinde: 3/154, İbn-i Mace: 3934, Tirmizi: 2629, Nesai: 8/104,105, Sahih bir hadistir.
[4] Buhari: 1/50-51, Muslim: 40, Ebu Davud: 2481, Tirmizi: 1590
[5] Ahmed Musnedinde: 6/20 ve 22 Tirmizi: 1621, Hadisin İsnadı Hasendir. El-Elbani: "Sahihul-Cami" : 6586

(لاَّ يَسْتَوِي الْقَاعِدُونَ مِنَ الْمُؤْمِنِينَ غَيْرُ أُوْلِي الضَّرَرِ وَالْمُجَاهِدُونَ فِي سَبِيلِ اللّهِ بِأَمْوَالِهِمْ وَأَنفُسِهِمْ فَضَّلَ اللّهُ الْمُجَاهِدِينَ بِأَمْوَالِهِمْ وَأَنفُسِهِمْ عَلَى الْقَاعِدِينَ دَرَجَةً وَكُلاًّ وَعَدَ اللّهُ الْحُسْنَى وَفَضَّلَ اللّهُ الْمُجَاهِدِينَ عَلَى الْقَاعِدِينَ أَجْراً عَظِيماً)

« Mü'minlerden, özür sahibi olmaksızın oturanlarla, Allah yolunda mallarıyla ve canlarıyla cihad edenler bir olmazlar. Allah, canlarıyla ve mallarıyla cihad edenleri, oturanlara, derece itibariyle üstün kılmıştır. Gerçi Allah, hepsine de cenneti vaat etmiştir ve fakat mücahidleri büyük mükâfat yönünden oturanlara üstün kılmıştır. »[1]

(أَجَعَلْتُمْ سِقَايَةَ الْحَاجِّ وَعِمَارَةَ الْمَسْجِدِ الْحَرَامِ كَمَنْ آمَنَ بِاللّهِ وَالْيَوْمِ الآخِرِ وَجَاهَدَ فِي سَبِيلِ اللّهِ لاَ يَسْتَوُونَ عِندَ اللّهِ وَاللّهُ لاَ يَهْدِي الْقَوْمَ الظَّالِمِينَ {19} الَّذِينَ آمَنُواْ وَهَاجَرُواْ وَجَاهَدُواْ فِي سَبِيلِ اللّهِ بِأَمْوَالِهِمْ وَأَنفُسِهِمْ أَعْظَمُ دَرَجَةً عِندَ اللّهِ وَأُوْلَئِكَ هُمُ الْفَائِزُونَ {20} يُبَشِّرُهُمْ رَبُّهُم بِرَحْمَةٍ مِّنْهُ وَرِضْوَانٍ وَجَنَّاتٍ لَّهُمْ فِيهَا نَعِيمٌ مُّقِيمٌ {21} خَالِدِينَ فِيهَا أَبَداً إِنَّ اللّهَ عِندَهُ أَجْرٌ عَظِيمٌ)

« (Bununla beraber) siz, hac sakalığını ve Mescid-i Harâm onarımını, Allah'a ve âhiret gününe îman eden ve Allah yolunda cihada çıkan kimselerin işleriyle bir mi tutuyorsunuz? Allah katında onlar bir olmazlar. Allah, zâlim olan kimselere hidayet etmez. Îman edenler, hicret edenler ve Allah yolunda mallarıyla ve canlarıyla cihad edenler, Allah katında en büyük dereceye sâhiptirler. İşte asıl kurtuluşa erenler bunlardır. Rableri onlara, kendi katından bir rahmet, bir hoşnutluk ve içinde hiç tükenmeyecek nimetler bulunan cennetler müjdelemektedir. Orada dâimî ve ebedîdirler. Şüphesiz en büyük mükâfat Allah katındadır. »[2] ☐

Sahihi Müslim'de ve başkalarında Numan b. Beşir'den gelen bir rivayette o, şöyle dedi:

"Nebi -sallallahu aleyhi ve sellem-'in minberinin yanındaydım. Bir adam: "Müslüman olduktan sonra hacılara su vermekten daha güzel bir amel işlemedim" dedi. Bir başkası ise: "Müslüman olduktan sonra Mescid-i Haram'ın restore etmekten daha güzel bir amel işlemedim" dedi. Bunun üzerine Ali b. Ebi Talib (Allah O'ndan razı olsun) şöyle dedi: "Allah yolunda cihad, siz ikinizin zikrettiklerinden daha üstündür. Hz. Ömer (Allah O'ndan razı olsun) şöyle dedi: "Resûlullah -sallallahu aleyhi ve sellem-'in minberinin yanında seslerinizi yükseltmeyin. [O gün Cuma günüydü] Fakat namaz eda edildiğinde ona sordum, O da ona sordu ve Allah Teâlâ bu âyeti indirdi.

Buhârî ve Müslim'de Abdullah b. Mesud'un rivayetinde, O şöyle dedi: Dedim ki: "Ey Allah'ın Rasûlü! Allah Azze ve Celle'ye en sevgili gelen amel hangisidir?

Dedi ki: "Vaktinde kılınan namazdır."

Dedim ki: "Sonra hangisi?"

Dedi ki: "Allah yolunda cihad etmek"

Resûlullah -sallallahu aleyhi ve sellem-'e bana bunlarla konuştu, şayet sorularıma devam etmiş olsaydım, O da cevap verecekti. [1]

Buhârî ve Müslim'de Nebi -sallallahu aleyhi ve sellem-'den gelen hadiste O'na hangi amellerin daha üstün olduğu soruldu. Dedi ki: "Allah'a îman ve O'nun yolunda cihad etmektir"

Denildi ki: "Sonra hangisi?"

Dedi ki: "Kabul edilmiş bir hacdır"

Buhârî ve Müslim'de gelen bir hadiste, bir adam Allah Rasûlü -sallallahu aleyhi ve sellem-'e şöyle dedi: "Ey Allah'ın Rasûlü! Bana bir amelden haber ver ki, Allah yolunda cihada denk olsun.

Dedi ki: "Sen ona güç yetiremezsin veya ona tahammül edemezsin."

Dedi ki: Onu bana haber ver.

Dedi ki: "Bir mücahid (evinden çıktığında) mescidine girip iftar etmeden oruç tutmaya ve durmadan namaz kılmaya gücün yeter mi?" [2]

Sünen kitaplarında Muaz'dan -Allah ondan razı olsun- onun da Nebi -sallallahu aleyhi ve sellem-'den rivayetinde, Nebi -sallallahu aleyhi ve sellem- onu Yemen'e gönderirken şöyle nasihat etti:

« Ey Muaz! Nerede olursan ol, Allah'tan kork! Kötülükten sonra, onu silip yok eden hasenat (iyi ameller) işle. İnsanları da güzel ahlakla ahlaklandır. »[3]

Yine şöyle buyurur:

« Ey Muaz! Ben seni çok seviyorum. Her namazının arkasından : "Allah'ım sana zikir, şükür ve güzel ibadetler etmemde bana yardım et" demeyi terk etme. »[4]

---

[1] Buhari: 527 Muslim: 85

[2] Buhari: 2785 Muslim: 1878

[3] Ahmed Musned'inde: 5/228 ve 236 Tirmizi: 1988 Tirmizi hadisin Hasen-Sahih olduğunu söylemiştir.

[4] Ebu Davud: 1522, Nesai: 3/53, Hadisin isnadı sahihtir.

Yine Muaz'a: "Ey Muaz! Allah'ın kulları üzerindeki hakkını bilir misin? diye sordu. "Allah ve Rasûlü en iyi bilendir" dedim. Dedi ki: "O'nun hakkı, yalnızca O'na ibadet etmeniz ve hiçbir şeyi O'na ortak koşmamanızdır. Bunu yaptıklarında kulların Allah üzerindeki hakkı nedir bilir misin?" "Allah Ve Rasûlü en iyi bilendir" dedim. Dedi ki: "Onların O'nun üzerindeki hakkı, azab etmemesidir." [1]

Yine şöyle der Muaz -Allah ondan râzı olsun- için: "İşlerin başı İslam, orta direği namaz, en üst seviyesi de Allah yolunda cihaddır. Ey Muaz! İyilik kaplarını sana haber vereyim mi? Oruç kalkandır, suyun ateşi söndürdüğü gibi sadaka ve bir şahsın namaz için gece kalkması da hataları söndürür (giderir). Sonra şu âyeti okudu:

$$ \text{(تَتَجَافَى جُنُوبُهُمْ عَنِ الْمَضَاجِعِ يَدْعُونَ رَبَّهُمْ خَوْفاً وَطَمَعاً وَمِمَّا رَزَقْنَاهُمْ يُنفِقُونَ} ١٦ {فَلَا تَعْلَمُ نَفْسٌ مَّا أُخْفِيَ لَهُم مِّن قُرَّةِ أَعْيُنٍ جَزَاء بِمَا كَانُوا يَعْمَلُونَ)} $$

« Onların, yanları yataklarından kalkarak korkuyla, umutla Rablerine yalvarırlar ve kendilerine verdiğimiz rızıktan Allah yolunda harcarlar. Yaptıklarına karşılık olarak onlar için nice sevindirici ve göz aydınlatıcı nimetler saklandığını hiç kimse bilemez. »[2]

Sonra şöyle buyurdu:

« Ey Muaz! Bundan daha çok sahip olacağın şeyi sana haber vereyim mi? (Dilini tutarak) Bu dilini tut.

-Ey Allah'ın Rasûlü! Biz konuştuklarımızdan dolayı hesaba çekilir miyiz?

« Anan seni yitirsin ey Muaz! İnsanları burunları üstü cehenneme atan dillerinden elde ettikleri değil midir? »[3]

Bunu açıklayan başka bir hadiste Allah Rasûlü -sallallahu aleyhi ve sellem- şöyle buyuruyor:

« Kim Allah'a ve âhiret gününe îman ediyorsa, ya hayır söylesin ya da sussun. »[4]

Hayrı konuşmak, susmaktan daha hayırlıdır. Susmak ise, şer konuşmaktan daha hayırlıdır. Sürekli susmak ise, yasaklanmış bir bidattir. Yine ekmek, et ve su içmekten kaçınmak mezmum bir bidattir. Sahihul-Buhârî'de İbn-i Abbas'tan (Allah O'ndan azı olsun) gelen rivayette, Nebi -sallallahu aleyhi ve sellem- güneşin altında duran bir adamı gördüğünde şöyle buyurdu: "Bu nedir?" Dediler ki: "Bu Ebu İsrail'dir. Gölgelenmeksizin güneşin altında durmaya, konuşmamaya ve oruç tutmaya adak adamış. Bunun üzerine

---

Nebi -sallallahu aleyhi ve sellem- şöyle buyurdu: "Ona oturmasını, gölgelenmesini, konuşmasını ve orucunu tamamlamasını emredin." [1]

Buhârî ve Müslim'de Enes -Allah ondan râzı olsun-'dan gelen rivayette, sahabeden bazıları Rasûlullah -sallallahu aleyhi ve sellem-'in gizli yaptığı ibadetlerinden sordular. Sanki onlar bunu azımsadılar. Bunun üzerine dediler ki: "Hangimiz Allah'ın Rasûlü gibiyiz? Onlardan biri şöyle dedi: "Ben oruç tutup hiç iftar etmeyeceğim." Bir diğeri de şöyle dedi: "Ben ise geceleri kalkıp hiç uyumayacağım." Bir başkası ise şöyle dedi: " Ben ise et yemeyeceğim." Bir diğeri şöyle dedi: "Ben de kadınlarla evlenmeyeceğim." Bunun üzerine Nebi -sallallahu aleyhi ve sellem- şöyle buyurdu:

« İnsanlardan bazılarına ne oluyor da onlardan biri böyle böyle diyor. Fakat ben namaz kılarım, uyurum, oruç tutarım, iftar ederim, et yerim ve kadınlarla da evlenirim. Kim benim sünnetimden yüz çevirirse benden değildir. »

"Kim benim sünnetimden yüz çevirirse benden değildir" sözünün manası: Başkası daha hayırlıdır zannıyla başka yollar izlemektir. Bu hal üzere olan birisi Allah ve Rasûlünden beridir. Allah Teâlâ şöyle buyuruyor:

$$ \text{(وَمَن يَرْغَبُ عَن مِّلَّةِ إِبْرَاهِيمَ إِلاَّ مَن سَفِهَ نَفْسَهُ)} $$

« İbrahim'in dininden kendisini bilmeyenden başka kim yüz çevirir? » [2]

Bilakis her mü'minin üzerine, sözlerin en hayırlısının Allah'ın kelamı, yolların en hayırlısının da Muhammed -sallallahu aleyhi ve sellem-'in yolu olduğuna itikat etmesi vacibtir. Sahih'de sabit olduğu gibi Nebi -sallallahu aleyhi ve sellem- bununla her Cuma günü hutbesini verirdi.

BÖLÜM

Hatadan ve yanlıştan beri olmak yani masumiyet, Allah dostluğunun şartından değildir. Bilakis bazı şerî ilimlerde hata etmesi mümkündür. Bazı din işlerinin içinden çıkamayabilir. Hatta Allah'ın yasakladığı bazı işleri Allah'ın emirlerinden sayabilir. Bazı olağanüstü olayları, evliyanın kerametlerinden zannedebilir. Bu ise şeytandandır ve

---

[1] Buhari: 6704, Muvatta: 2/475, İbnu Mace: 2136.
[2] Bakara Sûresi: 130

şeytan onun derecesini azaltmak için aklını karıştırmıştır. O'da bunun şeytandan olduğunu bilemez. Bununla Allah'ın dostluğundan çıkmış olmaz. Allah Subhânehû ve Teâlâ bu ümmetin hata ve unutkanlığına aldırmamıştır. Allah Teâlâ şöyle buyurur:

(آمَنَ الرَّسُولُ بِمَا أُنزِلَ إِلَيْهِ مِن رَّبِّهِ وَالْمُؤْمِنُونَ كُلٌّ آمَنَ بِاللّهِ وَمَلآئِكَتِهِ وَكُتُبِهِ وَرُسُلِهِ لاَ نُفَرِّقُ بَيْنَ أَحَدٍ مِّن رُّسُلِهِ وَقَالُواْ سَمِعْنَا وَأَطَعْنَا غُفْرَانَكَ رَبَّنَا وَإِلَيْكَ الْمَصِيرُ {٢٨٥} لاَ يُكَلِّفُ اللّهُ نَفْسًا إِلاَّ وُسْعَهَا لَهَا مَا كَسَبَتْ وَعَلَيْهَا مَا اكْتَسَبَتْ رَبَّنَا لاَ تُؤَاخِذْنَا إِن نَّسِينَا أَوْ أَخْطَأْنَا رَبَّنَا وَلاَ تَحْمِلْ عَلَيْنَا إِصْراً كَمَا حَمَلْتَهُ عَلَى الَّذِينَ مِن قَبْلِنَا رَبَّنَا وَلاَ تُحَمِّلْنَا مَا لاَ طَاقَةَ لَنَا بِهِ وَاعْفُ عَنَّا وَاغْفِرْ لَنَا وَارْحَمْنَا أَنتَ مَوْلاَنَا فَانصُرْنَا عَلَى الْقَوْمِ الْكَافِرِينَ)

« Rabbinden kendisine indirilene Peygamber de îman etmiştir, mü'minler de; hepsi de, Allah'a, meleklerine, kitaplarına ve peygamberlerine îman etmiş ve şöyle demişlerdir. "Allah'ın peygamberlerinden hiçbirini (diğerinden) ayırt etmeyiz; Rabbimiz, bağışlamanı dileriz.Dönüş sanadır.Allah, hiç kimseye gücü dışında bir şey yüklemez. (Kişinin) kazandığı iyilik lehine, kötülük ise aleyhinedir. Rabbimiz! Unutmuş veya hata yapmışsak, (bu yüzden) bizi sorumlu tutma. Rabbimiz! Bizden öncekilere yüklediğin gibi, bize de ağır bir yükleme. Rabbimiz! Gücümüzün yetmeyeceğini bize taşıtma. Bizi affet; bizi bağışla ve bize merhamet et. Sen bizim mevlâmızsın. Kâfir milletlere karşı bize yardım et. »[1]

Buhârî'nin Sahihi'nde sabit olan bir rivayette, Allah Subhânehû bu duâya icabet etmiş ve şöyle buyurmuştur:

« Dediğinizi yaptım»

Müslim'in Sahihi'nde İbn-i Abbas'tan gelen rivayette o şöyle dedi:

« İçinizdekini açıklasanız da, gizleseniz de, Allah, onunla sizi hesaba çeker; sonra da dilediğini bağışlar, dilediğine azab eder. Allah her şeye hakkıyla kâdirdir »[2] âyeti indiğinde şöyle dedi: "Bu söz sahabelerin üzerine ağır geldi ve bunu Nebi -sallallahu aleyhi ve sellem-'e haber verdiler. Bunun üzerine Nebi -sallallahu aleyhi ve sellem- şöyle buyurdu:

« İşittik, itaat ettik ve teslim olduk, deyin. »

İbn-i Abbas dedi ki: "Allah onların kalplerinde îmanı yerleştirdi. Allah Teâlâ şu âyeti indirdi:

---

[1] Bakara Sûresi: 285-286
[2] Bakara Sûresi: 284

« Allah, hiç kimseye gücü dışında bir şey yüklemez. (Kişinin) kazandığı iyilik lehine, kötülük ise aleyhinedir. Rabbimiz! Unutmuş veya hata yapmışsak, (bu yüzden) bizi sorumlu tutma.»

Allah dedi ki: "Dediğinizi yaptım"

«Rabbimiz! Bizden öncekilere yüklediğin gibi, bize de ağır bir yükleme.»

Allah dedi ki: "Dediğinizi yaptım"

« Rabbimiz! Gücümüzün yetmeyeceğini bize taşıtma. Bizi affet; bizi bağışla ve bize merhamet et. Sen bizim mevlâmızsın. Kâfir milletlere karşı bize yardım et. »

Allah şöyle dedi: " Dediğinizi yaptım"

Allah Teâlâ şöyle buyuruyor:

$$ (وَلَيْسَ عَلَيْكُمْ جُنَاحٌ فِيمَا أَخْطَأْتُم بِهِ وَلَكِن مَّا تَعَمَّدَتْ قُلُوبُكُمْ) $$

« Hata yaptığınız hususlarda üzerinize bir günâh yoktur. Fakat kalplerinizin kasıtlı olarak yaptıkları böyle değildir. »[1]

Buhârî ve Müslim'de Ebu Hureyre ve Amr b. As'ın -Allah ikisinden de râzı olsun- rivayetlerinde Nebi -sallallahu aleyhi ve sellem- şöyle buyuruyor:

« Hakim ictihad eder ve bu ictihadında da isabet ederse ona iki ecir vardır. Şayet hata ederse ona bir ecir vardır. »

Hata eden müctehide günâh yoktur. Aksine ictihadından dolayı ona ecir vardır. Onun hatası da bağışlanmıştır. Fakat isabet eden müctehide ise iki ecir vardır. Bu ise ondan yani hata edenden daha üstündür. Bunun içindir ki Allah dostunun hata yapabileceğinden dolayı, insanların üzerine düşen görev, Allah dostu olan bir kişinin dediklerinin tamamına iman etmemeleri gerekir. Aksine, Allah dostunun kalbine her doğana itimat etmesi câiz değildir.[Ancak hakka muvafık olması dışında].İlhamı, konuşmayı vaaz etmeyi haktan görmesi de doğru değildir. Bilakis bunların hepsini Muhammed -sallallahu aleyhi ve sellem-'in getirdiklerine arz etmeli ve uygunsa kabul etmeli, muhalifse reddetmelidir. Uygun mu yoksa değil mi olduğunu bilmiyorsa, onda durmalıdır.

İnsanlar bu konuda üç sınıftır: İki tarafta olanlar ve ortada olanlar. Onlardan birisi, bir şahsın Allah'ın dostu olduğuna itikat eder, onun kalbinin Rabbinden konuştuğunu zanneder ve hepsine itiraz etmeden yaptıklarının tamamına teslim olur. Yine onlardan biri şeriata muvafık olmayan bir söz veya fiil gördüğünde, hata eden bir müctehid bile olsa, onu Allah dostluğundan tamamen çıkarır. İşlerin en hayırlısı orta yollu olanlarıdır. O ise; hata etmiş bir müctehid ise, onun ne günahkâr ve ne de masum (hatadan beri)

---

sayılmaması ve dediklerinin hepsine uymamaktır. İctihadıyla birlikte onun küfrüne ve günahkârlığına hükmedilmemelidir.

İnsanların üzerine düşen ise Allah'ın Rasûlüyle gönderdiğine tâbi olmaktır. Fıkıhçıların bazı sözlerinin muhalif, diğerlerinin ise muvafık olması durumunda ise, bir sözü alıp karşısındaki muhalifine "bu söz şeriata muhaliftir" demesi gerekmez.

Buhârî ve Müslim'de gelen hadiste Allah Rasûlü -sallallahu aleyhi ve sellem- şöyle buyuruyor:

« Sizden önceki ümmetlerde muhaddesûn (kendisine ilham gelen kimseler) bulunurdu. Şayet benim ümmetimden de onlardan biri olsaydı muhakkak Ömer olurdu. »[1]

Tirmizi ve başkalarında gelen hadiste Allah Rasûlü -sallallahu aleyhi ve sellem- şöyle buyuruyor:

« Şayet ben size Resul olarak gönderilmemiş olsaydım, muhakkak Ömer Resul olarak gönderilirdi. »[2]

Başka bir hadiste Allah Rasûlü -sallallahu aleyhi ve sellem- şöyle buyurur:

« Allah, hakkı, Ömer'in diline ve kalbine katmıştır.»[3]

« Benden sonra Nebi olsaydı, Ömer olurdu. »[4]

Ali b. Ebi Talib -Allah ondan râzı olsun- şöyle diyordu: Sekînetin Ömer'in dilinden yayıldığından uzak durmazdık. Bunu Şa'bî rivayet etmiştir. İbn-i Ömer -Allah ondan râzı olsun- şöyle diyor: Ömer, bir şey için "Ben onu şöyle görüyorum" dediğinde, o, dediği gibi olurdu. Gays b. Târık -Allah ondan râzı olsun- şöyle diyor: Ömer'in dilinden meleğin konuştuğundan bahsediyorduk. Ömer şöyle diyordu: "İtaat edenlerin ağızlarına yaklaşın ve onlardan ne dediklerini dinleyin. Muhakkak ki onlardan sadık işler ortaya çıkar."

Ömer b. Hattab -Allah ondan râzı olsun-'nun haber verdiği bu sadık işler, itaat edenler için ortaya çıkar. Allah Azze ve Celle'nin onlar için ortaya çıkardığı işlerdir bunlar. Allah dostlarının, gizlilikleri ortaya çıkarma ve olağanüstü olayları olduğu sabittir. Bu ümmet içinde bunların en hayırlısı Ebu Bekir -Allah ondan râzı olsun-'dan sonra Ömer -

---

[1] Buhari: 3469, Muslim: 2398

[2] Bu hadis Tirmizi'de değildir. Ed-Deylemi, Ebu Hureyre Radıyallhu Anhu hadisinden rivayet etmiştir. Hafız Irakî hadisin Münker olduğunu söylemiştir. Şevkâni "El-Fevâidul-Mecmûa" adlı kitabının 336. sayfasında zikretmiştir. İbnu Adiy, Bilal hadisinden rivayet etmiştir. Senedinde hadis uyduranlar vardır. Başka yolla rivayet etmiş ve isnadında iki tane metruk ravi vardır: Abdullah b. Ferkad ve Meşrûh b. Âhân. Ahmed, Tirmizi ve Hakim, Ukbe b. Âmir hadisinden, Taberânî ise İsmet b. Mâlik hadisinden şu laızla rivayet etmişlerdir: "Şayet benden sonra Nebi gelecek olsaydı, bu, Ömer b. Hattab olurdu." Bu hadis ise Hasen'dir.

[3] Tirmizi: 3683, İsnadı Hasen'dir. El-Elbânî: "El-Ehâdisus-Sahiha" : 327

[4] Tirmizi: 3687 Ahmed Musned'inde: 4/154, El-Elbânî: "El-Ehâdisus-Sahiha" : 327

Allah ondan râzı olsun-'dur. Bu ümmetin en hayırlısı Nebi -sallallahu aleyhi ve sellem-'den sonra Ebu Bekir, sonra da Ömer -Allah ondan ve babasından râzı olsun-'dır. [1]

Buhârî'nin sahihinde, bu ümmet içerisinde Ömer -Allah ondan râzı olsun-'nun muhaddes (sadık zanda bulunan ve sanki zannı ortaya çıkan) seçildiği ve Muhammed -sallallahu aleyhi ve sellem- ümmeti içerisinde hangi muhaddes varsa, Ömer -Allah ondan râzı olsun-'nun ondan daha üstün olduğu sabittir. Bunula birlikte Ömer -Allah ondan râzı olsun-, üzerine vacib olanları yerine getiriyor ve meydana gelen olayları Allah Rasûlü -sallallahu aleyhi ve sellem-'in getirdiklerine arz ediyordu. Bu bazen, buna muvafık olursa ki bu Ömer -Allah ondan râzı olsun-'nun fazîletindendir. Tıpkı birden fazla yerde Kur'an'ın Ömer -Allah ondan râzı olsun-'ya muvafık olarak inmesi gibi. Bazen de bu, muhalif olur, Ömer -Allah ondan râzı olsun-'da ondan dönerdi. Aynen, Hudeybiye günü, müşriklerle savaşmayı uygun gördüğü zaman, bundan dönmesi gibi. Bu Buhârî ve başkalarında geçen, bilinen bir hadistir. Nebi -sallallahu aleyhi ve sellem- ağacın altında beyat eden bin dört yüz müslümanla beraber, hicretin altıncı senesinde Umre yapmak maksadıyla yola çıkmıştı. Müşriklerin buna karşı çıkmaları üzerine anlaşma yapılmıştı. Bu anlaşmaya göre, bu sene geri dönüp, gelecek yıl Umre yapacaklardı. Öne sürülen şartlar, zahiren Müslümanların aleyhine gözükmekteydi. Bu, bir çok müslümanın üzerine ağır geldi. Bundaki maslahatı ise Allah ve Rasûlü daha iyi bilmekteydi. Ömer -Allah ondan râzı olsun-'da bundan hoşlanmayanlardandı. Hatta Nebi -sallallahu aleyhi ve sellem-'e şöyle dedi: "Ey Allah'ın Rasûlü! Bizler hak üzere, düşmanlarımız da batıl üzere değiller mi? Allah Rasûlü -sallallahu aleyhi ve sellem- "Bilakis öyle" buyurdu. Ömer -Allah ondan râzı olsun-: "Öyleyse neden dinimizde küçük düşürücülüğü kabul ediyoruz?" dedi. Bunun üzerine Nebi -sallallahu aleyhi ve sellem- şöyle buyurdu: "Muhakkak ki ben Allah'ın Rasûlüyüm. O benim yardım edenimdir. Ben O'na âsilik etmem." Ömer şöyle dedi: Kâbe'ye geleceğimizi ve tavaf edeceğimizden söz etmemiş miydin? Allah Rasûlü -sallallahu aleyhi ve sellem- : "Evet, bilakis öyle. Ben sana, muhakkak bu sene geleceğimizi mi söyledim? Ömer, "hayır" dedi. Allah Rasûlü -sallallahu aleyhi ve sellem- şöyel buyurdu Ömer'e: "Muhakkak ki sen geleceksin ve tavaf edeceksin."

Ömer, Ebu Bekir -Allah ondan ve babasından râzı olsun-'ya gidip, Nebi -sallallahu aleyhi ve sellem-'e söylediklerinin aynılarını söyledi. Ebu Bekir -Allah ondan râzı olsun-'da Nebi -sallallahu aleyhi ve sellem-'in cevabının aynısını verdi. Ebu Bekir -Allah ondan râzı olsun- daha önce Nebi -sallallahu aleyhi ve sellem-'in cevabını duymamıştı. Ebu Bekir -Allah ondan râzı olsun-, Allah ve Rasûlüne muvafakatta Ömer -Allah ondan râzı olsun-'dan daha kâmildi. Ömer -Allah ondan râzı olsun- bu sözünden dönmüş ve " onların amellerinin doğruluğunu anladım" buyurmuştur.

---

[1] Buhari: 2655, Ebu Davud: 4627, Tirmizi: 3707

Yine nebi -sallallahu aleyhi ve sellem- vefat ettiğinde Ömer -Allah ondan râzı olsun- ilk başta bunu inkâr etmişti. Tâki Ebu Bekir -Allah ondan râzı olsun-'nun "muhakkak ki O öldü" işitinceye kadar. Bunu işitince Ömer -Allah ondan râzı olsun- bundan dönmüştür.

Zekat vermeyenlerle savaşılması meselesinde de Ömer -Allah ondan râzı olsun-, Ebu Bekir -Allah ondan râzı olsun-'ya şöyle demişti: "Allah Rasûlü -sallallahu aleyhi ve sellem- "İnsanlarla, Allah'tan başka ilâh olmadığına ve benim Allah'ın Rasûlü olduğuma şehâdet edinceye kadar insanlarla savaşmakla emrolundum. Böyle yaptıkları zaman İslam'ın hakkı müstesna, kanlarını ve mallarını benden kurtarırlar" buyurduğu halde sen insanlarla nasıl savaşırsın? Bunun üzerine Ebu Bekir -Allah ondan râzı olsun- ona şöyle dedi: "İslam'ın hakkı müstesna" demiyor mu? Zekatta İslam'ın hakkındandır. Allah'a yemin olsun ki, Allah'ın Rasûlüne verdikleri oğlağı bana vermezlerse, vermediklerinden dolayı onlarla savaşırım." Ömer -Allah ondan râzı olsun- dedi ki: "Allah'a yemin olsun ki, Allah'ın Ebu Bekir'in kalbini savaş için açtığını gördüm ve O'nun hak üzere olduğunu anladım." [1]

Bu deliller karşılaştırıldığında, Ömer -Allah ondan râzı olsun-'nun Muhaddes (zannında sadık olan) olmasıyla beraber, Ebu Bekir'in Ömer'den daha üstün olduğu ortaya çıkmaktadır. Sıddîk mertebesi, Muhaddes mertebesinden daha üstündür. Çünkü Sıddîk, masum olan Rasûl -sallallahu aleyhi ve sellem-'in yaptığı ve söylediğini kabul eder. Ve meselelerini masum olan Nebi -sallallahu aleyhi ve sellem-'in getirdiklerine arz etmeye muhtaçtır.

Bunun içindir ki Ömer -Allah ondan râzı olsun-, işlerini Sahabelerle istişare ederdi. Onlarla münakaşa eder ve bazı işlerde onlara müracaat ederdi. Meselelerde Kur'an ve Sünnet'den delil getirirler ve onunla görüşlerini desteklerlerdi. Onların getirdikleri delilleri kabul ederdi. Onlara, "ben Muhaddesim, ilhamla muhatabım, sizin beni kabul edip itiraz etmemeniz gerekir" dememiştir.

Her kim veya onun arkadaşları, onun Allah'ın dostu olduğunu iddia eder ve kendisine ilham geldiğini, ona ittiba edip, onun her dediğini kabul etmeleri gerektiğini, buna itiraz etmeyip Kitap ve Sünnete bakmaksızın kabul etmelerini savunursa, o ve onlar hata etmektedirler. Bunlar içinde en üstünleri kimse,Ömer -Allah ondan râzı olsun- ondan daha üstündür. O, mü'minlerin emiri olduğu halde, Müslümanlar O'nun dediklerini tartışıyorlar, fakat O da, onlar da Kitap ve Sünnet üzereydiler. Bu ümmetin selefi ve imamları, Allah Rasûlü -sallallahu aleyhi ve sellem-'in sözünden başka her sözünün alınacağında ve terk edileceğinde ittifak etmişlerdir.

Bu, Nebiler ve başkaları arasındaki farktır. Nebilere, (Allah'ın salat ve selamı onların üzerine olsun) Allah Azze ve Celle'den haber verdiklerinin hepsine îman etmek ve emrettiklerine itaat etmek gerekir. Bu ise, evliyanın hilafınadır. Onların her emrettiklerine

---

[1] Buhari: 1399,1457,6925,7285. Muslim: 20

itaat etmek ve haber verdiklerinin hepsine îman etmek gerekmez. Aksine, onların işleri ve haberleri Kitap ve Sünnete arz edilir. Kitap ve Sünnete uyarsa, kabulu gerekir. Kitap ve Sünnete uymazsa geçerli değildir. Şayet o, evliyadansa, müctehiddir ve görüşünde mazeretlidir. Ona, ictihadından dolayı ecri vardır. Fakat, Kitap ve Sünnete muhalefet ederse, hata etmiştir. Sahibi, gücü yettiği nispette Allah'tan korkarsa onun hatası bağışlanmıştır. Allah Teâlâ şöyle buyuruyor:

$$\text{(فَاتَّقُوا اللَّهَ مَا اسْتَطَعْتُمْ)}$$

« Gücünüzün yettiği kadar Allah'tan sakının. »[1]

Bu ise Allah Teâlâ'nın şu âyetinin açıklamasıdır:

$$\text{(يَا أَيُّهَا الَّذِينَ آمَنُواْ اتَّقُواْ اللّهَ حَقَّ تُقَاتِهِ)}$$

« Ey îman edenler! Allah'tan sakınılması gerektiği şekilde sakının. »[2]

İbn-i Mesud ve başkaları şöyle diyor: "Allah'tan hakkıyla korkmak; itaat edip âsî gelmemek, unutmayıp hatırlamak, şükredip inkâr etmemeyi gerektirir." Yani güç yetirebildikleri derecede. Allah Teâlâ hiç kimseye gücünün yetmediğini yüklemez. Allah Teâlâ şöyle buyuruyor:

$$\text{(لاَ يُكَلِّفُ اللّهُ نَفْساً إِلاَّ وُسْعَهَا لَهَا مَا كَسَبَتْ وَعَلَيْهَا مَا اكْتَسَبَتْ)}$$

« Allah, hiç kimseye gücü dışında bir şey yüklemez. (Kişinin) kazandığı iyilik lehine, kötülük ise aleyhinedir. »[3]

$$\text{(وَالَّذِينَ آمَنُواْ وَعَمِلُواْ الصَّالِحَاتِ لاَ نُكَلِّفُ نَفْساً إِلاَّ وُسْعَهَا أُوْلَئِكَ أَصْحَابُ الْجَنَّةِ هُمْ فِيهَا خَالِدُونَ)}$$

« Îman edenler ve iyi amelde bulunanlar -ki biz hiç kimseye gücü üstünde bir şey teklif etmeyiz- bunlar da cennet ehlidir ve orada ebedidirler. »[4]

$$\text{(وَأَوْفُواْ الْكَيْلَ وَالْمِيزَانَ بِالْقِسْطِ لاَ نُكَلِّفُ نَفْساً إِلاَّ وُسْعَهَا)}$$

« Ölçüyü ve tartıyı adaletli yapın. Biz insana, ancak gücünün yettiğini teklif ederiz. »[5]

Allah Subhânehû ve Teâlâ birçok yerde Peygamberin getirdiklerine îmanı zikretmiştir.

Allah Teâlâ'nın buyurduğu gibi:

---

[1] Teğabun Sûresi: 16
[2] Âl-i İmran Sûresi: 102
[3] Bakara Sûresi: 286
[4] A'raf Sûresi: 42
[5] En'am Sûresi: 152

(قُولُواْ آمَنَّا بِاللّهِ وَمَا أُنزِلَ إِلَيْنَا وَمَا أُنزِلَ إِلَى إِبْرَاهِيمَ وَإِسْمَاعِيلَ وَإِسْحَاقَ وَيَعْقُوبَ وَالأسْبَاطِ وَمَا أُوتِيَ مُوسَى وَعِيسَى وَمَا أُوتِيَ النَّبِيُّونَ مِن رَّبِّهِمْ لاَ نُفَرِّقُ بَيْنَ أَحَدٍ مِّنْهُمْ وَنَحْنُ لَهُ مُسْلِمُونَ)

« (Ey Müslümanlar! Siz de) deyin ki: "Biz, Allah'a, bize indirilene, İbrahim, İsmail, İshak, Yakub ve torunlarına indirilenlere, Mûsâ'ya, Îsâ'ya ve (bütün) peygamberlere Rableri tarafından verilenlere îman ettik. Bunlardan hiçbiri arasında ayırım yapmayız. Biz, Allah'a teslim olanlarız. »[1]

(الم {١} ذَلِكَ الْكِتَابُ لاَ رَيْبَ فِيهِ هُدًى لِّلْمُتَّقِينَ {٢} الَّذِينَ يُؤْمِنُونَ بِالْغَيْبِ وَيُقِيمُونَ الصَّلاةَ وَمِمَّا رَزَقْنَاهُمْ يُنفِقُونَ {٣} والَّذِينَ يُؤْمِنُونَ بِمَا أُنزِلَ إِلَيْكَ وَمَا أُنزِلَ مِن قَبْلِكَ وَبِالآخِرَةِ هُمْ يُوقِنُونَ {٤} أُوْلَئِكَ عَلَى هُدًى مِّن رَّبِّهِمْ وَأُوْلَئِكَ هُمُ الْمُفْلِحُونَ)

« Elif. Lâm. Mîm. İşte bu Kitap, kendisinde şüphe (edilecek hiçbir şey) yoktur; Allah'tan sakınanlar için bir rehberdir. (Bu sakınanlar) gayba inanırlar; namazlarını dosdoğru kılarlar ve bizim kendilerine verdiğimiz rızıktan (başkalarına da) infak ederler. Hem sana indirilen (Kitab)'a, hem de senden önceki (peygamber)lere indirilen (kitap)lere inanırlar; hiç şüphe etmeden âhirete de inanırlar. İşte bunlar, Rablerinden gelen hidayet üzerindedirler; kurtuluşa erenler de bunlardır. »[2]

(لَّيْسَ الْبِرَّ أَن تُوَلُّواْ وُجُوهَكُمْ قِبَلَ الْمَشْرِقِ وَالْمَغْرِبِ وَلَكِنَّ الْبِرَّ مَنْ آمَنَ بِاللّهِ وَالْيَوْمِ الآخِرِ وَالْمَلآئِكَةِ وَالْكِتَابِ وَالنَّبِيِّينَ وَآتَى الْمَالَ عَلَى حُبِّهِ ذَوِي الْقُرْبَى وَالْيَتَامَى وَالْمَسَاكِينَ وَابْنَ السَّبِيلِ وَالسَّآئِلِينَ وَفِي الرِّقَابِ وَأَقَامَ الصَّلاةَ وَآتَى الزَّكَاةَ وَالْمُوفُونَ بِعَهْدِهِمْ إِذَا عَاهَدُواْ وَالصَّابِرِينَ فِي الْبَأْسَاء والضَّرَّاء وَحِينَ الْبَأْسِ أُولَئِكَ الَّذِينَ صَدَقُوا وَأُولَئِكَ هُمُ الْمُتَّقُونَ)

« İyilik (hayır), yüzlerinizi doğu ve batı tarafına çevirmeniz değildir. Fakat iyilik, o kimselerin iyiliğidir ki, Allah'a, âhiret gününe, meleklere, Kitaba ve peygamberlere îman etmişlerdir. Mal sevgisine rağmen, onu, yakınlarına, yetimlere, düşkünlere, yolda kalmışlara ve kölelerin kurtuluşuna vermişlerdir. Namazı dosdoğru kılmış, zekâtı vermiş, ahidleştikleri zaman, ahidlerini yerine getirmişlerdir. Zorda, darda ve savaşta sabırlıdırlar. İşte, doğruyu söyleyenler onlardır; takvâ sâhibi olanlar da onlardır. »[3]

---

[1] Bakara Sûresi: 136
[2] Bakara Sûresi: 1-5
[3] Bakara Sûresi: 177

İşte bu, benim zikrettiklerimdir: Allah dostlarının Kitab ve Sünnete sarılmaları gerekir. Hiç şüphe yok ki, onların içerisinde, kendisine tahammül edilen bir masum veya Kitab ve Sünnete itibar etmeksizin, kalbine doğana ittiba yoktur. Allah Azze ve Celle'nin dostları bunun üzerinde ittifak etmişlerdir. Her kim buna muhalefet ederse, o, Allah'ın onlara uyulmasını emrettiği, Allah'ın dostlarından değildir. Aksine o, ya kâfir ya da aşırı câhil birisi olur.

Bu şeyhlerin bir çok sözlerinde mevcuttur. Tıpkı Şeyh Ebu Süleyman ed-Dârânî Rahimehullah'ın sözünde olduğu gibi: "Muhakkak ki benim kalbime kavmin nüketli sözlerinde kalbime nüketli sözler doğardı. Kitab ve Sünnetin şahitliği olmadığı müddetçe onu kabul etmem."

Ebul-Kasım el-Cuneyd Rahimehullah şöyle diyor: "Bunun Kitab ve Sünnetle sınırlı olduğunu öğrendik. Her kim Kur'an okumaz ve hadis yazmazsa, bizim ilmimizde konuşması doğru olmaz. [veya şöyle dedi] onu taklit etmesin.

Ebu Osman en-Nîsâbûrî Rahimehullah şöyle diyor: kim Sünneti kendi nefsine kavli ve fiili olarak yönetme yetkisi verirse o kişi, hikmet ile konuşur. Her kim de, hevasına kendi nefsine kavli ve fiili olarak yönetme yetkisi verirse, o kişi bidat ile konuşur. Çünkü Allah Teâlâ şöyle buyuruyor:

$$(وَإِن تُطِيعُوهُ تَهْتَدُوا)$$

« Ona itaat ederseniz hidayete erersiniz.»[1]

Ebu Ömer Necid şöyle diyor: "Kitab ve Sünnetle delillendiril-meyen her duygu batıldır."

İnsanlardan bir çoğu bu mevzuda hata içerisindedirler. Bir şahıs hakkında, onun Allah'ın dostu olduğunu ve Allah dostunun her dediğinin kabul edileceğini zannedip, Kitab ve Sünnete muhalif olsa bile her yaptığına teslim olur. O şahısa, bu işlerinde muvafakat gösterir. Allah'ın, yaratılmışların hepsine gönderdiği, onun haber verdiğinin tasdikine ve emrettiğinin taatine uymayı farz kıldığı, Allah dostlarıyla düşmanlarını, cennet ve cehennem ehlini, mutlululara sıkıntı içerisindekileri ayırt edici olarak gösterdiği Rasûl - sallallahu aleyhi ve sellem-'e muhalefet etmiştir. Her kim O'na tâbi olursa, Allah'ın muttaki olan, Allah dostlarından, işi rast giden askerinden ve Salih olan kullarından olur. Rasûl - sallallahu aleyhi ve sellem-'e muhalefet edip, o şahsa muvafakat göstermenin başı bidat ve delalet, sonu ise küfür ve nifaktır. Onun Allah Teâlâ'nın şu sözünden nasibi vardır:

(وَيَوْمَ يَعَضُّ الظَّالِمُ عَلَى يَدَيْهِ يَقُولُ يَا لَيْتَنِي اتَّخَذْتُ مَعَ الرَّسُولِ سَبِيلاً {٢٧} يَا وَيْلَتَى لَيْتَنِي لَمْ أَتَّخِذْ فُلَاناً خَلِيلاً {٢٨} لَقَدْ أَضَلَّنِي عَنِ الذِّكْرِ بَعْدَ إِذْ جَاءنِي وَكَانَ الشَّيْطَانُ لِلْإِنسَانِ خَذُولاً)

«Zâlim, o gün ellerini ısıracak ve: "Ah ne olurdu. Peygamberle bir yol edinseydim"; "Yazıklar olsun bana! Ne olurdu falanı dost edinmeseydim"; "İşte o beni, bana Rabbimden geldikten sonra Kitap'tan uzaklaştırdı. Zaten şeytan insanı yalnız bırakır" diyecektir. »[1]

Allah Azze ve Celle şöyle buyuruyor:

(يَوْمَ تُقَلَّبُ وُجُوهُهُمْ فِي النَّارِ يَقُولُونَ يَا لَيْتَنَا أَطَعْنَا اللَّهَ وَأَطَعْنَا الرَّسُولَا {٦٦} وَقَالُوا رَبَّنَا إِنَّا أَطَعْنَا سَادَتَنَا وَكُبَرَاءنَا فَأَضَلُّونَا السَّبِيلَا {٦٧} رَبَّنَا آتِهِمْ ضِعْفَيْنِ مِنَ الْعَذَابِ وَالْعَنْهُمْ لَعْناً كَبِيراً)

« Ateşte yüzlerinin çevrildiği o gün, "keşke Allah'a İtaat etseydik ve keşke Rasûle itaat etseydik" derler. Ve yine derler ki: "Rabbimiz! Biz, kendi liderlerimize ve büyüklerimize itaat ettik; onlar da bizi doğru yoldan saptırdılar."

"Rabbimiz! Onlara iki kat azâb ver ve onlara büyük lânet et." »[2]

(وَمِنَ النَّاسِ مَن يَتَّخِذُ مِن دُونِ اللّهِ أَندَاداً يُحِبُّونَهُمْ كَحُبِّ اللّهِ وَالَّذِينَ آمَنُواْ أَشَدُّ حُبّاً لِّلّهِ وَلَوْ يَرَى الَّذِينَ ظَلَمُواْ إِذْ يَرَوْنَ الْعَذَابَ أَنَّ الْقُوَّةَ لِلّهِ جَمِيعاً وَأَنَّ اللّهَ شَدِيدُ الْعَذَابِ {١٦٥} إِذْ تَبَرَّأَ الَّذِينَ اتُّبِعُواْ مِنَ الَّذِينَ اتَّبَعُواْ وَرَأَوُاْ الْعَذَابَ وَتَقَطَّعَتْ بِهِمُ الأَسْبَابُ {١٦٦} وَقَالَ الَّذِينَ اتَّبَعُواْ لَوْ أَنَّ لَنَا كَرَّةً فَنَتَبَرَّأَ مِنْهُمْ كَمَا تَبَرَّؤُواْ مِنَّا كَذَلِكَ يُرِيهِمُ اللّهُ أَعْمَالَهُمْ حَسَرَاتٍ عَلَيْهِمْ وَمَا هُم بِخَارِجِينَ مِنَ النَّارِ)

« İnsanlar içinde bir takım kimseler de vardır ki, Allah'tan başkasını O'na ortaklar edinip, onları, Allah'ı sever gibi severler; gerçi îman edenlerin Allah'a olan sevgileri çok daha kuvvetlidir; fakat o zulmedenler, azâbı görürken, bütün kuvvetin Allah'a mahsus ve Allah'ın şiddetli azâb sâhibi olduğunu bir bilselerdi...

(Yine o zaman) peşlerinden gidilenler, azâbı görüp peşlerinden kaçıp kurtulmuşlar; kendileriyle aralarındaki münasebetleri kesilmiş...

Ve peşlerinden gidenler, "keşke bizim için dünyaya bir defa daha dönüş olsaydı da, onların bizden kaçıp kurtuldukları gibi, biz de onlardan kurtulsaydık" demektedirler...İşte,

---

[1] Furkan Sûresi: 27-29
[2] Ahzâb Sûresi: 66-68

Allah onlara amellerini, üzerine yığılmış pişmanlıklar halinde böyle gösterecektir. Fakat onlar ateşten çıkacak değillerdir.»[1]

Bunlar, Allah Teâlâ'nın Kur'an'da bahsettiği Hıristiyanlara benzemektedirler. Allah Teâlâ şöyle buyuruyor:

(اتَّخَذُواْ أَحْبَارَهُمْ وَرُهْبَانَهُمْ أَرْبَاباً مِّن دُونِ اللّهِ وَالْمَسِيحَ ابْنَ مَرْيَمَ وَمَا أُمِرُواْ إِلاَّ لِيَعْبُدُواْ إِلَهاً وَاحِداً لاَّ إِلَهَ إِلاَّ هُوَ سُبْحَانَهُ عَمَّا يُشْرِكُونَ)

« Onlar, Allah'ı bırakıp hahamlarını, râhiplerini ve Meryem'i oğlu Mesih'i kendilerine Rab edinmişler. Halbuki onlar da tek bir ilâha ibadet etmekten başka bir şeyle emrolunmamışlardı. Zira O'ndan başka ilâh yoktur. O, onların şirk koştuklarından münezzehtir. »[2]

"Müsned" de geçen ve Tirmizi'nin sahihlediği, Adiy b. Hatim hadisinde, bu âyetin tefsirinde Nebi -sallallahu aleyhi ve sellem-'e bunu sormuş ve "bizler onlara tapmıyorduk" demiştir. Bunun üzerine Nebi -sallallahu aleyhi ve sellem-: "Fakat, haramı sizin için helal kılmış, sizler de onlara itaat etmiştiniz. Helali de sizin için haram kılmıştı, sizlerde onlara itaat etmiştiniz. İşte bu sizin onlara tapmanızdır" buyurmuştur. [3]

Bunun içindir ki bunların misalinde şöyle denilir: Onlar ancak usûlü yok etmek için vusûlü (ulaşmayı) haram kıldılar. Usûlün aslı ise; Allah'a ve Rasûl -sallallahu aleyhi ve sellem-'e îmanı gerçekleştirmektir. Allah'a, Rasûlüne, O'nun getirdiklerine, Muhammed -sallallahu aleyhi ve sellem-'in Allah'ın Rasûlü olduğuna, herkesin; cinlerin, insanların, arabın, acemin, âlimlerin, ubbadın, kralların ve bütün halkın buna îman etmesi gerekir. Hiç kimsenin, batinen ve zahiren O'na uymaktan başka, Allah'a gidecek yolları yoktur. Hatta, Mûsâ, Îsa ve diğer peygamberleri idrak etmiş olsa bile, O'na tabi olmak gerekir. Allah Teâlâ'nın buyurduğu gibi:

(وَإِذْ أَخَذَ اللّهُ مِيثَاقَ النَّبِيِّيْنَ لَمَا آتَيْتُكُم مِّن كِتَابٍ وَحِكْمَةٍ ثُمَّ جَاءكُمْ رَسُولٌ مُّصَدِّقٌ لِّمَا مَعَكُمْ لَتُؤْمِنُنَّ بِهِ وَلَتَنصُرُنَّهُ قَالَ أَأَقْرَرْتُمْ وَأَخَذْتُمْ عَلَى ذَلِكُمْ إِصْرِي قَالُواْ أَقْرَرْنَا قَالَ فَاشْهَدُواْ وَأَنَاْ مَعَكُم مِّنَ الشَّاهِدِينَ {٨١} فَمَن تَوَلَّى بَعْدَ ذَلِكَ فَأُوْلَـئِكَ هُمُ الْفَاسِقُونَ)

« Allah, (geçmiş) peygamberlerden şöyle söz almıştı: "Size Kitab ve hikmet verdim. Sonra da yanınızda bulunan (Kitab ve hikmet)ı tasdik eden bir peygamber geldi. Ona mutlaka îman edecek ve yadımda bulunacaksınız İkrar ettiniz ve bu ağır yükü kabul ettiniz mi?" buyurduğunda (peygamberler:) ""ikrar ettik" demişler, bunun üzerine Allah'da: "O halde şâhid olunuz. Ben de sizinle birlikte (buna) şâhidlik edenlerdenim" buyurmuştu. Artık bu sözden sonra kimler yüz çevirir, (ve verilen sözden dönerse), işte asıl fâsıklar onlardır. »[1]

İbn-i Abbas -Allah ondan ve babasından râzı olsun- şöyle diyor:

"Allah Teâlâ gönderdiği her peygamberden, yaşadıkları halde, şayet Muhammed -sallallahu aleyhi ve sellem- gönderilirse O'na îman edip yardım edeceklerine dair söz almıştır. Peygamberler de, ümmetlerinden, onlar hayatta oldukları halde Muhammed -sallallahu aleyhi ve sellem- gönderilirse O'na îman edip, yardım etmelerine dâir söz almışlardır. Allah Teâlâ şöyle buyuruyor:

(أَلَمْ تَرَ إِلَى الَّذِينَ يَزْعُمُونَ أَنَّهُمْ آمَنُواْ بِمَا أُنزِلَ إِلَيْكَ وَمَا أُنزِلَ مِن قَبْلِكَ يُرِيدُونَ أَن يَتَحَاكَمُواْ إِلَى الطَّاغُوتِ وَقَدْ أُمِرُواْ أَن يَكْفُرُواْ بِهِ وَيُرِيدُ الشَّيْطَانُ أَن يُضِلَّهُمْ ضَلَالاً بَعِيداً {٦٠} وَإِذَا قِيلَ لَهُمْ تَعَالَوْاْ إِلَى مَا أَنزَلَ اللّهُ وَإِلَى الرَّسُولِ رَأَيْتَ الْمُنَافِقِينَ يَصُدُّونَ عَنكَ صُدُوداً {٦١} فَكَيْفَ إِذَا أَصَابَتْهُم مُّصِيبَةٌ بِمَا قَدَّمَتْ أَيْدِيهِمْ ثُمَّ جَآؤُوكَ يَحْلِفُونَ بِاللّهِ إِنْ أَرَدْنَا إِلاَّ إِحْسَاناً وَتَوْفِيقاً {٦٢} أُوْلَئِكَ الَّذِينَ يَعْلَمُ اللّهُ مَا فِي قُلُوبِهِمْ فَأَعْرِضْ عَنْهُمْ وَعِظْهُمْ وَقُل لَّهُمْ فِي أَنفُسِهِمْ قَوْلاً بَلِيغاً {٦٣} وَمَا أَرْسَلْنَا مِن رَّسُولٍ إِلاَّ لِيُطَاعَ بِإِذْنِ اللّهِ وَلَوْ أَنَّهُمْ إِذ ظَّلَمُواْ أَنفُسَهُمْ جَآؤُوكَ فَاسْتَغْفَرُواْ اللّهَ وَاسْتَغْفَرَ لَهُمُ الرَّسُولُ لَوَجَدُواْ اللّهَ تَوَّاباً رَّحِيماً {٦٤} فَلاَ وَرَبِّكَ لاَ يُؤْمِنُونَ حَتَّىَ يُحَكِّمُوكَ فِيمَا شَجَرَ بَيْنَهُمْ ثُمَّ لاَ يَجِدُواْ فِي أَنفُسِهِمْ حَرَجاً مِّمَّا قَضَيْتَ وَيُسَلِّمُواْ تَسْلِيماً)

« Sana indirilen (Kur'an)'e ve senden önce indirilen (kitap)lere inandıklarını iddia eden (şu münafık) kimseleri görmüyor musun? Aslında (fesad ve dalâlet kaynağı olan) tâğûtu inkâr etmekle emrolundukları halde, yine de onun önünde muhakeme olunmak istiyorlar. Şeytan da onları, (dönüşü olmayan) uzak bir sapıklığa düşürmek istiyor. Onlara "Allah'ın indirdiği (Kur'an)'ne ve Peygambere gelin" denildiği zaman, o münafıkların, senden yüz çevirip kaçtıklarını da görüyorsun. Fakat kendilerine, kendi ellerinin sebep olduğu bir musîbet gelip çattığı zaman, nasıl da "iyilikten ve ara bulmaktan başka bir şey istemedik" diye Allah'a yemin ederek sana geliyorlar. İşte böylelerinin kalplerinde ne olduğunu Allah (çok iyi) bilir! Bu sebeple onlardan uzak dur onlara nasihat et ve kendileri hakkında onlara tesirli söz söyle. Biz, gönderdiğimiz her bir peygamberi, ancak Allah'ın

---

izniyle itaat olunması için gönderdik. Halbuki onlar, kendilerine zulmettiklerinde, sana gelip Allah'tan mağfiret dileselerdi ve Peygamber de onlar için (Allah'tan) mağfiret dileseydi, herhalde Allah'ı, tövbeleri çok kabul edici ve çok bağışlayıcı olarak bulurlardı. Fakat hayır; Rabbine yeminler olsun ki,onlar, aralarında çekiştikleri şeyler hakkında seni hakem yapıp, sonra da verdiğin hükümden dolayı içlerinde hiçbir sıkıntı duymadan tam bir teslimiyet göstermedikçe îman etmiş olmazlar. »[1]

Her kim veli-dost zannettiği birini taklit ederek Rasûl -sallallahu aleyhi ve sellem-'in getirdiklerinden bir şeye muhalefet ederse, işini onun Allah'ın dostu olduğuna bina etmiştir.Allah dostu, bir şeyde muhalefet etmez.Bu şahıs, Allah dostlarının en büyüklerinden, sahâbenin ve tabiînin büyükleri gibi bile olsa, Kitab ve Sünnete muhalif ise kabul edilmez. Durum böyle olmazsa, acaba nasıl olur!? Bunlardan bir çoklarını, Allah dostu olmadaki itikatlarında ki temel hususu, ondan bazı işlerde, bazı gizli işleri ortaya çıkarabilir veya olağanüstü olaylar sâdır olabilir. Bir şahsa işaret ettiğinde onun ölmesi, Mekke'ye veya başka bir yere uçması, bazen su üstünde yürümesi, çaydanlığı havadan doldurması, bazı vakitlerde ğaybdan haber vermesi, insanların gözleri önünde kaybolması, bazı insanların onun ölü veya orada olmadığı halde ondan yardım dilemesi, onun gelip hacetini giderdiğini görmesi, insanların çalınanlarını, olmadıkları veya hasta oldukları hallerini haber vermesi gibi olaylar ve benzeri şeyler, sahibinin Allah dostu olduğuna işaret etmez. Aksine, Allah dostları ittifak etmişlerdir ki; bir şahıs havada uçsa, su üstünde yürüse de ona aldırılmaz. Tâki Rasûl -sallallahu aleyhi ve sellem-'e uyması, O'nun emrine ve nehyine muvafakatine bakılır.

Allah dostlarının kerametleri, bu işlerden daha üstündür. Bu olağanüstü olayların sahibi, Allah dostu olsa bile, o, Allah'ın düşmanı olur. Bu olağanüstü olaylar, kâfirlerin, müşriklerin, ehli Kitabın ve münafıkların bir çokları için olabilir. Bidat ehli için de olabilir ve o şeytandandır. Bu gibi olaylardan biri onda olursa onun Allah dostu olduğunu zannetmesi câiz değildir. Bilakis, Allah dostu olarak itibar edilebilmesi için, fiillerinin ve sıfatlarının Kur'an ve Sünnete uygun olması, îman ve Kur'ân'ı bilmeleri, batınî îmanın hakikati ve zâhiri İslam'ın kanunlarını yaşamaları gerekir.

Bunun misali, zikredilen bu işler ve benzerleri, abdest almayan, farz namazları kılmayan, elbiseleri necaset içerisinde, köpeklerle birlikte yaşayan, hamamlarda, çöplüklerde ve kabirlerde geceleyen, pis kokular içerisinde, İslam'ın emrettiği taharetle temizlenmeyen ve kirden arınmayan birisi olabilir. Nebi -sallallahu aleyhi ve sellem- şöyle buyuruyor:

« İçerisinde köpek ve cenabet bulunan eve melekler girmezler. »[2]

---

[1] Nisa Sûresi: 60-65
[2] Ebu Davud: 227, Nesai: 1/141 Sahih bir hadistir. Yalnız hadisin "Cenabet" lafzı zayıftır.

Tuvaletler hakkında da şöyle buyuruyor:

« Bu tuvaletler, cinleri ve şeytanları getirir. »[1]

« Kim şu iki pis ağaçtan (soğan-sarımsak) yerse, bizim mescidimize yaklaşmasın. Âdemoğlunun ezâ gördüklerinden melekler de ezâ görür. »[2]

« Allah güzeldir, güzelden başkasını kabul etmez. »[3]

« Allah temizdir, temizliği sever. »[4]

« Beş şey fasıklardandır. Haramda ve helalde öldürülür: Yılan, fare, karga, çaylak ve azgın köpek. » Başka bir rivayette: « Yılan ve akrep»[5] gelmektedir.[6]

[Allah Rasûlü -sallallahu aleyhi ve sellem- köpeklerin öldürülmesini emretti.[7] Şöyle buyurur:

« Kim kendisine ziraatında fayda vermediği ve kendisinden zararı def etmediği halde köpek beslerse her gün amelinden bir Kîrât eksilir. »[8]

«Melekler, yanlarında köpek olan bir topluluğa arkadaşlık etmezler. »[9]

« İçinizden birisinin kabını, bir köpek yalarsa, birincisi toprak olmak üzere yedi defa yıkasın. »[10]]

Allah Teâlâ şöyle buyuruyor:

$$ ﴿وَرَحْمَتِي وَسِعَتْ كُلَّ شَيْءٍ فَسَأَكْتُبُهَا لِلَّذِينَ يَتَّقُونَ وَيُؤْتُونَ الزَّكَاةَ وَالَّذِينَ هُم بِآيَاتِنَا يُؤْمِنُونَ ﴿١٥٦﴾ الَّذِينَ يَتَّبِعُونَ الرَّسُولَ النَّبِيَّ الأُمِّيَّ الَّذِي يَجِدُونَهُ مَكْتُوباً عِندَهُمْ فِي التَّوْرَاةِ وَالإِنْجِيلِ يَأْمُرُهُم بِالْمَعْرُوفِ وَيَنْهَاهُمْ عَنِ الْمُنكَرِ وَيُحِلُّ لَهُمُ الطَّيِّبَاتِ وَيُحَرِّمُ عَلَيْهِمُ الْخَبَآئِثَ وَيَضَعُ عَنْهُمْ إِصْرَهُمْ وَالأَغْلاَلَ الَّتِي كَانَتْ عَلَيْهِمْ فَالَّذِينَ آمَنُواْ بِهِ وَعَزَّرُوهُ وَنَصَرُوهُ وَاتَّبَعُواْ النُّورَ الَّذِيَ أُنزِلَ مَعَهُ أُوْلَئِكَ هُمُ الْمُفْلِحُونَ﴾ $$

---

[1] Ebu Davud: 6, İbnu Mace: 296, Sahih bir hadistir. El-Elbani: "Sahihul-Cami': 2259

[2] Buhari: 854 ve 855, Muslim: 564

[3] Muslim: 1015, Tirmizi: 2992.

[4] Tirmizi: 2800, El-Elbani: El-Ehadîsus-Sahiha: 236.

[5] Buhari: 1829, Muslim: 1198.

[6] Bu hayvanlara fâsık denilmesinin sebebi şudur: İnsanlara eziyet ettikleri, ifsat ettikleri ve fayda vermedikleri için diğer hayvanlardan ayrılmışlardır. "Haramda ve helalde" ibaresi ise; Haram bölgede iken veya ihramlı iken bu hayvanların öldürülmesinde hiçbir beis yoktur, demektir. Fethul-Bari: 1829 nolu hadisin şerhinden. (Mütercim).

[7] Muslim: 280, Ebu Davud: 74, Nesai: 1/177.

[8] Buhari: 2113, Muslim: 1576.

[9] Muslim: 2113, Ebu Davud: 2555, Tirmizi: 1703.

[10] Buhari: 172, Muslim: 279.

« "Rahmetim ise, her şeyi kuşatmıştır. İyiliği, (benden) sakınanlara, zekâtı verenlere ve bir de âyetlerimize îman edenlere yazacağım."

İşte bunlar, yanlarındaki Tevrat ve İncil'de yazılı olarak buldukları ümmî Nebiyy'e, Rasûl'e tâbi olanlardır. O Rasûl (Peygamber), onlara iyiliği emreder, onları kötülükten nehyeder; onlara, iyi ve teniz olan şeyleri helâl, kötü ve pis olan şeyleri de haram kılar. Üzerlerindeki ağırlıklarını ve zincirleri onlardan kaldırıp atar. Ona îman edenler, onu yücelterek himaye edenler, ona yardım edenler ve onun vâsıtasıyla indirilen nûra tâbi olanlar, işte kurtuluşa erenler bunlardır. »[1]

Bir şahıs, şeytanların sevdiği necaset ve pislik içerisinde yaşar, şeytanları getiren hamam ve tuvaletlerde geceler, yılanlar, akrepler ve büyük eşek arısı, fasıklardan ve pisliklerden olan köpeklerin kulaklarını yer, şeytanların sevdiği necasetlerden olan sidik ve benzerlerini içer, Allah'tan başkasından yardım çağırmaya davet eder, ona yönelir veya dini, âlemlerin Rabbi olan Allah'a hâlis kılmayıp şeyhinin kabrine doğru secde ederse, köpeklerle veya ateşlerle yakın ilişkisi bulunur, çöplüklerde ve necis yerlerde geceler veya kabirlerde özellikle de yahudi, hıristiyan ve müşriklerden olan kâfirlerin kabirlerinde geceler, Kur'an dinlemeyi kerih görüp ondan kaçar, onun yerine müzik ve şiirler dinlemeyi tercih eder, Rahman'ın kelamını işitmesi değil de, şeytanın düdüklerini işitmesinden etkilenirse, bunlar, Rahman'ın dostlarının alâmetleri değil, şeytanın dostlarının alâmetleridir.

İbn-i Mesud -Allah ondan râzı olsun- şöyle diyor:

"Sizden biriniz kendi nefsinde Kur'an'dan başkasını istemesin. Şayet Kur'an'ı seviyorsa, o, Allah'ı seviyor demektir. Şayet Kur'an'ı sevmiyorsa, o, Allah'ı ve Rasûlü'nü sevmiyor demektir."

Osman b. Affan -Allah ondan râzı olsun- şöyle diyor:

"Şayet kalplerimiz temiz olsaydı, Allah Azze ve Celle'nin kelamından doymazdı."

İbn-i Mesud -Allah ondan râzı olsun- şöyle diyor:

"Zikir, tıpkı suyun baklayı yeşerttiği gibi, kalpteki imanı da öylece yeşertir. Müzikte, tıpkı suyun baklayı yeşerttiği gibi, kalpteki nifağı yeşertir."

Şayet bir şahıs, batinî îmanın hakikatlerinden haberdar ve Rahmânî olaylar ile şeytânî olayları birbirinden ayırt edebiliyorsa, Allah, onun kalbine nurundan atmış demektir.

Allah Teâlâ'nın buyurduğu gibi:

---

[1] A'râf Sûresi: 156-157.

$$(يَا أَيُّهَا الَّذِينَ آمَنُوا اتَّقُوا اللَّهَ وَآمِنُوا بِرَسُولِهِ يُؤْتِكُمْ كِفْلَيْنِ مِن رَّحْمَتِهِ وَيَجْعَل لَّكُمْ نُوراً تَمْشُونَ بِهِ وَيَغْفِرْ لَكُمْ وَاللَّهُ غَفُورٌ رَّحِيمٌ)$$

« Ey îman edenler! Allah'tan korkun ve Peygamberine îman edin ki, size rahmetinden iki kat versin; sizin için ışığında yürüyeceğiniz bir nûr yaratsın ve günâhlarınızı bağışlasın. »[1]

$$(وَكَذَلِكَ أَوْحَيْنَا إِلَيْكَ رُوحاً مِّنْ أَمْرِنَا مَا كُنتَ تَدْرِي مَا الْكِتَابُ وَلَا الْإِيمَانُ وَلَكِن جَعَلْنَاهُ نُوراً نَّهْدِي بِهِ مَنْ نَّشَاء مِنْ عِبَادِنَا وَإِنَّكَ لَتَهْدِي إِلَى صِرَاطٍ مُّسْتَقِيمٍ)$$

« İşte sana da (ey Muhammed!) emrimizden bir ruh (Kur'an)u böyle vahyettik. Önceden sen, Kitab nedir, îman nedir, bilmiyordun. Fakat biz, o Kitabı, kullarımızdan, dilediğimizi kendisiyle hidayet edeceğimiz bir nûr kıldık. Şüphesiz sen de bu Kitab vasıtasıyla insanları dosdoğru yola iletiyorsun. »[2]

İşte bu, hakkında hadisin geldiği, Tirmizi'nin Ebu Said el-Hudri -Allah ondan râzı olsun-'dan rivayet ettiği rivayetinde bahsettiği mü'minlerdir. Allah Rasûlü -sallallahu aleyhi ve sellem- şöyle buyuruyor:

« Mü'minin ferasetinden (ince görüş) sakının. Şüphesiz ki o, Allah'ın nuruyla bakar. »[3]

Buhârî'nin, Sahihi'nde rivayet etmiş olduğu ve daha önce geçen hadiste Allah Rasûlü -sallallahu aleyhi ve sellem- şöyle buyurur:

« Kulum bana nafilelerle yaklaşmaya devam eder. Tâki ben de onu severim. Onu sevdiğim zaman, onun işiten kulağı, gören gözü, tutan eli, yürüyen ayağı olurum. (Benimle işitir, benimle görür. Benimle tutar ve benimle yürür) [4] Şayet benden isterse muhakkak ona veririm. Benden sığınma isterse muhakkak onu korurum. Mü'min bir kulumun nefsini kabzetmede tereddüt ettiğim gibi, hiçbir şeyde tereddüt etmedim. O ölümü kerih görür, ben de onun sevmediğini sevmem. [Fakat ölümden kaçış yoktur.]»

Şayet bir kul, bunlardan ise, Rahman'ın dostlarının durumu ile şeytanın dostlarının durumunu birbirinden ayırt etmiştir. Tıpkı sarrafın dirhemin sahtesini gerçeğinden ayırt etmesi, atlardan anlayan birinin iyisini kötüsünden ayırt etmesi, biniciliği bilen birinin korkağı ve cesuru birbirinden ayırt etmesi gibi. Bunun gibi, sadık olan bir peygamberle yalancının arasını ayırmak gerekir. Âlemlerin Rabbinin Peygamberi Sâdıkul-Emîn Muhammed -sallallahu aleyhi ve sellem- ile, Mûsâ, Mesih ve Museylemetul-Kezzab'ın, yalancılardan olan el-Esvadul-Anesi, Tuleyhetul-Esedî, el-Harisud-Dımeşkî, Bâbâh er-Rûmî

---

[1] Hadid Sûresi: 28.

[2] Şûrâ Sûresi: 52

[3] Tirmizi: 3125. Hadisin senedi zayıftır. El-Elbani: "Daîful-Cami' : 127.

[4] Parantez içindeki Buhari'nin rivayetinden değildir.

ve benzerlerinin arasını ayırmak gerekir. Yine muttaki olan Allah dostlarıyla, zâlim olan şeytan dostlarını birbirinden ayırmak gerekir.

BÖLÜM

Hakikat, Nebilerin Ve Rasûllerin, farklı şeriatları ve yolları da olsa, üzerinde ittifak ettikleri, âlemlerin Rabbinin din gerçeğidir. "Eş-Şir'atu" kelimesi "şeriat" manasına gelmektedir. Allah Teâlâ şöyle buyuruyor:

$$\text{(لِكُلٍّ جَعَلْنَا مِنكُمْ شِرْعَةً وَمِنْهَاجاً)}$$

« Sizin her biriniz için bir şeriat ve bir yol vazettik. »[1]

$$\text{(ثُمَّ جَعَلْنَاكَ عَلَى شَرِيعَةٍ مِّنَ الْأَمْرِ فَاتَّبِعْهَا وَلَا تَتَّبِعْ أَهْوَاءَ الَّذِينَ لَا يَعْلَمُونَ ﴿١٨﴾}$$
$$\text{إِنَّهُمْ لَن يُغْنُوا عَنكَ مِنَ اللَّهِ شَيْئاً وَإِنَّ الظَّالِمِينَ بَعْضُهُمْ أَوْلِيَاءُ بَعْضٍ وَاللَّهُ وَلِيُّ}$$
$$\text{الْمُتَّقِينَ)}$$

« (Ey Muhammed!) Sonra sana dinden yeni bir şeriat verdik. Ona uy. Bilmeyenlerin heveslerine uyma. Zira onlar, Allah'tan gelecek bir şeyi senden asla savamazlar. Zâlimler birbirlerinin dostudurlar; Allah ise sakınanların dostudur. »[2]

"Minhâc" kelimesi "yol" manasına gelmektedir. Allah Teâlâ şöyle buyuruyor:

$$\text{(وَأَلَّوِ اسْتَقَامُوا عَلَى الطَّرِيقَةِ لَأَسْقَيْنَاهُم مَّاءً غَدَقاً ﴿١٦﴾ لِنَفْتِنَهُمْ فِيهِ وَمَن}$$
$$\text{يُعْرِضْ عَن ذِكْرِ رَبِّهِ يَسْلُكْهُ عَذَاباً صَعَداً)}$$

« Halbuki onlar, İslam'ın yoluna yönelmiş olsalardı, denemek için onlara bol bol su içirirdik. Kim de Rabbinin zikrinden yüz çevirirse, Allah da onu çok ağır bir azâba sokar. »[3]

"Eş-Şir'atu" nehrin şeriati mesabesindedir. "Minhac" ise, izlenen yol demektir. Maksat ise, dinin hakikatidir. İslam dininin hakikati ise, hiçbir ortak edinmeksizin yalnızca Allah'Azze ve Celle kulluk etmektir. İslam, bir kulun Âlemlerin Rabbi olan Allah'a teslim olmasıdır, başkasına değil. Her kim Allah'tan başkasına teslim olursa, müşrik olur. Allah « Kendisine şirk koşulmasını aslâ affetmez. »[4] Her kim Allah'a teslim olmayıp, O'na kullukta kibirlenirse, Allah Teâlâ'nın şu âyetinde buyurduğu kimselerden olur:

$$\text{(إِنَّ الَّذِينَ يَسْتَكْبِرُونَ عَنْ عِبَادَتِي سَيَدْخُلُونَ جَهَنَّمَ دَاخِرِينَ)}$$

« Bana ibadet etmekten kibirlenenler, zelil olarak cehenneme gireceklerdir. »[5]

İslâm dînî, önceki ve sonraki nebi ve rasullerin dinidir.

---

[1] Mâide Sûresi: 48
[2] Câsiye Sûresi: 18-19
[3] Cin Sûresi: 16-17
[4] Nisa Sûresi: 48
[5] Ğafir-Mü'min Sûresi: 60

Allah Teâlâ şöyle buyuruyor:

(وَمَن يَبْتَغِ غَيْرَ الإِسْلاَمِ دِيناً فَلَن يُقْبَلَ مِنْهُ وَهُوَ فِي الآخِرَةِ مِنَ الْخَاسِرِينَ)

« Her kim İslam'dan başka bir din ararsa, (bu din) kendisinden aslâ kabul edilmeyecektir. »[1]

Bu, her zaman ve mekana geneldir.

Nûh, İbrahim, Yakub, torunları, Mûsâ, Îsâ, havarileri, hepsinin dinleri, hiçbir ortağı olmayan Allah'a ibadet etmek olan İslam'dır. Nûh Aleyhisselam hakkında Allah Teâlâ şöyle buyuruyor:

(يَا قَوْمِ إِن كَانَ كَبُرَ عَلَيْكُم مَّقَامِي وَتَذْكِيرِي بِآيَاتِ اللّهِ فَعَلَى اللّهِ تَوَكَّلْتُ فَأَجْمِعُواْ أَمْرَكُمْ وَشُرَكَاءَكُمْ ثُمَّ لاَ يَكُنْ أَمْرُكُمْ عَلَيْكُمْ غُمَّةً ثُمَّ اقْضُواْ إِلَيَّ وَلاَ تُنظِرُونِ {٧١} فَإِن تَوَلَّيْتُمْ فَمَا سَأَلْتُكُم مِّنْ أَجْرٍ إِنْ أَجْرِيَ إِلاَّ عَلَى اللّهِ وَأُمِرْتُ أَنْ أَكُونَ مِنَ الْمُسْلِمِينَ)

«"Ey kavmim! İçinizde bulunmam ve Allah'ın âyetlerini hatırlatmam eğer size ağır geliyorsa -ben, Allah'a zaten tevekkül etmişimdir- ortaklarınızla birlikte işinizi kararlaştırın da, sonra işiniz size dert olmasın. Sonra da hükmü bana tatbik edin, hiç mühlet de vermeyin."

"Eğer yüz çevirirseniz, (ben, yaptığım işe karşılık) sizden herhangi bir ücret istemiyorum; benim ecrim sadece Allah'a âittir. Ben Müslüman olmakla emrolundum. »[2]

Allah Teâlâ şöyle buyuruyor:

(وَمَن يَرْغَبُ عَن مِّلَّةِ إِبْرَاهِيمَ إِلاَّ مَن سَفِهَ نَفْسَهُ وَلَقَدِ اصْطَفَيْنَاهُ فِي الدُّنْيَا وَإِنَّهُ فِي الآخِرَةِ لَمِنَ الصَّالِحِينَ {١٣٠} إِذْ قَالَ لَهُ رَبُّهُ أَسْلِمْ قَالَ أَسْلَمْتُ لِرَبِّ الْعَالَمِينَ {١٣١} وَوَصَّى بِهَا إِبْرَاهِيمُ بَنِيهِ وَيَعْقُوبُ يَا بَنِيَّ إِنَّ اللّهَ اصْطَفَى لَكُمُ الدِّينَ فَلاَ تَمُوتُنَّ إَلاَّ وَأَنتُم مُّسْلِمُونَ)

« İbrahim'in dininden, kendini bilmeyenden başka kim yüz çevirir? Biz, dünyada onu seçtik; âhirette de o, şüphesiz, Sâlih kullardandır. Rabbi ona "teslim ol" buyurduğunda, o, "âlemlerin Rabbine teslim oldum" demişti. İbrahim bunu oğullarına vasiyet etmiş, Yakûb

---

[1] Âl-i İmran Sûresi: 85
[2] Yunus Sûresi: 71-72

da (aynı şeyi yapmış ve): "Oğullarım! Allah sizin için bu dini seçti. Onun için, ancak Müslüman olarak ölün"(demişlerdi). »[1]

(وَقَالَ مُوسَى يَا قَوْمِ إِن كُنتُمْ آمَنتُم بِاللّهِ فَعَلَيْهِ تَوَكَّلُواْ إِن كُنتُم مُّسْلِمِينَ)

« Mûsâ demişti ki: "Ey kavmim! Eğer Allah'a îman etmişseniz ve müslüman da olmuşsanız, O'na tevekkül ediniz. »[2]

Sihirbazlar şöyle demişlerdi:

(رَبَّنَا أَفْرِغْ عَلَيْنَا صَبْراً وَتَوَفَّنَا مُسْلِمِينَ)

« Rabbimiz! Bize bol sabır yağdır ve bizi Müslümanlar olarak öldür. »[3]

Yusuf Aleyhisselam şöyle diyor:

(تَوَفَّنِي مُسْلِماً وَأَلْحِقْنِي بِالصَّالِحِينَ)

«Beni Müslüman olarak öldür ve sâlih kullarının arasına kat. »[4]

Belkıs şöyle diyor:

(وَأَسْلَمْتُ مَعَ سُلَيْمَانَ لِلّهِ رَبِّ الْعَالَمِينَ)

« Süleyman'ın eliyle âlemlerin Rabbine teslim oldum.»[5]

Allah Teâlâ şöyle buyuruyor:

(يَحْكُمُ بِهَا النَّبِيُّونَ الَّذِينَ أَسْلَمُواْ لِلَّذِينَ هَادُواْ وَالرَّبَّانِيُّونَ وَالأَحْبَارُ بِمَا اسْتُحْفِظُواْ مِن كِتَابِ اللّهِ)

« Kendilerini (Allah'a) vermiş peygamberler onunla, yahudilere hükmederlerdi. Allah'ın Kitabı'nı korumaları kendilerinden istendiği için Rablerine teslim olmuş zâhidler ve bilginler de (onunla hükmederlerdi.) »[6]

Havariler şöyle diyor:

(آمَنَّا بِاللّهِ وَاشْهَدْ بِأَنَّا مُسْلِمُونَ)

« Allah'a îman ettik; şahid ol ki, biz, müslümanlarız. »[7]

---

[1] Bakara Sûresi: 130-132
[2] Yunus Sûresi: 84
[3] A'raf Sûresi: 126
[4] Yusuf Sûresi: 101
[5] Neml Sûresi: 44
[6] Mâide Sûresi: 44
[7] Âl-i İmran Sûresi: 52

Şeriatları farklı da olsa peygamberlerin dini birdir. Buhârî ve Muslim'de gelen hadiste Allah Rasûlü -sallallahu aleyhi ve sellem-'in buyurduğu gibi:

« Biz peygamberler topluluğu, dinimiz birdir. »[1]

(شَرَعَ لَكُم مِّنَ الدِّينِ مَا وَصَّى بِهِ نُوحاً وَالَّذِي أَوْحَيْنَا إِلَيْكَ وَمَا وَصَّيْنَا بِهِ إِبْرَاهِيمَ وَمُوسَى وَعِيسَى أَنْ أَقِيمُوا الدِّينَ وَلَا تَتَفَرَّقُوا فِيهِ كَبُرَ عَلَى الْمُشْرِكِينَ مَا تَدْعُوهُمْ إِلَيْهِ اللَّهُ يَجْتَبِي إِلَيْهِ مَن يَشَاءُ وَيَهْدِي إِلَيْهِ مَن يُنِيبُ)

« "Dini dosdoğru tutun ve onda tefrikaya düşmeyin" diye Allah'ın Nûh'a tavsiye ettiğini, sana vahyettiğimiz, İbrahim'e, Mûsâ'ya ve Îsâ'ya tavsiye ettiğini, size dinden şeriat olarak koymuştur. Fakat müşrikleri kendisine davet ettiğin bu din, onlara zor gelmiştir. Allah, dilediğini kendine seçer. Kendine yöneleni de hidayet eder. »[2]

(يَا أَيُّهَا الرُّسُلُ كُلُوا مِنَ الطَّيِّبَاتِ وَاعْمَلُوا صَالِحاً إِنِّي بِمَا تَعْمَلُونَ عَلِيمٌ {٥١} وَإِنَّ هَذِهِ أُمَّتُكُمْ أُمَّةً وَاحِدَةً وَأَنَا رَبُّكُمْ فَاتَّقُونِ {٥٢} فَتَقَطَّعُوا أَمْرَهُم بَيْنَهُمْ زُبُراً كُلُّ حِزْبٍ بِمَا لَدَيْهِمْ فَرِحُونَ)

« Ey Peygamber! Temiz yiyeceklerden yiyin; iyi iş işleyin; zira ben, sizin ne yaptığınızı hakkıyla bilirim. Gerçek şu ki, sizin dininiz tek bir dindir; ben de sizin Rabbinizim; bu itibarla benden sakının. Ne var ki peygamberlerin tâbileri, dinlerini aralarında bölük pörçük etmişlerdir. Bu sebeple her gurup kendi yanındakiyle ferahlanmaktadır. »[3]

(فَأَقِمْ وَجْهَكَ لِلدِّينِ حَنِيفاً فِطْرَةَ اللَّهِ الَّتِي فَطَرَ النَّاسَ عَلَيْهَا لَا تَبْدِيلَ لِخَلْقِ اللَّهِ ذَلِكَ الدِّينُ الْقَيِّمُ وَلَكِنَّ أَكْثَرَ النَّاسِ لَا يَعْلَمُونَ {٣٠} مُنِيبِينَ إِلَيْهِ وَاتَّقُوهُ وَأَقِيمُوا الصَّلَاةَ وَلَا تَكُونُوا مِنَ الْمُشْرِكِينَ {٣١} مِنَ الَّذِينَ فَرَّقُوا دِينَهُمْ وَكَانُوا شِيَعاً كُلُّ حِزْبٍ بِمَا لَدَيْهِمْ فَرِحُونَ)

« (Ey Muhammed!) Dosdoğru olarak yüzünü dine, Allah'ın insanları ona göre yarattığı fıtratına çevir. Allah'ın yaratışında hiçbir değişme yoktur. İşte dosdoğru din budur; fakat insanların çoğu bilmez. O'na ihlâs ile yönelin, O'ndan korkun ve namazınızı dosdoğru kılın. Sakın dinlerini parçalayan, fırka fırka olan ve her fırkası, kendi elindekiyle sevinen müşrikler gibi olmayın. »[4]

---

[1] Musannif bunu mana olarak rivayet etmiştir. Buhari de 3442 nolu hadisin bir parçasıdır. Muslim: 2365
[2] Şûrâ Sûresi: 13
[3] Mu'minûn Sûresi: 51-53
[4] Rûm Sûresi: 30-32

BÖLÜM

Bu ümmetin selefi, imamları ve Allah dostları, peygamberlerin, peygamber olmayan evliyadan daha üstün olduğu konusunda ittifak etmişlerdir. Allah, nimetlendirilmiş saadet içerisindeki kullarını dört mertebe de tertip etmiştir. Allah Teâlâ şöyle buyuruyor:

$$ \text{(وَمَن يُطِعِ اللَّهَ وَالرَّسُولَ فَأُوْلَـئِكَ مَعَ الَّذِينَ أَنْعَمَ اللَّهُ عَلَيْهِم مِّنَ النَّبِيِّينَ وَالصِّدِّيقِينَ وَالشُّهَدَاء وَالصَّالِحِينَ وَحَسُنَ أُولَئِكَ رَفِيقاً)} $$

« Her kim Allah'a ve Peygambere itaat ederse, işte böyleleri, (kıyamet gününde), Allah'ın kendilerine nimet verdiği peygamberler, sıddîkler, şehidler ve sâlihlerle beraberdirler. Onlar en iyi arkadaştırlar. »[1]

Hadiste de Allah Rasûlü -sallallahu aleyhi ve sellem- şöyle buyuruyor:

« Peygamber ve nebilerden sonra, Ebu Bekir'den daha üstün birinin üzerine güneş ne doğmuş ne de batmıştır. »[2]

Ümmetlerin en hayırlısı da Muhammed -sallallahu aleyhi ve sellem-'in ümmetidir. Allah Teâlâ şöyle buyuruyor:

$$ \text{(كُنتُمْ خَيْرَ أُمَّةٍ أُخْرِجَتْ لِلنَّاسِ)} $$

« Siz, insanların (iyiliği) için çıkarılmış en hayırlı ümmetsiniz.»[3]

$$ \text{(ثُمَّ أَوْرَثْنَا الْكِتَابَ الَّذِينَ اصْطَفَيْنَا مِنْ عِبَادِنَا)} $$

« Sonra bu Kitab'ı, kullarımızdan seçtiğimiz kimselere miras olarak bıraktık. »[4]

"Musned" de gelen bir rivayette Allah Rasûlü -sallallahu aleyhi ve sellem- şöyle buyuruyor:

« Sizler yetmiş ümmeti tamamlarsınız. Onların, Allah'a en hayırlı ve en değerli olanları sizlersiniz. »[5]

---

[1] Nisa Sûresi: 69
[2] Heysemi "Mecmuuz-Zevaid": 9/44
[3] Âl-i İmran Sûresi: 110
[4] Fâtır Sûresi: 32
[5] Ahmed Musned'inde: 5/3 ve 5, İbnu Mace: 4288, Tirmizi: 3004, Hasen bir hadistir. El-Elbani: "Tahricul-Mişkat": 6285

Muhammed -sallallahu aleyhi ve sellem- ümmetinin en üstünü de, kendi zamanında yaşayan sahabelerdir.Başka bir hadiste Allah Rasûlü -sallallahu aleyhi ve sellem- şöyle buyuruyor:

« Asırların en hayırlısı, benim gönderildiğim asırdır. Sonra, ondan sonra gelenler, sonra ondan sonra gelenlerdir. »[1]

Yine Buhârî ve Müslim'de gelen hadiste Allah Rasûlü -sallallahu aleyhi ve sellem- şöyle buyuruyor:

« Ashabıma sövmeyin. Nefsim elinde olan Allah'a yemin olsun ki, sizden biriniz Uhud dağı kadar altın infak etse, onun yarısına bile ulaşamazsınız. »[2]

Muhacir ve Ensar'dan Sabikûn-Evvelûn (öne geçen ilkler) diğer sahabelerden daha üstündürler. Allah Teâlâ şöyle buyuruyor:

$$ (لَا يَسْتَوِي مِنكُم مَّنْ أَنفَقَ مِن قَبْلِ الْفَتْحِ وَقَاتَلَ أُوْلَئِكَ أَعْظَمُ دَرَجَةً مِّنَ الَّذِينَ أَنفَقُوا مِن بَعْدُ وَقَاتَلُوا وَكُلّاً وَعَدَ اللَّهُ الْحُسْنَى) $$

« İçinizden Mekke'nin fethinden önce sarfeden ve savaşan kimseler elbette diğerleriyle bir olmazlar. Bunlar, fetihten sonra sarfedip savaşanlardan daha yüksek derecededirler. Allah, hepsine de en güzel mükâfat vaat etmiştir. »[3]

$$ (وَالسَّابِقُونَ الأَوَّلُونَ مِنَ الْمُهَاجِرِينَ وَالأَنصَارِ وَالَّذِينَ اتَّبَعُوهُم بِإِحْسَانٍ رَّضِيَ اللّهُ عَنْهُمْ وَرَضُواْ عَنْهُ) $$

« Muhacirlerden ve Ensar'dan (İslam yolunda) yarışanların öncüleriyle, onlara güzellikle tâbi olanlardan Allah hoşnut olmuştur, onlar da Allah'tan hoşnut olmuşlardır. »[4]

İslam yolunda yarışanların öncüleri, fetihten önce infak eden ve savaşanlardır. Fetihten murat ise, Mekke'nin fethinin başındaki Hudeybiye anlaşmasıdır. Allah Teâlâ orada şu âyeti indirdi:

$$ (إِنَّا فَتَحْنَا لَكَ فَتْحاً مُّبِيناً ﴿ ١ ﴾ لِيَغْفِرَ لَكَ اللَّهُ مَا تَقَدَّمَ مِن ذَنبِكَ وَمَا تَأَخَّرَ) $$

« (Ey Muhammed!) Allah'ın, senin geçmiş ve gelecek bütün günâhlarını bağışlaması için sana apaçık bir fetih verdik. »[5]

Dediler ki: Ey Allah'ın Rasûlü! O bir fetih değil midir? Allah Rasûlü -sallallahu aleyhi ve sellem-: "Evet" dedi. [1]

---

[1] Buhari: 2651, Muslim: 2535.
[2] Buhari: 3673, Muslim: 2541.
[3] Hadid Sûresi: 10
[4] Tevbe Sûresi: 100
[5] Fetih Sûresi: 1-2.

İslam yolunda savaşanların öncülerinin en üstünü ise, dört halifedir. Onların en üstünü Ebu Bekir, sonra Ömer, sonra Osman, sonra da Ali'dir. (Allah onlardan razı olsun) Sahabeden, tabiînden, bu ümmetin imamlarından ve çoğunluğun tarafından bilinen budur. Buna bazı deliller işaret etmektedir. Bu meseleyi "Minhâcu Ehlis-Sünnetin-Nebeviyye fî Nagdi Kelâmi Ehliş-Şîa vel-Kaderiyye" isimli kitabımızda daha geniş olarak ele aldık.

Sünnet ve şîa gurupları, bu ümmetin en üstününün peygamberlerden sonra halifelerden biri olduğu ve sahabeden sonra, onlardan daha üstünü olmayacağı konusunda hep birden ittifak etmişlerdir. Allah Teâlâ'nın dostlarının en üstünü, Rasûl - sallallahu aleyhi ve sellem-'in getirdiklerine tâbi olan ve onu en iyi bilendir. Tıpkı, O'nun dinini bilen ve ittiba eden bu ümmetin en olgunları olan sahabe gibi. Ebu Bekir es-Sıddîk - Allah ondan râzı olsun-, Rasûlün getirdiklerine en iyi uyan ve onunla en iyi amel edendir. O, Allah dostlarının en üstünüdür. Ümmetlerin en üstünü, Muhammed -sallallahu aleyhi ve sellem-'in ümmeti, onların en üstünü , Muhammed -sallallahu aleyhi ve sellem-'in ashabı, onların en üstünü de Ebu Bekir'dir -Allah ondan râzı olsun-.

Hata eden ve yanılan bir fırka, peygamberlerin sonuncusunu kıyaslayarak, evliyanın sonuncusunun, onların en üstünü olduğunu zannetmişlerdir. Muhammed b. Ali el-Hakim et-Tirmizi'den başka önceki şeyhlerden hiçbiri, evliyanın sonuncusu hakkında konuşmamıştır. Bu konuda bir eser yazmış ve bir çok yerinde hata etmiştir.[2] Sonra, sonrakilerden bir tâife meydana geldi ve onlardan her biri, kendisinin, evliyanın sonuncusu olduğunu iddia etti. Onlardan kimi, evliyanın sonuncusunun Allah'ı bilme yönünden peygamberlerin sonuncusundan daha üstün olduğunu ve peygamberlerin Allah'ı bilmede, onun sayesinde istifade edeceklerini iddia etmiştir. Aynen "El-Futuhâtul-Mekkiyye" ve El-Fusûs" kitaplarının sahibi İbn-i A'râbî'nin iddia ettiği gibi. Böylelikle, şeriata, akla, Allah Teâlâ'nın bütün peygamberlerine ve dostlarına (evliyasına) muhalefet etmiştir. Tıpkı: "Tavan altlarından üzerlerine düştü" diyene: "Bunu ne akıl, ne de Kur'an kabul eder" denildiği gibi.

Bunun içindir ki, peygamberler, bu ümmetin evliyasından zaman olarak çok daha öncedir. Peygamberler -en üstün salat ve selam onların üzerine olsun- evliyadan daha üstündür. Acaba peygamberlerin hepsi nasıl olurdu? Evliyâ, Allah'ı tanımada, kendilerinden sonra gelenlerden istifade ederler. Ve o, kendisinin sonuncusu olduğunu iddia ediyor. Peygamberlerin sonuncusunun onların en üstünü olduğu gibi, evliyanın sonuncusu onların en üstünü değildir. Muhammed -sallallahu aleyhi ve sellem-'in diğer peygamberlere üstünlüğü delillerle ispatlanmıştır. Allah Rasûlü -sallallahu aleyhi ve sellem-'in şu hadisinde buyurduğu gibi:

« Ben Âdemoğlunun efendisiyim. Bunda övünç yoktur. »[3]

---

[1] Ebu Davud: 2736.

[2] Fransa Enstitüsü, Dimeşk'te basıp dağıtımını yapmıştır.

[3] Buhari: 3340, Muslim: 194.

Yine Allah Rasûlü -sallallahu aleyhi ve sellem- şöyle buyuruyor:

« Cennetin kapısına gelirim ve açılmasını talep ederim. Bekçisi der ki: Sen kimsin? Bunun üzerine ben derim ki: "Muhammed" Cennet bekçisi şöyle der: Bu kapıyı senden önce hiç kimseye açmamakla emrolundum. »

Mi'rac gecesinde ise, Allah, Peygamber efendimiz -sallallahu aleyhi ve sellem-'in derecesini, bütün peygamberlerin üstünde yükseltmiştir. Onların daha fazla hak edenleri Allah Teâlâ'nın şu âyetinde buyurduğu gibidir:

$$\text{(تِلْكَ الرُّسُلُ فَضَّلْنَا بَعْضَهُمْ عَلَى بَعْضٍ مِّنْهُم مَّن كَلَّمَ اللَّهُ وَرَفَعَ بَعْضَهُمْ دَرَجَاتٍ)}$$

« İşte bu peygamberler...Onlardan bazılarına üstün kılmışızdır. Allah'ın konuştuğu ve bazılarının da derecelerini yükselttiği kimseler onlardandır. »[1]

Bunlardan başka deliller de vardır. Peygamberlerin her birine vahiy gelmekte idi, özellikle de Muhammed -sallallahu aleyhi ve sellem-'e. Peygamberliğinde, başkasına ihtiyaç duymadığı gibi, şeriatında de ne geçmiştekilere ve ne de sonrakilere, O'ndan başkasının tersine, ihtiyaç duymamıştır. Mesih Aleyhisselam ise, şeriatının bir çoğunda Tevrat'a müracaat edilir. Mesih gelmiş ve Tevrat'ın şeriatını tamamlamıştır. Bunun içindir ki, Hıristiyanlar, Mesih'ten önceki peygamberlere, Tevrat ve Zebur'a ve tamamı yirmi dört tane olan peygamberlere ihtiyaç duymaktaydılar. Bizden önceki ümmetler, kendilerine ilham gelen kişilere muhtaçtılar. Bu, Muhammed ümmetinin hilafınadır. Peygamber -sallallahu aleyhi ve sellem- ile birlikte, ne bir peygambere ne de kendisine ilham gelen birisine muhtaç değillerdir. Bilakis, kendisini diğer peygamberlerden ayıran faziletleri, bilgileri ve salih amelleri onda toplamıştır. Allah, insan vasıtası olmaksızın, O'na gönderdiği ve indirdiğiyle üstün kılmıştır.

Bu ise evliyanın tersinedir. Muhammed -sallallahu aleyhi ve sellem-'in risaletinin kendisine ulaştıktan sonra, Muhammed -sallallahu aleyhi ve sellem-'e uymasından başka bir yolla Allah'ın dostu olamaz. Kendisine hidayetten ve hak dinden bir şeyler ulaştığında, bu, Muhammed -sallallahu aleyhi ve sellem-'in aracılığıyladır. Yine, bir Rasûlün risaleti kime ulaşırsa, kendisine gönderilen o Rasûle uymadığı müddetçe Allah dostu olamaz.

Her kim, kendisine Muhammed -sallallahu aleyhi ve sellem-'in risaletinin ulaştığı Allah dostlarından olduğunu, Allah'a giden yolda Muhammed -sallallahu aleyhi ve sellem-'e ihtiyaç olmadığını iddia ederse kâfir mülhiddir. Kendisinin Muhammed -sallallahu aleyhi ve sellem-'e batinî ilimde değilde, zahiri ilimde veya hakikat ilmi olmaksızın şeriat ilmine muhtaç olduğunu söylerse, Muhammed -sallallahu aleyhi ve sellem- ehli Kitaba değil de ümmîlere gönderilmiş bir peygamberdir, diyen Yahudi ve Hıristiyanlardan daha şerlidirler. Bunlar, bazısına inanıp, bazısını inkâr ettiler. Bunun için

---

[1] Bakara Sûresi: 253

onlar kâfir oldular. Yine, Muhammed -sallallahu aleyhi ve sellem-, bâtınî ilmi olmaksızın zâhirî ilimle gönderilmiştir, diyen, getirdiklerinin bazısına inanıp, bazısını inkâr edende kâfirdir. O, bunlardan daha inkârcıdır. Çünkü, kalplerin imanının, ilimlerinin ve ehvalinin ilmi olan batınî ilmi, batınî îmanın hakikatinin ilmidir. Bu ise, mücerred zahiri İslam amellerinin ilminden daha şereflidir.

Birisi, Muhammed -sallallahu aleyhi ve sellem-'in, imanın hakikati olmaksızın ancak bu zahiri ilimleri bildiğini, bu hakikatlerin Kitab ve Sünnetten alınmayacağını iddia eder ve Rasûlün getirdiklerinin bir kısmını bırakıp, diğer kısmına îman ederse, bu; bazısına inanır, bazısını inkâr ederim, diyen birinden daha şerlidir. İman ettiği bu bazısının, iki kısımdan daha aşağı olduğunu ise iddia etmez.

Bu mülhidler (inkârcılar),velayetin (dostluğun), nübüwetten daha üstün olduğunu iddia ederler. İnsanları aldatarak, Muhammed -sallallahu aleyhi ve sellem-'in velayeti (dostluğu), nübüwetinden daha üstündür derler ve:

"Berzahtaki nübüwetin makamı

Velinin altında, Rasûlün üstündedir"

şiirini söylerler.

"O'nun risaletinden daha üstün olan velayetinde bizler ortaklık ettik", derler. Bu ise, onların en büyük sapıklıklarıdır. Bu mülhidlerin (inkârcılar) O'na benzemesini bir tarafa bırakın hatta Muhammed -sallallahu aleyhi ve sellem-'in velayeti, ne İbrahim, ne de Mûsâ -aleyhisselam-'a benzer.

Her Resul nebi, her nebi de velidir. Rasûl ise nebi ve velidir.Onun risaleti nübüwetini ve nübüweti de velayeti (dostluğu) içerir. Acaba O'nun velayeti nasıl olur? Allah'a dostluğu olmaksızın, Allah'ın sadece O'na haber vermesini uygun görmeleri, ettikleri bu takdir imkansızdır. Allah'ın O'na haber verme hali, sadece Allah dostu için olması da imkansızdır. Nübüwet, sadece velayetten olamaz. Şayet sadece bu şekilde takdir edilse, hiçbir kimse Allah'ın dostluğunda Rasûl -sallallahu aleyhi ve sellem-'e benzemez.

Bunlar, "el-Fusûs" kitabının sahibi İbn-i Arabi'nin dediği gibi, şöyle derler: Onlar, Rasûl -sallallahu aleyhi ve sellem-'e vahiy getiren meleğin aldığı madenden alırlar. Böylelikle onlar filozof inkârcı akidesine itikat ettiler. Sonra mükâşefe (gizli şeyleri ortaya çıkarma) kalıbından onu dışarı çıkardılar. Yıldızlar eski ve ezelidir, onun ona benzeyen illetleri vardır. Aristo ve ona tâbi olanların dedikleri gibi: Onun evveli zatında zorunludur. Tıpkı İbn-i Sîna ve benzerleri olan sonrakilerin dedikleri gibi. Onlar, onun gökyüzünü ve yeri ve ikisi arasındakini altı günde yaratan Rabbin olduğunu söylemezler. Mevcut olan her şeyi kudretiyle ve dilemesiyle yaratmadığını ve detayları bilmediğini söylerler. Aksine Aristo'nun dediği gibi ya O'nun ilmini mutlak olarak inkâr ederler veya da ancak bütünüyle değişken işleri bilmektedir, derler. Aynen İbn-i Sîna'nın dediği gibi. Bu sözün hakikati ise,

Allah'ın onunla alakalı ilmini inkârdır. Dışarıda olan her varlık eflakın belirli bir cüzüdür. Eflak ise hepsinden belirli bir cüzdür. Yine, nefislerin hepsi, onun sıfatı ve fiilleri de böyledir. Bütününden başka bir şey bilmeyen, mevcudattan bir şey bilemez. Bütün, nefislerde değil, zihinlerde var olan bütündür.

Bunlar hakkında "Akıl ve Nakil Tezatlığına Reddiye" adlı kitabımızda ve başkasında geniş olarak ele aldık. Bunların küfürleri Yahudi ve Hıristiyanların, bilakis, Arap müşriklerin küfründen bile daha üstündür. Bunların hepsi; Allah, gökleri ve yeri yarattı ve kudreti ve dilemesiyle bütün mahlukları yaratandır, derler.

Yunan filozoflarından olan Aristo ve benzerleri, melekler ve nebileri tanıdıkları halde, yıldız ve putlara tapıyorlardı. Aristo'nun kitaplarında bundan hiç bahsedilmemiştir. O topluluğun ilimlerinin çoğunluğu, doğa ilimleriydi.

İlâhi işlerde ise, onun hakkındaki sözleri, oldukça az ve hatalarla doludur. Yahudi ve Hıristiyanlar, bozma ve değiştirmelerinden sonra ilâhi işleri onlardan çok daha iyi bilirler. Fakat İbn-i Sina ve başkaları gibi sonradan gelenler, Rasûlün getirdikleri ile bunların sözleri arasını birleştirmek istediler. Bu şeyleri de mu'tezile ve cehmiyyenin usûlünden aldılar. Ehlül-Milel filozofların dayandıkları, onların ve bunların sözlerini mezheb olarak takip ettiler. Başka yerlerde bazısına dikkat çektiğimiz gibi onda fesat ve zıtlık vardır.

Bunlar Mûsâ, Îsâ ve Muhammed (Allah'ın salat ve selamı hepsinin üzerine olsun) gibi, Rasûlün emrini gördüklerinde, âlemlere ışık saçmış, Muhammed -sallallahu aleyhi ve sellem-'e gönderilen Nâmus'un (Cibril), âlemin içine aldığı en üstün Namus olduğunu itiraf etmişlerdir. Melekler ve cinleri zikreden peygamberler bulmuşlar, onlarla Allah'ı, meleklerini, kitaplarını, resullerini ve Âhiret gününün marifetinden en uzak selefleri olan yunanlıların sözlerini birleştirmeyi istemişlerdir. Bunlar "Ukûlu Aşara" yı ispata çalışmışlar ve onu da "mucerredat"[1] ve "muferakat" diye isimlendirmişlerdir.

Bunun aslı ise, nefsin beden ayrılmasından alınmıştır. Onu da, onun maddeden ayrılmasından dolayı muferakat, ondan kendini soyutlamasından dolayı da mucerredat diye isimlendirdiler. Ve bunu da eflak için ve her felek'in nefsi olduğunu ispat etmeye çalıştılar. Onların çoğu bunu aslı olmayan olarak, bazıları da onun aksine âit olduğunu ifade ettiler.

İspat ettikleri bu mucerredat, tam olarak nefislerdeki değil, zihinlerdeki mevcut olan işlerde döner.

Tıpkı Fîsağurs ve ashabının soyutlanmış adetleri ispatlamaya çalıştıkları gibi. Yine Eflatun ashabının mücerred Eflatun örneğini ispat ettikleri gibi. Onların anlayışlıları bunun nefislerde değilde ancak zihinlerde gerçekleştiğini itiraf etmiştir.

---

[1] Mucerredat: Algılama olmaksızın zihinle idrak edilen, demektir. (Mütercim)

Bunlar, onlardan olan İbn-i Sina gibi sonradan gelenler fasit olan usulleri üzere nübüvvet emrini ispat etmek istediler.

Nübüvvetin üç özelliği olduğunu, kim bununla vasıflanırsa nebi olduğunu iddia ettiler:

1- İlmî kuvveti olması. Onu da "Kudsî Kuvvet" olarak isimlendirdiler. Onunla ilmi öğrenmeksizin ulaşırlar.

2- Hayal gücünün kuvvetli olması. Nefsinde idrak ettiğini tahayyül eder. Örneğin; tıpkı uyuyanın duyması ve görmesi gibi kendisi resimler görür ve sesler işitir. Onun için dışarıdan bir varlık olmaz. Bu resimlerin de Allah'ın melekleri, o seslerin de Allah Teâlâ'nın kelâmı olduğunu iddia ettiler.

3- Faal kuvveti olması. Onunla âlemin her maddesine tesir ederler. Peygamberlerin mucizeleri, evliyanın kerametleri ve olağanüstü sihirleri nefislerin kuvvetindendir. Kendi usullerine uyanları kabul ederler. Âsâ'nın yılana dönüşmesi, ayın ikiye yarılması ve benzeri olayları ise, bunların varlığını inkâr ederler.

Bunlarla alakalı kelamı bir çok yerde geniş olarak ele almış ve kelamlarının, kelamların en bozuğu olduğunu beyan ettik. Nebinin özelliklerinden kıldıkları bunlar ele geçmiştir. Peygamberlere uymanın en azı ve genelin herhangi biri ondan ne kadar da üstündür.

Muhakkak ki peygamberlerin haber verdikleri melekler diridirler, konuşurlar, Allah'ın yarattıklarının en üstünleridir ve sayıları da pek çoktur. Allah Teâlâ'nın buyurduğu gibi:

$$(وَمَا يَعْلَمُ جُنُودَ رَبِّكَ إِلَّا هُوَ)$$

« Rabbinin askerlerini O'ndan başka kimse bilemez. »[1]

Sayıları da onla sınırlı olmadığı gibi az da değildir. Özellikle de bunlar, birinci çıkanın akıl olduğunu ve ondan başka her şeyin ondan kaynaklandığını iddia ederler. O, onların katında Allah dışında her şeyin Rabbidir. Yine her akılda ondan başkasının Rabbidir. Akıl onuncu faaldir. Ay yıldızın altında hepsinin Rabbidir.

Bu ise Rasûl'ün dininden, zorunluluk hali ile onun fesadı bilinmektedir. Allah'tan başka, meleklerden hiç biri yaratıcı değildir. Ve bunlar birinci aklın, hadise zikredilen akıl olduğunu iddia edeler. Rivayette: Allah'ın ilk yarattığı akıldır. Ona şöyle dedi: Kabul et, o da kabul etti. Ona şöyle dedi: Sırtını dön, o da sırtını döndü. Bunun üzerine Allah şöyle buyurdu: "İzzetime andolsun ki, ben, bana senden daha değerli bir mahluk yaratmadım. Seninle alacağım ve seninle vereceğim. Sevap senin içindir ve ceza da sanadır." Başka bir

---

[1] Muddessir Sûresi: 31

rivayette kalemi şu şekilde isimlendirirler: "Allah'ın ilk yarattığı kalemdir." [Hadisi Tirmizi rivayet etmiştir.][1]

Akıl hakkında zikredilen hadisler, Ebu Hatim el-Bustî, Ebu Hasen ed-Dârakutnî, İbn-il-Cevzî ve başka hadis âlimleri katında yalan ve uydurmadır. O ise, üzerine itimat edilen hadisin toplanılmasından bir şey değildir. Bununla birlikte, şayet hadisin lafzı: "Allah Teâlâ'nın ilk yarattığı akıldır. Ona şöyle dedi" şeklinde sabit olsaydı, onların lehine hüccet olurdu. Fakat hadis, "Allah aklı yarattığında ona şöyle dedi..." şeklinde rivayet olunmuştur. Allah Teâlâ ona, yarattığının ilk vakitlerinde hitab etmiş, onun manası ise yarattıklarının ilkidir, değildir. Hadisin tamamı ise; "Bana senden daha değerli bir varlık yaratmadım" şeklindedir. Bu ise, Allah Teâlâ'nın ondan önce, ondan başkasını yarattığını gerektirir. Sonra şöyle buyurur: "Seninle alır ve seninle veririm. Sevap senin içindir ve ceza da sanadır." Bundan sonra, özelliklerden dört çeşit zikretmiştir. Ve onların katında, yukarı ve alt âlemin temelinin hepsi akıldan sâdır olmuştur. Bu ise, bunun neresindedir?!

Onların hatalarının sebebi ise; Müslümanların lügatlerindeki akıl lafzı, bu yunanlıların lügatindeki akıl lafzı değildir. Müslümanların lügatindeki aklın masdarı ise "akıl etmek" manasına gelen "akale -ye'kılu - aklen" fiilidir.

Kur'an'da geldiği gibi:

$$\text{(وَقَالُوا لَوْ كُنَّا نَسْمَعُ أَوْ نَعْقِلُ مَا كُنَّا فِي أَصْحَابِ السَّعِيرِ)}$$

« Ve yine derler ki: "Eğer dinleseydik, yahut akıl etseydik, cehennem ehlinden olmazdık. »[2]

$$\text{(إِنَّ فِي ذَلِكَ لَآيَاتٍ لِّقَوْمٍ يَعْقِلُونَ)}$$

« İşte bunlarda da aklını kullanan kimseler için deliller vardır. »[3]

$$\text{(أَفَلَمْ يَسِيرُوا فِي الْأَرْضِ فَتَكُونَ لَهُمْ قُلُوبٌ يَعْقِلُونَ بِهَا أَوْ آذَانٌ يَسْمَعُونَ بِهَا)}$$

« Yeryüzünde hiç dolaşmıyorlar mı ki, orada onların akıl edecekleri kalpleri, işitecek kulakları olsun. »[4]

Akıldan istenilen ise, Allah Teâlâ'nın insanda kıldığı ve onunla aklettiği iç güdüdür.

Bunlara gelince ise, onların katında akıl, tıpkı akleden gibi ken-di nefsinde kâim olan bir cevherdir. Bu ise Rasûlün lügatine mutabık değildir. Ebu Hasen el-Gazali'nin zikrettiği gibi onların katında yaratılmış âlem, cisimler âlemidir. Akıllar ve nefisler ise, onu "âlemul-emr" diye isimlendirirler. Aklı "âlemul-ceberût", nefisleri "âlemul-melekût", cisimleri "âlemul-

---

[1] Ebu Davud: 4700, Tirmizi: 2156, Sahih bir hadistir. El-Elbani: "El-Ehadisus-Sahiha": 133.
[2] Mülk Sûresi: 10
[3] Ra'd Sûresi: 4
[4] Hac Sûresi: 46

mulk", diye isimlendirdiler. Rasûlün lügatini ve Kitab ve Sünnetin manasını bilmeyenler, zikredilen mülk, malakût ve ceberûtun Kur'an ve Sünnete muvafık olduğunu zannederler. Durum ise hiç de öyle değildir.

Bunlar, onların katında eski olmalarına rağmen, felekin sonradan yaratıldığı genelleştirmesi gibi, Müslümanları büyük bir aldatmayla aldattılar. Sonradan olan ise, ancak kendisini geçen bir yokluk olur. Ne arabın lügatinde ne de bir başkasının lügatinde ezeli kadim "muhdes" (sonradan olan) diye isimlendirilmemiştir. Allah Teâlâ her şeyi kendisinin yarattığını haber vermiştir. Her mahluk, muhdestir (sonradan yaratılmıştır), her muhdeste olmadan sonra varolmuştur. Fakat mu'tezile ve cehmiyyeden olan kelam ehlinin bakışları, Rasûlün haber verdiklerini onunla bilemedikleri gibi ne de akıllarındaki sorunlarını onunla kuvvetlendiler. Yine onlar ne İslam'a yardım ettiler ne de İslam düşmanlarını yok ettiler. Bunlar, onların bozuk sorunlarında onlarla ortaklık ettiler. Ve onlarla, bazı akla uygun doğru meselelerde onlarla çekiştiler. Tıpkı başka bir yerde ele alındığı gibi, bunların aklî ve vahye dayanan ilimlerdeki yetersizlikleri, onların sapıklıklarını kuvvetlendirici sebeplerdendir.

Bu filozoflar, Cibril Aleyhisselam'ı Nebi -sallallahu aleyhi ve sellem-'in kendi nefsinde şekillendirdiği bir hayalci yapmışlardır. Hayal ise akla tâbîdir. Onlarla aynı görüşü savunan bazı inkârcılar gelmiş ve bu filozof inançsızlarının Allah'ın dostu (velisi) olduklarını, velinin Nebi'den daha üstün olduğunu ve onların Allah'tan vasıtasız aldıklarını iddia etmişlerdir. "Futuhat" ve "Fusus" kitaplarının sahibi İbn-i Arabi gibi. O şöyle demiştir: "Veli, Rasûle vahiy getiren meleğin aldığı madenden alır. Maden ise, onun katında, akıldır. Melek ise bir hayaldir. [Hayal ise akla tâbidir. Onun iddiasına göre, o, (yani peygamber) aslı hayal olandan almaktadır.] Rasûl, hayalden almaktadır. Bunun içindir ki, o, kendi nefsinde nebinin üstünde olmuştur. Velev ki onu zikrettikleri nebinin özeli olsa bile. Onun üstünde olmasını bir tarafa bırakın hatta onun cinsinden (sınıfından) bile olamaz. Ve nasıl olur da onların onu zikrettiklerini, mü'minlerin birisi için vuku bulur? Nübüvvet ise, bundan öte bir emirdir. İbn-i Arabi ve benzerleri, filozof inkârcı sofilerden olmalarına rağmen, kendilerinin sofilerden olduklarını iddia ettiler.

Fudayl b. İyâd, İbrahim b. Ethem, Ebu Sülayman ed-Dârânî (Kerhi olarak bilinir), el-Cüneyd b. Muhammed, Sehl b. Abdullah et-Testeri ve benzerleri gibi (Allah onların hepsinden razı olsun) Ehli Kitap ve Sünnet şeyhlerinden olmalarını bir tarafa bırakın, hatta Ehli İslam sofilerinden bile değillerdir. Allah Subhânehû ve Teâlâ, melekleri, bunların sözlerinden farklı olarak vasfetmiştir. Allah Teâlâ'nın buyurduğu gibi:

(وَقَالُوا اتَّخَذَ الرَّحْمَنُ وَلَداً سُبْحَانَهُ بَلْ عِبَادٌ مُكْرَمُونَ ﴿٢٦﴾ لَا يَسْبِقُونَهُ بِالْقَوْلِ وَهُم بِأَمْرِهِ يَعْمَلُونَ ﴿٢٧﴾ يَعْلَمُ مَا بَيْنَ أَيْدِيهِمْ وَمَا خَلْفَهُمْ وَلَا يَشْفَعُونَ إِلَّا لِمَنِ

ارْتَضَى وَهُم مِّنْ خَشْيَتِهِ مُشْفِقُونَ {٢٨} وَمَن يَقُلْ مِنْهُمْ إِنِّي إِلَهٌ مِّن دُونِهِ فَذَلِكَ نَجْزِيهِ جَهَنَّمَ كَذَلِكَ نَجْزِي الظَّالِمِينَ)

«Müşrikler:"Rahman bir çocuk edindi" dediler.Hâşâ.Onlar (melekler),kıymetli kullardır. Sözleriyle O'nun önüne geçmezler ve yalnız O'nun emriyle amel ederler. Allah, onların önlerindekini de bilir, arkalarındakini de. Rıza gösterdiği kimselerden başkasına şefaat edemezler; O'nun korkusundan titrerler.

Onlardan herhangi biri Allah'ı bırakıp da "ben ilâhım" derse, bu yüzden onu cehennemle cezalandırırız. İşte biz zâlimleri böyle cezalandırırız.»[1]

(وَكَم مِّن مَّلَكٍ فِي السَّمَاوَاتِ لَا تُغْنِي شَفَاعَتُهُمْ شَيْئًا إِلَّا مِن بَعْدِ أَن يَأْذَنَ اللَّهُ لِمَن يَشَاءُ وَيَرْضَى)

«Nitekim göklerde nice melekler vardır ki, ancak Allah'ın dilediği ve hoşnut olduğu kimse için izin vermesinden sonra şefâatleri bir işe yarar. »[2]

(قُلِ ادْعُوا الَّذِينَ زَعَمْتُم مِّن دُونِ اللَّهِ لَا يَمْلِكُونَ مِثْقَالَ ذَرَّةٍ فِي السَّمَاوَاتِ وَلَا فِي الْأَرْضِ وَمَا لَهُمْ فِيهِمَا مِن شِرْكٍ وَمَا لَهُ مِنْهُم مِّن ظَهِيرٍ {٢٢} وَلَا تَنفَعُ الشَّفَاعَةُ عِندَهُ إِلَّا لِمَنْ أَذِنَ لَهُ حَتَّى إِذَا فُزِّعَ عَن قُلُوبِهِمْ قَالُوا مَاذَا قَالَ رَبُّكُمْ قَالُوا الْحَقَّ وَهُوَ الْعَلِيُّ الْكَبِيرُ)

« (Ey Muhammed!) De ki: "Allah'ı bırakıp da, ne göklerde ve ne de yerde zerre kadar bir şeye sâhip olmadıkları, bunlardan hiçbir ortaklıkları bulunmadığı ve onlardan hiçbiri Allah'ın yardımcısı olmadığı halde, ilâh diye ileri sürdüklerinizi haydi çağırın." Allah katında, şefâat etmesine izin verdiği kimseden başkasının şefâati fayda vermez. »[3]

(وَلَهُ مَن فِي السَّمَاوَاتِ وَالْأَرْضِ وَمَنْ عِندَهُ لَا يَسْتَكْبِرُونَ عَنْ عِبَادَتِهِ وَلَا يَسْتَحْسِرُونَ {١٩} يُسَبِّحُونَ اللَّيْلَ وَالنَّهَارَ لَا يَفْتُرُونَ)

« Göklerde ve yerde kim varsa Allah'ındır. O'nun katındakiler O'na ibadet etmekten büyüklenmezler ve yorulmazlar. Gece ve gündüz usanmadan (O'nu) tesbih ederler. »[4]

Allah Teâlâ, meleklerin İbrahim Aleyhisselam'a bir insan sûretinde geldiğini, Meryem Aleyhisselam'a gelen meleğin insan şeklinde olduğunu, Cibril Aleyhisselam'ın Nebi -

---

[1] Enbiya Sûresi: 26-29
[2] Necm Sûresi: 26
[3] Sebe Sûresi: 22-23
[4] Enbiyâ Sûresi: 19-20

sallallahu aleyhi ve sellem-'e (sahabeden) Dıhyetul-Kelbî kılığında ve Arabi sûretinde geldiğini ve insanlarında onu gördüklerini haber vermiştir.

Allah Teâlâ Cibril Aleyhisselam'ı, âyetinde buyurduğu gibi şu şekilde vasıflamıştır:

$$\text{(ذِي قُوَّةٍ عِندَ ذِي الْعَرْشِ مَكِينٍ ﴿٢٠﴾ مُطَاعٍ ثَمَّ أَمِينٍ)}$$

« Arş'ın sâhibi katında çok itibarlı, güçlü ve güvenilir. »[1]

$$\text{(وَلَقَدْ رَآهُ بِالْأُفُقِ الْمُبِينِ)}$$

« O (Muhammed), Cebrâil'i apaçık ufukta görmüştür. »[2]

Yine O'nu şu vasıflarla vasıflamıştır:

$$\text{(عَلَّمَهُ شَدِيدُ الْقُوَى ﴿٥﴾ ذُو مِرَّةٍ فَاسْتَوَى ﴿٦﴾ وَهُوَ بِالْأُفُقِ الْأَعْلَى ﴿٧﴾ ثُمَّ دَنَا فَتَدَلَّى ﴿٨﴾ فَكَانَ قَابَ قَوْسَيْنِ أَوْ أَدْنَى ﴿٩﴾ فَأَوْحَى إِلَى عَبْدِهِ مَا أَوْحَى ﴿١٠﴾ مَا كَذَبَ الْفُؤَادُ مَا رَأَى ﴿١١﴾ أَفَتُمَارُونَهُ عَلَى مَا يَرَى ﴿١٢﴾ وَلَقَدْ رَآهُ نَزْلَةً أُخْرَى ﴿١٣﴾ عِندَ سِدْرَةِ الْمُنْتَهَى ﴿١٤﴾ عِندَهَا جَنَّةُ الْمَأْوَى ﴿١٥﴾ إِذْ يَغْشَى السِّدْرَةَ مَا يَغْشَى)}$$

« Çetin kuvvetleri olan üstün akıl sâhibi. En yüksek ufukta iken doğrulmuş, sonra da yaklaşıp inmiştir.

İşte o zaman araları, iki yay arası kadar, belki daha da yakın olmuş, o sırada da Allah, kuluna vahyedeceğini etmiştir. Muhammed'in kalbi, gözünün gördüğünü asla yalanlamamıştır.

Ey kâfirler! Şimdi siz, onun gördüğü şey hakkında onunla mücadele mi ediyordunuz?

Muhammed, Cebrâil'i, başka bir inişinde Sidre-i Müntehâ da yine görmüştü.

Sidre'nin yanında da varılacak cennet vardı. Sidre'yi ise, kaplayan şey kaplamıştı.

Muhammed'in gözü, görülecek şeyden ne sapmış, ne de onu aşmıştır; fakat Rabbinin varlığının en büyük delilini görmüştür. »[3]

Buhârî ve Müslim'de, Âişe'den -Allah ondan râzı olsun- gelen rivayette, Nebi -sallallahu aleyhi ve sellem-'in Cibril -aleyhisselam-'ı Allah'ın yarattığı sûrete iki defadan başka görmediği bildirilmiştir. Yani, birinci sefer "el-Ufukul-A'la" da (en yüksek ufukta), ikinci inişte ise "Sidretul-Munteha" yanında. Başka bir yerde Cibril Aleyhisselam'ı "Rûhul-

---

[1] Tekvir Sûresi: 20-21
[2] Tekvir Sûresi: 23
[3] Necm Sûresi: 5-16

Emin" ve "Rûhul-Kuds" olarak vasfetmiştir. Ve bundan başka, Allah Teâlâ'nın yaratmış olduğu yaşayan ve akleden canlılardan, Cibril Aleyhisselam daha üstün sıfatlara sahiptir. O, kendi nefsinde kâim bir cevherdir. Bu inançsız filozofların iddia ettikleri gibi, Nebi -sallallahu aleyhi ve sellem-'in kendi nefsinde canlandırdığı bir hayal değildir. Ve yine, durum, Allah velileri, peygamberlerden daha üstündür, diye iddia edenlerin ki gibi de değildir.

Bunların hakikatte gayeleri, îman usulleri olan Allah'a, Meleklerine, Kitaplarına, Resullerine ve Âhiret Günü'ne îmanı inkârdır. İşlerin hakikati ise yaratanı inkârdır. Onlar, yaratanın mevcûdiyetini yaratılanın mevcûdiyeti yerine koyuyorlar ve mevcut olan, tekdir, diyorlar. Tek olanın kendisiyle, yine tek olanın çeşidini birbirinden ayırt etmiyorlar. Mevcûdât, vücut müsemmasında ortaktır. Tıpkı, insan müsemmasının "ünâs" (insanlar-Âdem oğulları) kelimesinde, hayvan müsemmasının da "hayavânât" (hayvanlar) kelimesinde ortak olması gibi. Fakat bu toplu ortaklık, ancak zihinlerde oluşan bir toplu ortaklıktan başka bir şey değildir. İnsan yapısı, bir atın yapısı gibi değildir. Göklerin vâr oluşu, insanın vâr oluşu gibi değildir. Yine Allah Celle Celâluhû'nun varlığı da yarattıklarının varlığı gibi değildir.

Onların sözlerinin hakikâti, yaratıcıyı hiçe sayan Firavun'un sözüdür. O, var olanı ve tanıklar önünde meydana geleni inkâr etmiyordu. Fakat o, bu vâr oluşun kendi nefsinde, kendiliğinden olduğunu ve bir yaratıcısının olmadığını iddia etmiştir. Bunlar, bu meselede ona muvafakat etmişlerdir. Fakat onun Allah olduğunu iddia etmişlerdir.

Firavun'un bu sözü, onların bozulmalarından daha açık olsa bile, bunlar, bununla ondan daha çok sapıktırlar. Bunun içindir ki, putlara tapanların Allah'tan başkasına tapmadığını söylemişlerdir. Ve şöyle dediler: "Firavun, hüküm ve güç sahibi olduğunda — velev ki kendi örflerinde müsamahakâr davransa da- onun içindir ki: Ben sizin en büyük Rabbinizim, demiştir. Yani, her şey bir Rabbe nispet edilse de, zahirde size verdiğim ve size hükmetmem bakımından ben sizden daha üstünüm, demiştir.

Yine onlar şöyle dediler: Sihirbazlar, Firavun'un dediklerinin doğruluğunu öğrendiklerinde, onu ikrar ettiler ve ona şöyle dediler: « Ne hüküm verirsen ver; ancak bu dünya hayatında hüküm verebilirsin. »[1] Firavun'un « "Ben sizin en büyük Rabbinizim" demişti. »[2] sözü doğru çıkmıştır, demişlerdir.

Firavun, hakkın kaynağı olmuştur. Sonra âhiret gününün hakikatini (gerçeğini) inkâr ettiler. Cehennem ehlinin tıpkı cennet ehli gibi nimetlendirildiklerini söylemişlerdir. Kendilerinin, Allah dostları ehlinden, çok özel seçilmiş kişiler olduklarını, peygamberlerden

---

[1] Tâhâ Sûresi: 72
[2] Nâziât Sûresi: 24

daha üstün olduklarını ve peygamberlerin Allah'ı ancak onların kandillerinden bildiklerini iddia etmeleriyle beraber onlar, Allah'ı, Âhiret Günü'nü, Meleklerini, Kitaplarını ve Resullerini inkâr ettiler.

Burası, bunların inançsızlıklarını izah etme yeridir. Fakat, söz, Allah dostları ve Rahman'ın dostları ile şeytanın dostları arasındaki fark olduğu için bunları anlattık.

Onlar, insanların çoğunluğu içerisinde, şeytanın dostları oldukları halde, bunlar, Allah dostluğunu-veliliğini iddia eden kimselerdir. [Buna dikkatleri çekmiştir] Bunun içindir ki, onların sözlerinin geneli, ancak şeytânî hayallerden ibarettir. "el-Futuhât" kitabının sahibinin dediği gibi onlar, hakiki (gerçek) yeryüzüne, hayal yeryüzü (hayal dünyası) diyorlar.

Kendilerinin, hakkında konuştukları hakikatin hayal olduğu itiraf edilmiştir. Hayal ise, şeytanın tasarrufunun merkezidir. Şeytan, insana gerçekleri onun zıttına göstermektedir.

Allah Teâlâ şöyle buyuruyor:

(وَمَن يَعْشُ عَن ذِكْرِ الرَّحْمَنِ نُقَيِّضْ لَهُ شَيْطَاناً فَهُوَ لَهُ قَرِينٌ {٣٦} وَإِنَّهُمْ لَيَصُدُّونَهُمْ عَنِ السَّبِيلِ وَيَحْسَبُونَ أَنَّهُم مُّهْتَدُونَ {٣٧} حَتَّى إِذَا جَاءنَا قَالَ يَا لَيْتَ بَيْنِي وَبَيْنَكَ بُعْدَ الْمَشْرِقَيْنِ فَبِئْسَ الْقَرِينُ {٣٨} وَلَن يَنفَعَكُمُ الْيَوْمَ إِذ ظَّلَمْتُمْ أَنَّكُمْ فِي الْعَذَابِ مُشْتَرِكُونَ)

« Allah'ın zikrini kim umursamazsa, ona bir şeytan musallat ederiz de, artık o, ondan hiç ayrılmayan bir arkadaş olur. O şeytanlar, onları doğru yoldan ayırırlar da onlar kendilerinin doğru yolda olduklarını zannederler.

Nihayet bize geldiği zaman, arkadaşı şeytana der ki: "Keşke benimle senin aranda doğu ile batı uzaklığı (kadar bir uzaklık) olsaydı. Ne kötü bir arkadaş!...

Fakat bu pişmanlığınız, bugün size asla fayda sağlamayacaktır; çünkü zulmettiniz. Artık azâbta şeytan kardeşinizle müştereksiniz. »[1]

(إِنَّ اللّهَ لاَ يَغْفِرُ أَن يُشْرَكَ بِهِ وَيَغْفِرُ مَا دُونَ ذَلِكَ لِمَن يَشَاء وَمَن يُشْرِكْ بِاللّهِ فَقَدْ ضَلَّ ضَلاَلاً بَعِيداً {١١٦} إِن يَدْعُونَ مِن دُونِهِ إِلاَّ إِنَاثاً وَإِن يَدْعُونَ إِلاَّ شَيْطَاناً مَّرِيداً {١١٧} لَّعَنَهُ اللّهُ وَقَالَ لَأَتَّخِذَنَّ مِنْ عِبَادِكَ نَصِيباً مَّفْرُوضاً {١١٨} وَلأُضِلَّنَّهُمْ وَلأُمَنِّيَنَّهُمْ وَلآمُرَنَّهُمْ فَلَيُبَتِّكُنَّ آذَانَ الأَنْعَامِ وَلآمُرَنَّهُمْ فَلَيُغَيِّرُنَّ خَلْقَ اللّهِ وَمَن يَتَّخِذِ

الشَّيْطَانَ وَلِيّاً مِّن دُونِ اللّهِ فَقَدْ خَسِرَ خُسْرَاناً مُّبِيناً {١١٩} يَعِدُهُمْ وَيُمَنِّيهِمْ وَمَا يَعِدُهُمُ الشَّيْطَانُ إِلاَّ غُرُوراً)

« Allah, kendisine şirk koşulmasını asla affetmez. Bunun dışındaki (günâh) leri ise, dilediği kimse için affeder. Her kim Allah'a şirk koşarsa, son derece büyük bir dalâlete düşmüş olur.

(Müşrikler) Allah'tan başka, yalnız dişi(lerin isimlerini verdikleri put) lere duâ edip yalvarırlar. İnatçı şeytandan başkasına da duâ etmezler.

Nitekim Allah, o şeytanı lânetlemiş, şeytan ise şöyle demişti: "Senin kullarından, mutlaka belirli bir nasîb edineceğim.

Ve onları, mutlaka (doğru yoldan) saptıracağım ve boş umutlarla oyalayacağım. Onlara emredeceğim ki: (Putlar için) hayvanların kulaklarını yarsınlar; ve yine emredeceğim ki, Allah'ın yarattığını değiştirip bozsunlar." İşte kim, Allah'ı bırakıp da (bu inatçı) şeytanı dost edinirse, apaçık bir hüsrana uğramış olur.

« Şeytan onlara va'deder ve onlar boş umutlarla oyalar. Oysa şeytan, aldatmacadan başka bir şey va'detmez. »[1]

(وَقَالَ الشَّيْطَانُ لَمَّا قُضِيَ الأَمْرُ إِنَّ اللّهَ وَعَدَكُمْ وَعْدَ الْحَقِّ وَوَعَدتُّكُمْ فَأَخْلَفْتُكُمْ وَمَا كَانَ لِيَ عَلَيْكُم مِّن سُلْطَانٍ إِلاَّ أَن دَعَوْتُكُمْ فَاسْتَجَبْتُمْ لِي فَلاَ تَلُومُونِي وَلُومُواْ أَنفُسَكُم مَّا أَنَاْ بِمُصْرِخِكُمْ وَمَا أَنتُمْ بِمُصْرِخِيَّ إِنِّي كَفَرْتُ بِمَا أَشْرَكْتُمُونِ مِن قَبْلُ إِنَّ الظَّالِمِينَ لَهُمْ عَذَابٌ أَلِيمٌ)

« İş bitirilince, şeytan da der ki: "Allah size hak olan bir va'dde bulunmuştu. Ben de size va'detmiştim, fakat sonra sözümden döndüm. Benim, sizin üzerinizde herhangi bir kuvvetim yoktu; ancak ben sizi davet ettim; siz de bana icabet ettiniz. Bu itibarla beni değil kendinizi kötüleyin. Ben sizi kurtaramam; siz de beni kurtaramazsınız. Daha önce (**dünyada iken**) sizin beni şirk koşmanızı bugün inkâr etmiş bulunuyorum. Muhakkak ki zâlimler için çok acı bir azâb vardır. »[2]

(وَإِذْ زَيَّنَ لَهُمُ الشَّيْطَانُ أَعْمَالَهُمْ وَقَالَ لاَ غَالِبَ لَكُمُ الْيَوْمَ مِنَ النَّاسِ وَإِنِّي جَارٌ لَّكُمْ فَلَمَّا تَرَاءتِ الْفِئَتَانِ نَكَصَ عَلَى عَقِبَيْهِ وَقَالَ إِنِّي بَرِيءٌ مِّنكُمْ إِنِّي أَرَى مَا لاَ تَرَوْنَ إِنِّيَ أَخَافُ اللّهَ وَاللّهُ شَدِيدُ الْعِقَابِ)

---

[1] Nisa Sûresi: 116-120
[2] İbrahim Sûresi: 22

« Şeytan, onlara amellerini süslemiş ve "bugün, insanlardan size gâlip gelecek yok! Ben sizinle beraberim" demişti. Fakat iki topluluk birbirini görünce de, topukları üzerinde dönmüş ve "ben sizden uzağım. Ben sizin görmediklerinizi görüyorum. Ben Allah'tan korkarım. Allah'ın azâbı çok şiddetlidir" demişti. »[1]

Nebi -sallallahu aleyhi ve sellem-'den, Cibril Aleyhisselam'ın melekleri tuttuğu, şeytanların ise, kullarını onunla güçlendirdiği Allah'ın meleklerini gördüklerinde, onlardan kaçtıkları, Allah'ın da mü'min kullarını melekleriyle güçlendirdiği (sahih bir hadiste) rivayet edilmiştir. [2]

Allah Teâlâ şöyle buyuruyor:

(إِذْ يُوحِي رَبُّكَ إِلَى الْمَلَائِكَةِ أَنِّي مَعَكُمْ فَثَبِّتُوا الَّذِينَ آمَنُوا)

« Rabbin meleklere şöyle vahyetmişti: "Şüphesiz ben sizinle beraberim; mü'minlerin kalplerini pekiştiririm. »[3]

(يَا أَيُّهَا الَّذِينَ آمَنُوا اذْكُرُوا نِعْمَةَ اللَّهِ عَلَيْكُمْ إِذْ جَاءتْكُمْ جُنُودٌ فَأَرْسَلْنَا عَلَيْهِمْ رِيحاً وَجُنُوداً لَّمْ تَرَوْهَا وَكَانَ اللَّهُ بِمَا تَعْمَلُونَ بَصِيراً)

« Ey îman edenler! Allah'ın üzerinizdeki nimetini hatırlayın. Hani üstünüze (müşrik kabilelerden müşekkil) ordular gelmişti de biz de onların üzerine bir rüzgâr ve sizin görmediğiniz ordular sevk etmiştik. »[4]

(ثُمَّ أَنزَلَ اللَّهُ سَكِينَتَهُ عَلَى رَسُولِهِ وَعَلَى الْمُؤْمِنِينَ وَأَنزَلَ جُنُوداً لَّمْ تَرَوْهَا)

« Sonra Allah, Rasûlüne ve mü'minlere sekîneti indirmiş, görmediğiniz askerler göndermiştir. »[5]

(إِلاَّ تَنصُرُوهُ فَقَدْ نَصَرَهُ اللَّهُ إِذْ أَخْرَجَهُ الَّذِينَ كَفَرُوا ثَانِيَ اثْنَيْنِ إِذْ هُمَا فِي الْغَارِ إِذْ يَقُولُ لِصَاحِبِهِ لاَ تَحْزَنْ إِنَّ اللَّهَ مَعَنَا فَأَنزَلَ اللَّهُ سَكِينَتَهُ عَلَيْهِ وَأَيَّدَهُ بِجُنُودٍ لَّمْ تَرَوْهَا وَجَعَلَ كَلِمَةَ الَّذِينَ كَفَرُوا السُّفْلَى وَكَلِمَةُ اللَّهِ هِيَ الْعُلْيَا وَاللَّهُ عَزِيزٌ حَكِيمٌ)

« Her ikisi de mağarada iken arkadaşına: "Üzülme, Allah bizimle beraberdir" demişti. İşte Allah o zaman, ona sekînetini indirmiş ve görmediğiniz askerlerle onu desteklemişti. »[6]

(إِذْ تَقُولُ لِلْمُؤْمِنِينَ أَلَن يَكْفِيَكُمْ أَن يُمِدَّكُمْ رَبُّكُم بِثَلَاثَةِ آلَافٍ مِّنَ الْمَلَائِكَةِ مُنزَلِينَ ﴿١٢٤﴾ بَلَى إِن تَصْبِرُواْ وَتَتَّقُواْ وَيَأْتُوكُم مِّن فَوْرِهِمْ هَذَا يُمْدِدْكُمْ رَبُّكُم بِخَمْسَةِ آلَافٍ مِّنَ الْمَلَائِكَةِ مُسَوِّمِينَ)

« Mü'minlere, "Rabbinizin, indirilen üç bin melekle size yadım elini uzatması, size kâfi gelmeyecek mi?" demiştin. Evet. Eğer sabreder ve sakınırsanız, bu (düşman) da size âniden gelirse, Rabbiniz yine, işaretlenmiş beş bin melekle yardım elini size uzatır. »[1]

Bunlara ise, insan kılığında ruhlar gelir ve onlarla konuşur. Bunlar ise, cin ve şeytanlardan başka bir şey değildir.Onlar ise bunları melekler zannederler. Tıpkı yıldızlara ve putlara gelen ruhlar gibi.

İslam'da bunlardan ilk ortaya çıkan ise, Muslim'in Sahihi'nde geçen bir hadiste Allah Rasûlü -sallallahu aleyhi ve sellem-'in haber verdiği Muhtar b. Ebi Ubeyd es-Sekafi'dir. Allah Rasûlü -sallallahu aleyhi ve sellem- şöyle buyuruyor:

« Sekif kabilesinden yalancı ve helâk edici biri olacak. »[2]

Yalancı, Muhtar b. Ebi Ubeyd, helâk edici ise, Haccac b. Yusuf'tur.

İbn-i Ömer ve İbn-i Abbas'a -Allah hepsinden razı olsun-:

"Muhtar kendisine vahyedildiğini iddia ediyor, dediler. O ikisi ise şöyle buyurdular: " Doğru söylemiş. Allah Teâlâ şöyle buyuruyor:

(هَلْ أُنَبِّئُكُمْ عَلَى مَن تَنَزَّلُ الشَّيَاطِينُ ﴿٢٢١﴾ تَنَزَّلُ عَلَى كُلِّ أَفَّاكٍ أَثِيمٍ)

« Size, şeytanların kimlere indiğini haber vereyim mi? Onlar, çok günâh işleyen yalancıya inerler. »[3]

Bir başkası ise şöyle dedi: Ona şöyle denildi: "Muhtar kendisine vahyedildiğini iddia ediyor." O da şöyle dedi: "Allah Teâlâ şöyle buyuruyor:

(أَوَ مَن كَانَ مَيْتاً فَأَحْيَيْنَاهُ وَجَعَلْنَا لَهُ نُوراً يَمْشِي بِهِ فِي النَّاسِ كَمَن مَّثَلُهُ فِي الظُّلُمَاتِ لَيْسَ بِخَارِجٍ مِّنْهَا كَذَلِكَ زُيِّنَ لِلْكَافِرِينَ مَا كَانُواْ يَعْمَلُونَ)

"Muhakkak ki şeytanlar, dostlarına sizinle mücadele etmelerini telkin edeceklerdir."[4]

Bu şeytânî ruhlardan bazıları da "Futuhat" kitabının sahibinin, kendisine bu kitabı yazdırdığını iddia ettiği ruhtur. Bunun içindir ki, halvetin çeşitlerinden, özel yemek ve özel

---

[1] Âl-i İmrân Sûresi: 124-125
[2] Muslim: 2545
[3] Şuarâ Sûresi: 221-222
[4] En'âm Sûresi: 121

hallerden bahseder. Bu ise, kendi ashabına cin ve şeytanlarla haberleşme yolunu açar. Ve bunu da evliyanın kerametlerinden zannederler. O ise, ancak şeytânî hallerden bir tanesidir. Ben, bunlardan bir çoklarını tanıyorum. Onlardan kimi, havada taşınarak uzak diyarlara gider ve geri dönerler. Onlardan kimi de, insanların çalınmış mallarının yerini gösterirler ve onların çalıntı mallarını geri iâde ederler. Ve buna benzer şeyler.

Bunların bu halleri, şeytânî olduğu için, Rasûl -sallallahu aleyhi ve sellem- ile zıtlık içerisindedirler.Tıpkı "el-Futuhâtul-Mekkiyye" ve "Fusus" kitaplarının sahibinin ve benzerlerinin kâfirleri övmesi-methetmesi, Nûh, Hûd, Firavun ve başkalarının misali gibi. [Nûh, İbrahim, Mûsâ ve Harun gibi peygamberler de ise eksiklik-kusur bulur.]

Cüneyd b. Muhammed, Sehl b. Abdullah ve benzerleri gibi Müslümanlar katındaki saygı değer hocaları kötüler ama Haccac ve benzeri gibi, Müslümanlar katında kötülenmiş olanları da över. Tıpkı onun şeytânî hayallerin tezahüründe zikrettiği gibi. Cüneyd (Allah onun ruhunu kutsasın) İslam'ın imamlarından birisidir. Kendisine tevhidden sorulduğunda: "Tevhid, önce gelenle sonra geleni ayırmaktır, demiştir. [Tevhidin, yeni ile eskinin ve yaratan ile yaratılanın arasını ayırt etmek olduğunu beyan etmiştir.]

"el-Fusus" kitabının sahibi bunu inkâr etmiş ve şeytânî ve hayâlî kitabında ona şöyle der: « Ey Cüneyd! Eski ile yeniyi o ikisinden başkası ayırt edebilir mi? O yüzden Cüneyd "eski olanla yeniyi ayırt etmektir" sözünde hata etmiştir. Çünkü onun sözü şudur: Sonradan olanın vâr oluşu, eskinin vâr oluşunun ta kendisidir. Tıpkı "fusus" kitabında dediği gibi: Allah'ın en güzel isimlerinden biri de "el-Aliy" (Yüce)'dir. Kime yüceliktir bu? Orada O'ndan başkası yoktur ki! Ve neden yüceliktir? Ondan başkası yoktur ki! O'nun yüceliği kendi nefsinedir ve O, mevcûdâtın ta kendisidir. Muhsedât (sonradan olan) diye isimlendirdiğimiz, kendi zâtı için yücedir. Bu âlemde olan her şey O'ndan başkası değildir...»

Sözlerine şöyle devam eder: « O, bâtın ve zâhir olanın ta kendisidir. Orada, O'nu gören, O'ndan başkası değildir. Ebu Said Harraz ve sonradan çıkan isimlerden isimlendirilen yine O'dur. »

Bu inançsız için şöyle denilir: Bu ikisinden başka, üçüncüsünün olması, ilim ve sözle iki şeyin arasını ayırt etmenin şartından değildir. İnsanlardan her biri, kendisiyle bir başkasının arasını ayırt edebilir. O, üçüncüsü değildir. Kul, kendisinin kul olduğunu bilir ve kendisiyle yaratıcısının arasını ayırt edebilir. Yaratan da Celle Celâluhû kendisiyle, yarattıklarının arasını ayırt eder ve kendisinin onların Rabbi, onların da O'nun kulları olduğunu bilir. Kur'an'ın bir çok yerinde bundan bahsedilmiştir. Mü'minlerin zâhiren ve bâtinen ikrarlarına Kur'an şâhitlik eder.

Bu mülhitler (inançsızlar) ise, onlardan biri olan Tilmîsânî'nin iddia ettiği gibi, iddiada bulunurlar. Bu adam ise, mülhitlerin en usta olanıdır. Ona "fusus" kitabı okunmuş ve:

"Kur'an, sizin bu sözlerinize muhalefet ediyor" denildiğinde, o: Kur'an'ın hepsi şirktir, tevhid ise ancak bizim sözlerimizdir, demiştir. Ona: "Madem ki varlık tektir, o halde neden insanın hanımı kendisine helal oluyor da kız kardeşi haram oluyor?" denildiğinde ise o şu cevabı verdi: bizim katımızda hepsi helaldir. Fakat, kalp gözleri kapalı olanlar "haramdır" derler. Biz ise "sizin üzerinize haramdır" dedik.

Bu büyük küfürleriyle beraber, sözlerinde zâhiren zıtlık vardır. Şayet vücut birse, perdelenen kim, perdeleyen kimdir? Bunun içindir ki, onların bazı şeyhleri müridine: Her kim sana kâinatta Allah'tan başka varlık vardır, derse muhakkak yalan söylemiştir, demiştir. Müridi ona şöyle der: Öyleyse yalan söyleyen kimdir? İr başkasına şöyle derler: Bunlar dış görünüştür. Onlara şöyle dedi: Görünmeyen bir dış görünüş, yoksa dış görünüş bir görünen midir? Şayet ondan başkası ise, nispet etmekle konuşmuş olursunuz, şayet kendisi ise, fark yoktur.

Biz, bunların gizli düşüncelerini ortaya çıkarıcı sözlerini başka bir yerde geniş olarak ele aldık. Ve onların sözlerinin hepsinin hakikatini-gerçeğini açıkladık. "Fusus" kitabının sahibi şöyle diyor: Vâr olmayan bir şeydir, hakkın varlığı ise onun üzerine boştur. Böylelikle o, var olanla sabit olanı birbirinden ayırır.

Vâr olmayan (ma'dûm) dışarıda sabit bir şeydir, diyen mutezilenin bu sapıklıklarına rağmen ondan (İbn-i Arabi) daha hayırlıdır. Bunlar şöyle derler: Rab, yokluktaki bu sabit şeyler için bir var oluş yarattı. O ise Rab için var oluştur. Bu ise, (İbn-i Arabi) Rabbin ver oluşunun ta kendisi onun üzerine boştur. Onun katında yaratılanın varlığı, yaratanın varlığı ile ayrı değildir. İbn-i Arabi'nin arkadaşı es-Sadrul-Kûnûvî ise mutlakla muayyenin arasını ayırır. Çünkü o, felsefeye daha yakındır. Vâr olmayanın bir şey olduğunu ikrar etmez. [1] Fakat hakkı ise, "mutlak vücut" olduğunu söylemiştir. Bu konuda da "Miftâhu Ğaybil-Cemi' vel-Vücût" adlı kitabını yazmıştır.

Bu söz ise yaratanın tüm sıfatlarını inkâr etme ve O'nun yokluğunu söylemektir. Muhakkak ki mutlak, ıtlak şartının sayesindedir. O ise bütüncül bir akıldır. Gözlerde değilde ancak zihinlerde oluşur. Mutlak'ın ise bir şartı yoktur. O ise tabiî bir bütündür. Şayet şöyle denirse: O, dışarıda (hariçte) mevcuttur. Dışarıda ise, muayyenden başkası yoktur. O ise, dışarıda onun sabitliğini söyleyenin yanında muayyen bir cüzdür. Bu takdirde Rabbin var olması ya dışarıda yok olması, ya mahlukatın var oluşundan (vücüdundan) bir cüz olması ya da mahlukatın vücudunun ta kendisi olması gerekir. Bir şeyin parçası bir bütünü mü, yoksa bir şey kendi nefsini mi yaratır? Veya bir şeyin bazısı (bir parçası) cemisini (hepsini) yarabilir mi?

---

[1] "Şey" kelimesi sözlükte; mevcût (var olan) ve tasavvur edilen (gözünde canlandırılan) ve kendisinden haber verilen, manalarına gelir. (Mütercim)

Bunlar "hulul" lafzını kullanmaktan kaçınırlar. Çünkü o, hulul eden ve edilen gerektirir. Onlar ittihat (tek olma) lafzından da kaçınırlar. Çünkü o, iki şeyden birinin diğerine birleşmesini gerektirir.

Onlara göre vücut tektir. Onlar şöyle derler: Hıristiyanlar İsa Aleyhisselam'ı tahsis edip o Allah'tır dedikleri için kâfir olmuşlardır. Şayet bunu genelleştirseydiler kâfir olmazlardı.

Aynı şekilde putlara tapanlara da şöyle diyorlar: Bazılarını bırakıp gözüken bazılarına taptıklarından dolayı hata ettiler. Şayet hepsine tapsalardı onların katında hata etmeyeceklerdi. [Yine onlara göre tanınmış bir ârifin putlara tapması da ona zarar vermez.]

Bu ise onda onunla birlikte büyük küfürdür. Ve onlar da dâima zıtlılar vardır. Onlara şöyle denir: Hata eden kimdir? Fakat onlar şöyle derler: Muhakkak ki Rab, mahlukun vasıflandırıldığı bütün noksan sıfatlarla sıfatlandırılır. Mahlukat ise yaratanın vasıflandırıldığı bütün kemal sıfatlarla sıfatlandırılırlar. Ve "fusus" kitabının sahibi İbn-i Arabi'nin dediği gibi derler: Vücûdiyet sıfatlarının ve yokluğa nisbet edilenin hepsini içine alanla kemal, zatı yüce olandır. Bu ise ister şer'an, alken ve örfen övülmüş olsun, isterse de şer'an ve örfen yerilmiş olsun. O, özel Allah müsammasından başka bir şey değildir.

Onlar bu küfürleriyle beraber bir türlü tenakuzdan (zıtlıktan) kurtulamazlar. Çünkü bunun öyle olmadığı akılla ve hisle bilinen bir şeydir. Bunlar Tilmîsânî'nin demediğini derler: Bizim yanımızda sarih aklın zıt düştüğü keşifte sabit olmuştur. Ve şöyle derler: Kim hakikati isterse -yani onların hakikati- aklı ve şeriati terk etsin.

Onlardan birisiyle konuşurken şöyle dedim: "Peygamberlerin keşfi (gizliliklere ulaşma) başkalarının keşfinden daha yüce ve daha kâmil olduğu bilinen bir şeydir. Ve onların haberleri başkalarının haberlerinden daha doğrudur. Peygamberler (Allah'ın salat ve selamı onların üzerine olsun) insanoğlunun akıllarının kabul etmez olarak bildiklerinin değil, insan aklının onun marifesin-den aciz olduklarını haber verirler. Ve fasit (bozuk) akıllara değil, safi ve selim akıllara haber verirler. [Rasûl'ün getirdikleri haberlerin sarih akla zıt olması kabul edilmeyen bir şeydir.] İki katî (kesin) delilin, ister aklî olsun, isterse semî (duyuma dayalı) olsun, veya bir aklî diğeri de semî olsun birbirine tezat düşmesi de kabul edile-mez. Durum böyleyken sarih şeriate ve akla tezat düşen iddiacının keşfinin hali nicedir!?

Bunlar, belki bilerek-kasten yalan söylemiyorlar. Ancak, onların kendi nefislerinde bazı şeyler gerçekmiş gibi görünüyor ve onlarda bunu dışarıda zannediyorlar. Bunları dışarıda mevcut olarak görüyorlar ve onu salihlerin kerametlerinden zannediyorlar. O da şeytanın aldatmacasından biri oluyor.

Vahdet-i Vücut'u savunanlar, evliyaları peygamberlerin özüne geçiriyorlar veya nübüvvetin kesilmediğini iddia ediyorlar. Tıpkı İbn-i Sebî'n ve onun benzerlerine dedikleri gibi. Bunu da iç mertebeye ayırırlar ve şöyle derler: Kul öncelikle itaate ve isyana şâhitlik eder. Sonra ma'siyet olmaksızın itaate şâhitlik eder. Birinci şâhitlik sahih olan bir şâhitliktir. O, itaat ile ma'siyet arasındaki farktır. İkinci şâhitliğe gelince, onunla kader şâhitliğini murat ediyorlar. Onlardan bazılarının dedikleri gibi: Ben kendisine isyan edilen bir Rabbi inkâr ediyorum. Bu ma'siyetin (günah işlemenin) meşiet olan iradeye muhalif olduğunu iddia ediyor.Yaratılmışların hepsi meşiet hükmünün altına girerler.Onların bir şâiri şöyle der:

"Senin seçtiklerinden alınarak sabahladım

Benim amelimin hepsi itaattir. "

Bu ise Allah'ın Allah'ın Resulleriyle gönderdiklerine ve Kitaplarında indirdiklerine indirdiklerine muhalif olduğu malumdur. Sahibinin cezalandırılmayı ve zemmetmeyi (eleştirmek- azarlamak) hak ettiği ma'siyet, Allah ve Rasûlünün emrine muhalefet etmektir. Allah Teâlâ'nın buyurduğu gibi:

$$ (\text{تِلْكَ حُدُودُ اللّهِ وَمَن يُطِعِ اللّهَ وَرَسُولَهُ يُدْخِلْهُ جَنَّاتٍ تَجْرِي مِن تَحْتِهَا الأَنْهَارُ} $$
$$ \text{خَالِدِينَ فِيهَا وَذَلِكَ الْفَوْزُ الْعَظِيمُ {١٣} وَمَن يَعْصِ اللّهَ وَرَسُولَهُ وَيَتَعَدَّ حُدُودَهُ يُدْخِلْهُ} $$
$$ \text{نَاراً خَالِداً فِيهَا وَلَهُ عَذَابٌ مُّهِينٌ)} $$

« Bunlar, Allah'ın (kulları için koyduğu) hudutlardır. Kim Allah'a ve Peygamberine itaat ederse, O da onu, içinde dâimî kalacağı, (ağaçları) altından ırmaklar akan cennetlere sokar; bu da en büyük kurtuluştur. Kim de Allah'a ve Peygamberine isyan ve O'nun kanunlarını tecavüz ederse, O da onu, içinde dâimî kalacağı ateşe sokar. Onun için zelîl edici bir azâb vardır. »[1]

Daha sonra "iradetul-kevni" ve dînî ile "emrul-kevnî" ve dînî arasındaki farkını zikredeceğiz.

Bu mesele, sofilerin bir meselesine benzemiştir. Cüneyd (Allah ona rahmet etsin) onlara bunu açıklamıştır. Her kim, onda Cüneyd'e uyarsaisabet üzeredir. Kim de ona muhalefet ederse yanılmıştır. Onlar bütün işlerin Allah'ın dilemesi ve kudretiyle olması ve tevhide tanıklık etme meselesi hakkında konuştular. Bunu da "el-Cemu'l-Evvel" (birinci toplam) olarak isimlendiriyorlar. Cüneyd, ikinci farkın şâhitliğinin olması gerektiğini onlara açıklamıştır. Eşyanın olmasının şâhitliğiyle birlikte, hepsi Allah'ın dilemesinde, kudretinde ve yaratmasında müşterektir. Onun emrettiğinin, sevdiğinin ve razı olduğu ile yasakladığı,

---

kerih gördüğü ve kızması arasında fark olması gerekir. Ve Allah dostlarıyla düşmanlarının arasını ayırır. Allah Teâlâ'nın buyurduğu gibi:

$$\text{(أَفَنَجْعَلُ الْمُسْلِمِينَ كَالْمُجْرِمِينَ {٣٥} مَا لَكُمْ كَيْفَ تَحْكُمُونَ)}$$

« Müslümanları o günahkârlarla bir mi tutacağız? Hem size ne oldu ki, nasıl hükmediyorsunuz? »[1]

$$\text{(أَمْ نَجْعَلُ الَّذِينَ آمَنُوا وَعَمِلُوا الصَّالِحَاتِ كَالْمُفْسِدِينَ فِي الْأَرْضِ أَمْ نَجْعَلُ الْمُتَّقِينَ كَالْفُجَّارِ)}$$

« Yoksa, îman edenleri ve sâlih amel işleyenleri, yeryüzünde fesad çıkaranlar gibi mi tutacağız? Yahutta Allah'tan korkanları, kötülük işleyenler gibi mi tutacağız? »[2]

$$\text{(أَمْ حَسِبَ الَّذِينَ اجْتَرَحُوا السَّيِّئَاتِ أَنْ نَجْعَلَهُمْ كَالَّذِينَ آمَنُوا وَعَمِلُوا الصَّالِحَاتِ سَوَاءً مَحْيَاهُمْ وَمَمَاتُهُمْ سَاءَ مَا يَحْكُمُونَ)}$$

« Yoksa kötülükleri işleyenler, hayatlarında ve ölümlerinde, kendilerini, îman edenler ve sâlih amel işleyen kimselerle bir tutacağımızı mı zannediyorlar? Ne kötü hüküm veriyorlar. »[3]

$$\text{(وَمَا يَسْتَوِي الْأَعْمَى وَالْبَصِيرُ وَالَّذِينَ آمَنُوا وَعَمِلُوا الصَّالِحَاتِ وَلَا الْمُسِيءُ قَلِيلاً مَّا تَتَذَكَّرُونَ)}$$

« Kör ile gören, îman edip sâlih amel işleyenlerle kötülük eden bir olmaz. Ne kadar da az düşünüyorsunuz. »[4]

Bunun içindir ki ümmetin selefinin ve imamlarının mezhebi; Allah her şeyi yaratan, Rabbi ve sahibidir. Dilediği olan, dilemediği ise olmayandır. O'ndan başka Rab yoktur. O, bununla birlikte itaati emretmiş ve masiyettende nehyetmiştir. O, fesadı sevmez. Kulları için küfre razı olmaz. Kötülüğü-fuhşuyatı emretmez. Şayet bu O'nun dilemesiyle vuku bulduysa da, O, bunu sevmez. Bilakis, bu kendisini kızdırır, ehlini zemmeder ve onları cezalandırır.

Üçüncü Mertebe: Ne itaate ne de ma'siyete şahitlik etmez. O, vücudun (varlığın) tek olduğunu görür (Vahdeti vücut). Onların yanında bu, Allah için dostluk ve hakikatin en son

---

[1] Kalem Sûresi: 35-36
[2] Sâ'd Sûresi: 28
[3] Câsiye Sûresi: 21
[4] Ğafir (Mü'min) Sûresi: 58

noktasıdır. Gerçekte ise o, Allah'ın isim ve sıfatlarındaki ilhadın (inançsızlığın) en son noktasıdır. Bu görüşün sahibi, Yahudileri, Hıristiyanları ve başka kâfirleri dost edinir. Allah Teâlâ şöyle buyuruyor:

$$\text{(وَمَن يَتَوَلَّهُم مِّنكُمْ فَإِنَّهُ مِنْهُمْ)}$$

« İçinizden her kim onları dost edinirse, o onlardandır. »[1]

Şirkten ve putlara tapmaktan kurtulamamışlar ve İbrahim el-Halil'in (Allah'ın salat ve selamı O'nun üzerine olsun) milletinden (dininden) dışarı çıkmışlardır. Allah Teâlâ şöyle buyuruyor:

$$\text{(قَدْ كَانَتْ لَكُمْ أُسْوَةٌ حَسَنَةٌ فِي إِبْرَاهِيمَ وَالَّذِينَ مَعَهُ إِذْ قَالُوا لِقَوْمِهِمْ إِنَّا بُرَآءُ مِنكُمْ وَمِمَّا تَعْبُدُونَ مِن دُونِ اللَّهِ كَفَرْنَا بِكُمْ وَبَدَا بَيْنَنَا وَبَيْنَكُمُ الْعَدَاوَةُ وَالْبَغْضَاءُ أَبَداً حَتَّى تُؤْمِنُوا بِاللَّهِ وَحْدَهُ إِلَّا قَوْلَ إِبْرَاهِيمَ لِأَبِيهِ لَأَسْتَغْفِرَنَّ لَكَ وَمَا أَمْلِكُ لَكَ مِنَ اللَّهِ مِن شَيْءٍ رَّبَّنَا عَلَيْكَ تَوَكَّلْنَا وَإِلَيْكَ أَنَبْنَا وَإِلَيْكَ الْمَصِيرُ)}$$

« İbrahim'de ve onunla beraber olanlarda, sizin için uyulacak güzel bir örnek vardır. Hani onlar kavimlerine demişlerdi ki: "Ben sizden ve sizin Allah'tan başka ibadet ettiğiniz şeylerden uzağız. Biz, sizin putlarınızı inkâr ediyoruz. Siz, tek bir Allah'a îman etmedikçe, bizimle sizin aranızda ebedî olarak kin ve düşmanlık belirmiştir. »[2]

İbrahim Aleyhisselam'da müşrik olan kavmi için şunları söylüyor:

$$\text{(قَالَ أَفَرَأَيْتُم مَّا كُنتُمْ تَعْبُدُونَ ﴿٧٥﴾ أَنتُمْ وَآبَاؤُكُمُ الْأَقْدَمُونَ ﴿٧٦﴾ فَإِنَّهُمْ عَدُوٌّ لِّي إِلَّا رَبَّ الْعَالَمِينَ)}$$

« İbrahim'de demişti ki: "Şimdi, gerek sizin ve gerekse daha evvelki atalarınızın nelere ibadet ettiğinizi görüyor musunuz? Onların hepsi benim düşmanımdır; yalnız âlemlerin Rabbi hariç. »[3]

$$\text{(لَا تَجِدُ قَوْماً يُؤْمِنُونَ بِاللَّهِ وَالْيَوْمِ الْآخِرِ يُوَادُّونَ مَنْ حَادَّ اللَّهَ وَرَسُولَهُ وَلَوْ كَانُوا آبَاءهُمْ أَوْ أَبْنَاءهُمْ أَوْ إِخْوَانَهُمْ أَوْ عَشِيرَتَهُمْ أُوْلَئِكَ كَتَبَ فِي قُلُوبِهِمُ الْإِيمَانَ وَأَيَّدَهُم بِرُوحٍ مِّنْهُ)}$$

« Allah'a ve âhiret gününe îman eden bir kavmin, babaları, yahut oğulları, yahut kardeşleri, yahutta akrabaları bile olsalar, Allah'a ve Rasûlüne karşı gelen kimselere

---

sevgi beslediklerini göremezsin. İşte bunlar, Allah'ın kalplerine îmanı yazdığı ve kendinden bir rûh ile kuvvetlendirdiği kimselerdir. »[1]

Onlardan bazıları, mezhepleri üzerine kasîdeler ve kitaplar yazmışlardır. Tıpkı İbn-il-Fâriz'in "Nazmus-Sulûk" diye isimlendirdiği kasidesi gibi. Orada şunlar söylüyor:

"Makamda kıldığım namazım ve duam onundur

Orada şehadet ederim ki o benim için namaz kıldı

Namaz kılan ve secde eden ikimizde biziz

Onun hakikatinde her secde de bir araya geliriz.

Bana benden başka namaz kılan olmadı

Benim namazım benden başkası için, her rekatta edadır

Ben ve o buna devam etmekteyiz

(Ben ona, o bana ibadet etmekteyiz)

Bunda fark yoktur. Bilakis benim zatım, zatıma namaz kılmakta

Benden bana gönderilmiş bir Resul idim

Benim âyetlerim benim üzerime-zatıma delalet eder

Dua edildiğinde icabet eden ben idim

Şayet seslenen ben isem, beni çağıran icabet eder. "

Bu sözlerin misalleri devam eder gider. Bunun için bu sözlerin sahibi ölüm anında şunları söyler:

"Sizin katınızda şayet ben sevgiliysem

Yüz yüze geldiğim günlerimi ziyan ettim ben

Bir zamanlar nefsimin onunla başarılı olduğu temennimdi

Bugün ise, karmakarışık rüyalar olarak hesap ediyorum şimdi "

O, kendisinin Allah olduğunu zannediyordu. Allah'ın melekleri onun ruhunu almaya geldiklerinde, zannettiğinin batıl olduğu ortaya çıkmış oldu. Allah Teâlâ şöyle buyuruyor:

$$\text{(سَبَّحَ لِلَّهِ مَا فِي السَّمَاوَاتِ وَالْأَرْضِ وَهُوَ الْعَزِيزُ الْحَكِيمُ)}$$

« Göklerde ve yerde olan her şey Allah'ı tesbih eder. O dâimî galiptir; hikmet sahibidir. »[2]

---

[1] Mücadele Sûresi: 22
[2] Hadid Sûresi: 1

Göklerde ve yerde olan Allah'ı tesbih ederler. Onlar (hâşâ) Allah değildir. Sonra Allah Teâlâ şöyle buyurur:

$$ \text{(لَهُ مُلْكُ السَّمَاوَاتِ وَالْأَرْضِ يُحْيِي وَيُمِيتُ وَهُوَ عَلَى كُلِّ شَيْءٍ قَدِيرٌ {٢} هُوَ الْأَوَّلُ وَالْآخِرُ وَالظَّاهِرُ وَالْبَاطِنُ وَهُوَ بكُلِّ شَيْءٍ عَلِيمٌ)} $$

« Göklerin ve yerin hükümranlığı O'nundur; diriltir ve öldürür. O, her şeye kâdirdir. O, ilktir; sondur; zâhirdir; bâtındır. O, her şeyi hakkıyla bilendir. »[1]

Sahihi Müslim'de gelen bir rivayette, Allah Rasûlü -sallallahu aleyhi ve sellem-'in duasında şöyle dediği rivayet olunmuştur:

« Büyük arşın ve yedi göğün Rabbi olan Allahım! Sen, bizim ve her şeyin Rabbisin. Meyve çekirdeğini ne tohumu yaran, Kur'an'ı, İncil'i ve Tevrat'ı indirensin. Sıkıca kavradığın hayvanların şerrinden sana sığınırım. Allahım! Sen evvelsin, Senden önce bir şey yoktur. Ve sen sonsun. Senden başka bir şey yok. Sen zahirsin. Senin üstünde bir şey yok. Sen batınsın. Senden başka bir şey yok. Borcumu gider ve beni fakirlikten kurtar. »[2]

Sonra Allah Teâlâ şöyle buyuruyor:

$$ \text{(هُوَ الَّذِي خَلَقَ السَّمَاوَاتِ وَالْأَرْضَ فِي سِتَّةِ أَيَّامٍ ثُمَّ اسْتَوَى عَلَى الْعَرْشِ يَعْلَمُ مَا يَلِجُ فِي الْأَرْضِ وَمَا يَخْرُجُ مِنْهَا وَمَا يَنزِلُ مِنَ السَّمَاء وَمَا يَعْرُجُ فِيهَا وَهُوَ مَعَكُمْ أَيْنَ مَا كُنتُمْ وَاللَّهُ بِمَا تَعْمَلُونَ بَصِيرٌ)} $$

« Gökleri ve yeri altı günde yaratan, sonra Arş üzerine istiva eden , yere gireni ve yerden çıkanı, gökten ineni ve göğe çıkanı bilen O'dur. Nerede olursanız, O sizinle beraberdir. Allah, yaptıklarınızı hakkıyla görendir. »[3]

Göklerin ve yerin, başka bir âyette (ikisi arasındaki) mahlukun Allah'ı zikrettiğini söylemiştir. Allah, kendisinin her şeyi bildiğini haber vermiştir.

(O sizinle beraberdir) sözüne gelince; (birlikte) sözü, Arap dilinde, iki şeyden birinin diğerine karışmasını içine almaz. Allah Teâlâ'nın buyurduğu gibi:

$$ \text{(اتَّقُواْ اللَّهَ وَكُونُواْ مَعَ الصَّادِقِينَ)} $$

« Allah'tan korkun ve sadıklarla beraber olun.»[4]

---

[1] Hadid Sûresi: 2-3
[2] Sahihi Muslim: 2713, Ebu Davud: 5051.
[3] Hadid Sûresi: 4
[4] Tevbe Sûresi: 119

(مُحَمَّدٌ رَسُولُ اللّهِ وَالَّذِينَ مَعَهُ أَشِدَّاء عَلَى الْكُفَّارِ)

« Muhammed Allah'ın Rasûlüdür. O'nun beraberinde bulunanlar kâfirlere karşı serttirler. »[1]

(وَالَّذِينَ آمَنُواْ مِن بَعْدُ وَهَاجَرُواْ وَجَاهَدُواْ مَعَكُمْ فَأُوْلَئِكَ مِنكُمْ)

« Sonradan îman edenler, hicret edenler ve sizinle birlikte cihad edenler, işte bunlar da sizdendir. »[2]

"Birlikte" lafzı Kur'ân'da genel ve özel olarak gelmiştir. Genel manada bu âyetlerde ve Mücadele Sûresi'nde gelmiştir.

(أَلَمْ تَرَ أَنَّ اللَّهَ يَعْلَمُ مَا فِي السَّمَاوَاتِ وَمَا فِي الْأَرْضِ مَا يَكُونُ مِن نَّجْوَى ثَلَاثَةٍ إِلَّا هُوَ رَابِعُهُمْ وَلَا خَمْسَةٍ إِلَّا هُوَ سَادِسُهُمْ وَلَا أَدْنَى مِن ذَلِكَ وَلَا أَكْثَرَ إِلَّا هُوَ مَعَهُمْ أَيْنَ مَا كَانُوا ثُمَّ يُنَبِّئُهُم بِمَا عَمِلُوا يَوْمَ الْقِيَامَةِ إِنَّ اللَّهَ بِكُلِّ شَيْءٍ عَلِيمٌ)

« Allah'ın göklerde ve yerde olan her şeyini bildiğini bilmez misin? Üç kişinin hiçbir gizlisi yoktur ki, O, dördüncüleri olmasın; beş kişinin hiçbir gizliliği yoktur ki, O, altıncıları olmasın. İster bundan daha az, ister daha çok olsunlar ve nerede bulunurlarsa bulunsunlar, O, onlarla beraberdir; sonra da kıyamet günü, kendilerine yaptıklarını haber verecektir. Şüphesiz Allah, her şeyi hakkıyla bilendir. »[3]

Allah Teâlâ âyetini, ilimle açmış ve yine ilimle kapatmıştır. Bunun içindir ki, İbn-i Abbas, Dihak, Sufyanus-Sevri ve Ahmed b. Hanbel: O, onlarla ilmiyle beraberdir, demişlerdir.

Özel birliktelik ise; Allah Teâlâ'nın buyurduğu gibidir:

(إِنَّ اللّهَ مَعَ الَّذِينَ اتَّقَواْ وَّالَّذِينَ هُم مُّحْسِنُونَ)

« Allah, şüphesiz, sakınanlarla ve kulluk görevini iyi yapanlarla beraberdir. »[4]

Allah Teâlâ'nın Mûsâ Aleyhisselam'a olan sözü:

(قَالَ لَا تَخَافَا إِنَّنِي مَعَكُمَا أَسْمَعُ وَأَرَى)

« Ben sizinle beraberim; işitir ve görürüm. »[1]

---

[1] Fetih Sûresi: 29
[2] Enfal Sûresi: 75
[3] Mücadele Sûresi: 7
[4] Nahl Sûresi: 128

$$\left(\text{إِذْ هُمَا فِي الْغَارِ إِذْ يَقُولُ لِصَاحِبِهِ لاَ تَحْزَنْ إِنَّ اللّهَ مَعَنَا}\right)$$

"Her ikisi de mağarada iken arkadaşına:Üzülme, Allah bizimle beraberdir, demişti."[2]

Yani, Nebi -sallallahu aleyhi ve sellem- ve Ebu Bekir es-Sıddîk -Allah O'ndan razı olsun-. Allah, Firavunla değil, Mûsâ ve Harun'la beraberdir. Muhammed -sallallahu aleyhi ve sellem- ve O'nun arkadaşıyla beraberdir, Ebu Cehil ve diğer düşmanlarıyla değil.Allah, sakınanlarla ve kulluk görevini iyi yapanlarla beraberdir, haddi aşan zalimlerle değil.

Şayet beraber olmanın manası, "zatıyla her yerdedir" olsaydı, özel haber ve genel habere zıt olurdu. Bilakis manası, onlar olmaksızın güçlendirmesiyle ve yardımıyla bunlarla beraberdir.

Allah Teâlâ şöyle buyuruyor:

$$\left(\text{وَهُوَ الَّذِي فِي السَّمَاء إِلَهٌ وَفِي الْأَرْضِ إِلَهٌ}\right)$$

« Gökte de yerde de ilâh O'dur. »[3]

Yani, göklerde ve yerde olanın ilahıdır. Allah Teâlâ'nın buyurduğu gibi:

$$\left(\text{وَلَهُ الْمَثَلُ الْأَعْلَى فِي السَّمَاوَاتِ وَالْأَرْضِ وَهُوَ الْعَزِيزُ الْحَكِيمُ}\right)$$

"Göklerde ve yerde en yüksek sıfatlar O'nundur.O,dâimâ gâliptir; hikmet sâhibidir."[4]

$$\left(\text{وَهُوَ اللّهُ فِي السَّمَاوَاتِ وَفِي الأَرْضِ}\right)$$

« O, göklerde ve yerde olan tek Allah'tır. »[5]

İlim imamlarından Ahmed b. Hanbel ve başkaları bunu; O, göklerde ve yerdeki ibadet edilendir, şeklinde açıklamışlardır.

Bu ümmetin selefi ve imamları, Allah Teâlâ'nın yarattıklarında ayrı olduğunda icmâ etmişlerdir. Allah Teâlâ, kendisinin ve Rasûlü -sallallahu aleyhi ve sellem-'in vasfettiği sıfatlarla tahrif, ta'til, tekyif ve temsil olmaksızın vasıflandırılır. Noksan sıfatlarla değil, kemal sıfatlarla vasıflandırılır. O'nun bir benzerinin olmadığı gibi kemal sıfatlarında da bir şey O'na benzemez. Allah Teâlâ'nın buyurduğu gibi:

$$\left(\text{قُلْ هُوَ اللَّهُ أَحَدٌ ﴿١﴾ اللَّهُ الصَّمَدُ ﴿٢﴾ لَمْ يَلِدْ وَلَمْ يُولَدْ ﴿٣﴾ وَلَمْ يَكُن لَّهُ كُفُواً أَحَدٌ}\right)$$

« (Ey Muhammed! O müşriklere) de ki: "O Allah birdir" Allah sameddir (her şeyden müstağni, her şey O'na muhtaçtır). Doğurmamıştır; doğmamıştır. Hiç kimse (ve hiç bir şey) O'na denk değildir. »[1]

İbn-i Abbas -Allah ona rahmet etsin- şöyle dedi:

"Samed: İlminde kemale erdiği alimdir (her şeyi bilen). Azametinde kemale erdiği azimdir (en yüce).Kudretinde kemale erdiği kadirdir (her şeye gücü yeten). Hakimiyetinde kâmil bir efendidir.

İbn-i Mesud ve başkaları da şöyle dedi:

"Samed: Noksanlığı olmayan, Samed ise, bir benzeri olmayan demektir. "Es-Samed" ismi, kemal sıfatlarla sıfatlanmasını ve O'ndan noksanların nefyini içine alır. "el-Ehad" ismi ise, O'nun bir benzerinin olmaması şeklinde sıfatlanmasını içine alır. Biz bu surenin tefsirinde, Kur'an'ın üçte birine denk geldiğini geniş bir şekilde ele almıştık.

BÖLÜM

İnsanlardan bir çoğuna, îmânî-dînî eminlerin hakikatleri, kevnî (var etme) kaderî-yaratmanın hakikatleri ile benzerlik göstermektedir.

İnsanların bir çoğunda, imanla, dinle ve emirlerle alakalı hakikatler, var etmeyle, kaderle, yaratmayla alakalı hakikatler ile benzerlik göstermektedir. Yaratma ve emir, Allah Subhanehu ve Teâlâ'ya âittir.

Allah Teâlâ'nın buyurduğu gibi:

$$ ﴿إِنَّ رَبَّكُمُ اللّهُ الَّذِي خَلَقَ السَّمَاوَاتِ وَالْأَرْضَ فِي سِتَّةِ أَيَّامٍ ثُمَّ اسْتَوَى عَلَى الْعَرْشِ يُغْشِي اللَّيْلَ النَّهَارَ يَطْلُبُهُ حَثِيثاً وَالشَّمْسَ وَالْقَمَرَ وَالنُّجُومَ مُسَخَّرَاتٍ بِأَمْرِهِ أَلاَ لَهُ الْخَلْقُ وَالْأَمْرُ تَبَارَكَ اللّهُ رَبُّ الْعَالَمِينَ﴾ $$

« Rabbiniz, şüphesiz, gökleri ve yeri altı günde yaratan, sonra da Arş üzerinde istiva eden, geceyi, kendisini süratle takip eden gündüzle örten, güneşi, ayı ve yıldızları emrine boyun eğmiş olarak yaratan hep Allah'tır. Bilesiniz ki, yaratma ve emir O'na mahsustur. Âlemlerin Rabbi Allah, ne yücedir. »[2]

Allah Subhânehû ve Teâlâ, her şeyin yaratıcısı, Rabbi ve sahibidir. Ne O'ndan başka bir yaratıcı vardır, ne de O'nun gibi bir Rab vardır. Dilediği olur, dilemediği ise olmaz. Var olan her şeyin hal ve hareketleri, Allah'ın kazası, kaderi, dilemesi, kudreti ve yaratmasıyladır. Allah Subhânehû ve Teâlâ kendisine ve Rasûlüne itaati emretmiş,

---

[1] İhlas Sûresi
[2] A'râf Sûresi: 54

kendisine şirk koşulmasını da yasaklamıştır. İyiliklerin en yücesi tevhid, kötülüğün en yücesi de şirktir. Allah Teâlâ şöyle buyuruyor:

$$\text{(إِنَّ اللَّهَ لاَ يَغْفِرُ أَنْ يُشْرَكَ بِهِ وَيَغْفِرُ مَا دُونَ ذَلِكَ لِمَنْ يَشَاءُ)}$$

« Allah, kendisine şirk koşulmasını aslâ affetmez. Bunun dışındaki (günâh) leri ise, dilediği kimse için bağışlar. »[1]

$$\text{(وَمِنَ النَّاسِ مَن يَتَّخِذُ مِن دُونِ اللَّهِ أَندَاداً يُحِبُّونَهُمْ كَحُبِّ اللَّهِ وَالَّذِينَ آمَنُواْ}$$
$$\text{أَشَدُّ حُبّاً لِلَّهِ)}$$

« İnsanlar içinde bir takım kimseler de vardır ki, Allah'tan başkasını O'na ortaklar edinip, onları, Allah'ı sever gibi severler; gerçi iman edenlerin Allah'a olan sevgileri çok daha kuvvetlidir. »[2]

Buhârî ve Müslim'de İbn-i Mesud'dan (Allah O'ndan razı olsun) gelen bir rivayette o şöyle der: Dedim ki: Ey Allah'ın Rasûlü! Günâhların en büyüğü hangisidir? Şöyle buyurdu -sallallahu aleyhi ve sellem-: "Allah seni yarattığı halde O'na ortaklar edinmendir." Sonra hangisidir? dedim. "Komşunun hanımıyla zina etmendir" buyurdu. Bunu doğrulayıcı olarak Allah Teâlâ şu âyetini indirdi:

$$\text{(وَالَّذِينَ لَا يَدْعُونَ مَعَ اللَّهِ إِلَهاً آخَرَ وَلَا يَقْتُلُونَ النَّفْسَ الَّتِي حَرَّمَ اللَّهُ إِلَّا بِالْحَقِّ}$$
$$\text{وَلَا يَزْنُونَ وَمَن يَفْعَلْ ذَلِكَ يَلْقَ أَثَاماً {٦٨} يُضَاعَفْ لَهُ الْعَذَابُ يَوْمَ الْقِيَامَةِ وَيَخْلُدْ فِيهِ}$$
$$\text{مُهَاناً {٦٩} إِلَّا مَن تَابَ وَآمَنَ وَعَمِلَ عَمَلاً صَالِحاً فَأُوْلَئِكَ يُبَدِّلُ اللَّهُ سَيِّئَاتِهِمْ حَسَنَاتٍ}$$
$$\text{وَكَانَ اللَّهُ غَفُوراً رَّحِيماً)}$$

« Allah ile beraber başka bir ilâha yalvarmayanlar, hak yolla olmadıkça Allah'ın haram kıldığı nefsi öldürmeyenler ve zina etmeyenlerdir. Kim bunları yaparsa, günâhının cezasını bulur. Kıyamet günü, onun azâbı, kat kat artırılır; orada, zelil olarak ebediyen kalır. Ancak tövbe eden, îman eden ve iyi iş yapanlar başka. Allah, onların kötülüklerini iyiliklere çevirir. Allah, çok bağışlayıcıdır; çok merhametlidir. »[3]

Allah Subhânehû ve Teâlâ, adâleti, ihsanı ve akrabaya vermeyi emretmiş, haksızlığı, kötü işleri ve fuhşuyatı yasaklamıştır. Muttakileri (Allah'tan hakkıyla korkanları), iyilikte bulunanları, hakkı gözetenleri ve temizlenenleri sevdiğini haber vermiştir. O'nun yolunda

---

[1] Nisa Sûresi: 48, 116
[2] Bakara Sûresi: 165
[3] Furkan Sûresi: 68-70

tıpkı birbirine kenetlenmiş bina gibi saf halinde savaşanları sever. Allah, yasakladığını da kerih görür (sevmez).

Allah Teâlâ'nın buyurduğu gibi:

$$(كُلُّ ذَلِكَ كَانَ سَيِّئُهُ عِنْدَ رَبِّكَ مَكْرُوهاً)$$

« Bunların hepsi de, Rabbin katında, kötü olup hoş görülmeyen şeylerdir. »[1]

Şirki ve ana-babaya kötülüğü yasaklamış, akrabanın haklarını vermeyi emretmiştir. İsrafı yasakladığı gibi, cimriliği de yasaklamıştır. Saçıp savurmayı yasakladığı gibi elinde sımsıkı tutmayı da yasaklamıştır. Haksız yere adam öldürmekten, zinadan ve iyilik olmaksızın yetimin malını yemeyi de yasaklamıştır. Daha sonra âyetinde şöyle buyurmuştur:

« Bunların hepsi de Rabbin katında, kötü olup hoş görülmeyen şeylerdir. »

Allah Subhânehû ve Teâlâ bozgunculuğu sevmez ve kulları için küfürden razı olmaz. Kul ise, dâimâ Allah'a tövbe etmekle emrolunmuştur.

Allah Teâlâ şöyle buyurur:

$$(وَتُوبُوا إِلَى اللَّهِ جَمِيعاً أَيُّهَا الْمُؤْمِنُونَ لَعَلَّكُمْ تُفْلِحُونَ)$$

«Ey mü'minler! Hep birden Allah'a tövbe edin de kurtuluşa eresiniz. »[2]

Sahihi Buhârî'de Nebi -sallallahu aleyhi ve sellem-'den gelen bir hadiste Allah Rasûlü -sallallahu aleyhi ve sellem- şöyle buyuruyor:

« Ey insanlar! Rabbinize tövbe edin. Nefsim elinde olan Allah'a yemin ederim ki, ben Allah'a bir günde yetmiş seferden fazla tövbe eder ve bağışlanma dilerim. »[3]

Sahihi Müslim'de gelen hadiste Allah Rasûlü -sallallahu aleyhi ve sellem- şöyle buyuruyor:

« Kalbimi gaflet kapladığında, ben Allah'a günde yüz kere bağışlanma dilerim. »[4]

"Sünen" de geçen rivayette İbn-i Ömer -Allah ondan râzı olsun- şöyle diyor: Allah Rasûlü -sallallahu aleyhi ve sellem-'in bir mecliste: "Rabbim! Beni bağışla, tövbemi kabul et. Muhakkak ki sen tövbeleri çokça kabul edensin." duasını yüz kere ettiğini sayardık. [5]

Allah Subhânehû ve Teâlâ, kullarına salih amellerin sonunu istiğfarla bitirmelerini emretmiştir. Nebi -sallallahu aleyhi ve sellem- namazın bitirip selam verdiğinde, üç kere

---

[1] İsrâ Sûresi: 38
[2] Nur Sûresi: 31
[3] Buhari: 6307
[4] Muslim: 2702
[5] Ebu Davud: 1516, Tirmizi: 3430, İbnu Mace: 3814. İsnadı Sahihtir.

istiğfar eder ve şöyle derdi: "Allah'ım, sen selamsın, selam sendendir. Ey büyüklük ve kerem sahibi Rabbim! Sen ne kadar yücesin!" [1]

Sahih hadiste Allah Rasûlü -sallallahu aleyhi ve sellem-'den sabit olan hadiste Allah Teâlâ şöyle buyuruyor: « Seher vakitlerinde Allah'tan mağfiret dileyenler »[2] Onlara geceleyin kalkmayı ve seherlerde istiğfar etmeyi emretmiştir.

Yine "Kıyâmul-Leyl" (gece kalkma) Sûresi olan "Muzzemmil Sûresi" ni şu âyeti kerîmeleriyle sona erdirmiştir:

"Allah'tan mağfiret dileyin; şüphe yoktur ki Allah, çok bağışlayıcıdır; çok merhametlidir."

Allah Teâlâ Bakara Sûresi'nde de şöyle buyuruyor:

$$\text{(فَإِذَا أَفَضْتُم مِّنْ عَرَفَاتٍ فَاذْكُرُواْ اللَّهَ عِندَ الْمَشْعَرِ الْحَرَامِ وَاذْكُرُوهُ كَمَا هَدَاكُمْ وَإِن كُنتُم مِّن قَبْلِهِ لَمِنَ الضَّآلِّينَ ﴿١٩٨﴾ ثُمَّ أَفِيضُواْ مِنْ حَيْثُ أَفَاضَ النَّاسُ وَاسْتَغْفِرُواْ اللَّهَ إِنَّ اللَّهَ غَفُورٌ رَّحِيمٌ)}$$

« Arafat'tan indiğiniz zaman, Meş'ar-i Haram'da Allah'ı zikredin. Siz, önceden sapıklardan olduğunuz halde, sizi doğru yola sevkettiği için O'nu anın. Sonra insanların indiği yerden inin ve Allah'tan mağfiret dileyin. Şüphesiz ki Allah, çok bağışlayıcı, çok esirgeyicidir. »[3]

Sadece bu değil bir de, Allah Subhânehû ve Teâlâ, Nebi -sallallahu aleyhi ve sellem-'in savaşlarının sonuncusu olan Tebuk savaşı olduğunda son emir olarak şu âyetini indirdi:

$$\text{(لَقَد تَّابَ الله عَلَى النَّبِيِّ وَالْمُهَاجِرِينَ وَالْأَنصَارِ الَّذِينَ اتَّبَعُوهُ فِي سَاعَةِ الْعُسْرَةِ مِن بَعْدِ مَا كَادَ يَزِيغُ قُلُوبُ فَرِيقٍ مِّنْهُمْ ثُمَّ تَابَ عَلَيْهِمْ إِنَّهُ بِهِمْ رَؤُوفٌ رَّحِيمٌ ﴿١١٧﴾ وَعَلَى الثَّلَاثَةِ الَّذِينَ خُلِّفُواْ حَتَّى إِذَا ضَاقَتْ عَلَيْهِمُ الْأَرْضُ بِمَا رَحُبَتْ وَضَاقَتْ عَلَيْهِمْ أَنفُسُهُمْ وَظَنُّواْ أَن لاَّ مَلْجَأَ مِنَ اللَّهِ إِلاَّ إِلَيْهِ ثُمَّ تَابَ عَلَيْهِمْ لِيَتُوبُواْ إِنَّ اللَّهَ هُوَ التَّوَّابُ الرَّحِيمُ)}$$

« Allah, Peygamberin ve içlerinden bir kısmının kalpleri neredeyse (îmandan) koymak üzereyken güçlük ânında Peygambere tâbi olan Muhacirlerle Ensar'ın tövbelerini kabul etmiştir. Kabul etmiştir, çünkü O, onlara karşı müşfik, çok merhametlidir. (Keza

---

[1] Muslim: 591
[2] Âl-i İmran Sûresi: 17
[3] Bakara Sûresi: 198-199

Peygamberle birlikte savaşa çıkmaktan) geri bırakılan üç kişinin tövbesini de kabul etmiştir; çünkü bunlar (savaştan geri kalınca) , bütün genişliğine rağmen yeryüzü onlara dar gelmiş, vicdanları kendilerini sıktıkça sıkmış ve Allah (ın gazabından) dan yine Allah'ın kendisinden başka sığınacak yer olmadığını anlamışlardı. Sonra da Allah, (hep Allah'a sığınıp) tövbe etsinler diye, onların tövbesini kabul etmişti. Şüphesiz tövbeleri en çok kabul eden, çok merhametli olan yalnız Allah'tır. »[1]

Bu âyetler Kur'an'dan indirilen son âyetlerdir.

İnen son âyetlerin "Nasr Sûresi" olduğu da söylenilmiştir:

$$\text{(إِذَا جَاءَ نَصْرُ اللَّهِ وَالْفَتْحُ ﴿١﴾ وَرَأَيْتَ النَّاسَ يَدْخُلُونَ فِي دِينِ اللَّهِ أَفْوَاجاً ﴿٢﴾}$$
$$\text{فَسَبِّحْ بِحَمْدِ رَبِّكَ وَاسْتَغْفِرْهُ إِنَّهُ كَانَ تَوَّاباً)}$$

« (Ey Muhammed!) Allah'ın yardımı ve fetih (zafer) geldiği ve insanların, Allah'ın dînine dalga dalga girdiklerini gördüğün zaman, Rabbini hamd ile tesbih et ve O'ndan mağfiret dile. Çünkü O, tövbeleri çok kabul edendir. »

Allah Teâlâ, Nebisine, işini tesbih ve istiğfar ile bitirmesini emretmiştir.

Buhârî ve Müslim'de gelen, Aişe Radıyallahu Anha'nın rivayet ettiği hadiste, Nebi -sallallahu aleyhi ve sellem- rukusunda ve secdesinde şöyle derdi:

"Allahım, seni, bütün noksan sıfatlardan tenzih ederim. Rabbimiz, hamd sanadır, Allah'ım, beni bağışla." Kur'an'ı bu şekilde tevil ederdi. [2]

Başka bir hadiste ise şöyle buyuruyor:

"Allahım! Hatalarımı, cehaletimi ve işimdeki israfımı bağışla. Sen onları benden daha iyi bilensin. Şaka, ciddi, bilerek veya bilmeyerek yaptığım hatalarımı bağışla. Çünkü bunların hepsi ben de var. Yaptığım ve yapacağım, gizlediğim ve açığa vurduğum günahlarımı bağışla, Senden başka ilah yoktur."[3]

Buhârî ve Müslim'de gelen rivayette Ebu Bekir -Allah ondan râzı olsun- şöyle der: "Ey Allah'ın Rasûlü! Bana bir dua öğret ki, onunla namazımda dua edeyim. Allah Rasûlü şöyle buyurdu: Şöyle de: "Allahım, ben nefsime çok zulümler ettim. Günahları senden başka bağışlayıcı yoktur. Katından bir mağfiret ile beni bağışla ve bana merhamet et. Muhakkak ki sen, çok bağışlayıcı ve çok merhametlisin."[4]

---

[1] Tevbe Sûresi: 117-118
[2] Buhari: 794, Muslim: 484
[3] Buhari: 6398, Muslim: 2719.
[4] Buhari: 834, Muslim: 2705.

Sünen'de Ebu Bekir -Allah ondan râzı olsun-'dan gelen rivayette O, şöyle dedi: "Ey Allah'ın Rasûlü! Bana bir dua öğret ki, sabahladığım ve akşamladığım zaman onunla dua edeyim." Allah Rasûlü -sallallahu aleyhi ve sellem- şöyle buyurdu:

Şöyle: "Göklerin ve yerin yaratıcısı, gaybi ve âşikar olanı bilen, her şeyin Rabbi ve sahibi olan Allahım! Ben şehadet ederim ki, senden başka ilah yoktur. Nefsimin şerrinden, şeytanın şerrinden, onun şirkinden sana sığınırım. Kendime ve bir müslümana karşı kötülük yapmış olmaktan beni koru." Bundan sonra şöyle buyurdu: "Sabaha girdiğinde ve akşama girdiğinde ve yatağına uzandığında bunu söyle."[1]

Hiç kimse, kendisinin, Allah'a tövbeye ve günahlarından bağışlanma dilemeye muhtaç olmadığını zannetmesin. Aksine, herkesin buna, daima ihtiyacı vardır. Allah Teâlâ şöyle buyuruyor:

$$ (\text{وَحَمَلَهَا الْإِنسَانُ إِنَّـهُ كَـانَ ظَلُومـاً جَهُـولاً} \{٧٢\} \text{ لِيُعَـذِّبَ اللّـهُ الْمُنَـافِقِينَ} $$
$$ \text{وَالْمُنَافِقَاتِ وَالْمُشْرِكِينَ وَالْمُشْرِكَاتِ وَيَتُوبَ اللَّهُ عَلَى الْمُؤْمِنِينَ وَالْمُؤْمِنَاتِ وَكَانَ} $$
$$ \text{اللَّهُ غَفُوراً رَّحِيماً}) $$

« Onu insan yüklendi. O çok zâlim ve çok cahil idi. Onun bu emaneti yüklenmesi, Allah'ın, erkek münafıklar ve kadın münafıklara, erkek müşriklere ve kadın müşriklere azâb etmesi, erkek mü'minlerin ve kadın mü'minlerin de tövbeleri kabul buyurması içindi. Allah, çok bağışlayıcıdır; çok merhametlidir. »[2]

İnsan, zâlim ve câhildir. Erkek ve kadın mü'minlerin gayesi tövbedir. Allah Teâlâ Kitabında salih kullarının tövbesinden ve O'nun da onları bağışlamasından haber vermiştir.

Sahih'te Nebi -sallallahu aleyhi ve sellem-'den gelen bir hadiste, O şöyle buyurmaktadır:

"Hiç kimse ameliyle cennete giremez" Sen de mi ey Allah'ın Rasûlü, dediler. Şöyle buyurdu: "Evet ben bile. Ancak, Allah'ın bana acıyıp koruması ve fazlı olmasaydı." Bu ise, Allah Teâlâ'nın « Geçmiş günlerde yaptıklarınıza karşılık âfiyetle yeyin ve için. » âyetine tezat teşkil etmez. Çünkü Rasûl -sallallahu aleyhi ve sellem-, karşılık ve denklik ifadesi olan "ba" harfini olumsuz kılmıştır. Kur'an ise sebebiyet ifadesi olan "ba" harfini teyid etmiştir.

Allah, bir kulu sevdiğinde ona günahla zarar vermez, diyen kimsenin sözünün manası ise; ona tövbeyi ve istiğfarı ilham eder ve günah işlemeye ısrar etmez, demektir. Her kim, günah işlemede ısrar edene zarar vermediğini zannederse, o, hata etmiştir ve Kitab ve

---

[1] Ahmed Musned'inde: 9,10 ve 14, Buhari Edebul-Mufred'inde: 1202,1203, Tirmizi: 3389
[2] Ahzab Sûresi: 72-73

Sünnete, selefin ve imamların icmasına muhalefet etmiştir. Bilakis, her kim, zerre miktarı kadar hayır işlerse onu görür, her kim de zerre miktarı kadar şer işlerse onu görür. Allah Teâlâ'nın övülmüş kulları şu âyetinde zikrettiği kimselerdir:

$$\text{(وَسَارِعُواْ إِلَى مَغْفِرَةٍ مِّن رَّبِّكُمْ وَجَنَّةٍ عَرْضُهَا السَّمَاوَاتُ وَالأَرْضُ أُعِدَّتْ لِلْمُتَّقِينَ ﴿١٣٣﴾ الَّذِينَ يُنفِقُونَ فِي السَّرَّاء وَالضَّرَّاء وَالْكَاظِمِينَ الْغَيْظَ وَالْعَافِينَ عَنِ النَّاسِ وَاللّهُ يُحِبُّ الْمُحْسِنِينَ ﴿١٣٤﴾ وَالَّذِينَ إِذَا فَعَلُواْ فَاحِشَةً أَوْ ظَلَمُواْ أَنْفُسَهُمْ ذَكَرُواْ اللّهَ فَاسْتَغْفَرُواْ لِذُنُوبِهِمْ وَمَن يَغْفِرُ الذُّنُوبَ إِلاَّ اللّهُ وَلَمْ يُصِرُّواْ عَلَى مَا فَعَلُواْ وَهُمْ يَعْلَمُونَ)}$$

□

« Rabbinizden gelecek olan mağfirete ve takvâ sahipleri için hazırlanan, genişliği gökler ve yer kadar olan cennete koşun. (İşte o takva sahipleri) bollukta ve darlıkta, Allah yolunda sarfeden, kinlerini içlerinde tutan ve insanların kusurlarını bağışlayan kimselerdir. Allah, iyilik edenleri sever. (Yine o takva sahipleri) çirkin bir kötülük işlediklerinde, yahut kendilerine zulmettiklerinde, Allah'ı zikredip günahlarının bağışlanmasını dilerler. Zaten Allah'tan başka günahları kim bağışlar? Keza onlar, yaptıkları kötü işlerde, bile bile direnmezler. »[1]

Her kim, günah işleyenler için kaderin hüccet olduğunu zannederse, o, Allah Teâlâ'nın şu âyetinde buyurduğu müşriklerin sınıfındandır:

$$\text{(سَيَقُولُ الَّذِينَ أَشْرَكُواْ لَوْ شَاء اللّهُ مَا أَشْرَكْنَا وَلاَ آبَاؤُنَا وَلاَ حَرَّمْنَا مِن شَيْءٍ)}$$

« Allah'a karşı şirk koşanlar diyeceklerdir ki: "Eğer Allah dileseydi, ne biz şirk koşardık, ne de babalarımız; hiçbir şeyi de kendimize haram kılmazdık. »[2]

Allah Teâlâ onlara red olarak şunları buyurur:

$$\text{(كَذَلِكَ كَذَّبَ الَّذِينَ مِن قَبْلِهِم حَتَّى ذَاقُواْ بَأْسَنَا قُلْ هَلْ عِندَكُم مِّنْ عِلْمٍ فَتُخْرِجُوهُ لَنَا إِن تَتَّبِعُونَ إِلاَّ الظَّنَّ وَإِنْ أَنتُمْ إَلاَّ تَخْرُصُونَ ﴿١٤٨﴾ قُلْ فَلِلّهِ الْحُجَّةُ الْبَالِغَةُ فَلَوْ شَاء لَهَدَاكُمْ أَجْمَعِينَ)}$$

« Onlardan öncekiler de böyle yalan söylemişlerdi de, azâbımızı tatmışlardı. (Ey Muhammed! Onlara) de ki: "Elinizde (bu iddianızı ispat edecek) herhangi bir ilim, (bir delil) var mı, onu bize hemen çıkarın. (Fakat hayır!) Siz, zandan başka bir şeye

<hr>

[1] Âl-i İmran Sûresi: 133-135.
[2] En'am Sûresi: 148.

uymuyorsunuz ve sez ancak yalan söyleyen kimselersiniz." (Ve yine) de ki: "(Elinizde herhangi bir delil bulunmadığına göre) en mükemmel delil Allah'a âittir. Eğer O dileseydi, sizin hepinizi birden hidayete erdirirdi. »[1]

Şayet kader birisi için hüccet olsaydı, Allah Teâlâ peygamberleri yalanlayanlara azâb etmezdi. Tıpkı Nûh, Âd, Semûd, Lût ve Firavun'un kavimleri gibi. Zâlimlere ceza uygulanmasını emret-mezdi. Allah'tan gelen hüdayı (hak yolu) bırakıp, hevasına uyandan başkası kaderi hüccet olarak kullanmaz. Her kim, günah ehline kaderi hüccet olarak görür ve onlardan zemmetmeyi ve cezalandırmayı kaldırırsa, kendisine zulmedildiği zaman hiç kimseyi ne zemmedebilir ne de onu cezalandırabilir. Bununla beraber, bir de onun katında lezzet gerektiren şeylerle, elem gerektiren şeyler eşit olur. Ve onunla hayır yapanla, şer yapanı ayırt edemez. Bu ise, şer'an, alken ve mizacen kabul edilmez.

Allah Teâlâ şöyle buyuruyor:

$$\text{(أَمْ نَجْعَلُ الَّذِينَ آمَنُوا وَعَمِلُوا الصَّالِحَاتِ كَالْمُفْسِدِينَ فِي الْأَرْضِ أَمْ نَجْعَلُ الْمُتَّقِينَ كَالْفُجَّارِ)}$$

« Yoksa, îman edenleri ve sâlih amel işleyenleri, yeryüzünde fesad çıkaranlar gibi mi tutacağız? Yahutta Allah'tan korkanları, kötülük işleyenler gibi mi tutacağız? »[2]

$$\text{(أَفَنَجْعَلُ الْمُسْلِمِينَ كَالْمُجْرِمِينَ)}$$

« Müslümanları o günahkârlarla bir mi tutacağız? »[3]

$$\text{(أَمْ حَسِبَ الَّذِينَ اجْتَرَحُوا السَّيِّئَاتِ أَن نَّجْعَلَهُمْ كَالَّذِينَ آمَنُوا وَعَمِلُوا الصَّالِحَاتِ سَوَاء مَّحْيَاهُم وَمَمَاتُهُمْ سَاء مَا يَحْكُمُونَ)}$$

« Yoksa kötülükleri işleyenler, hayatlarında ve ölümlerinde, kendilerini, îman eden ve sâlih amel işleyen kimselerle bir tutacağımızı mı zannediyorlar? Ne kötü hüküm veriyorlar. »[4]

$$\text{(أَفَحَسِبْتُمْ أَنَّمَا خَلَقْنَاكُمْ عَبَثاً وَأَنَّكُمْ إِلَيْنَا لَا تُرْجَعُونَ)}$$

« Bizim sizi boşuna yarattığımızı ve bize geri döndürülmeyeceğinizi mi sandınız? »[5]

$$\text{(أَيَحْسَبُ الْإِنسَانُ أَن يُتْرَكَ سُدًى)}$$

---

[1] En'âm Sûresi: 148-149.
[2] Sâd Sûresi: 28.
[3] Kalem Sûresi: 35.
[4] Câsiye Sûresi: 21.
[5] Mu'minun Sûresi: 115.

« İnsan, başıboş bırakılacağını mı sanıyor? »[1]

Yani, emrolunmayan ve nehyolunmayan bir şekilde hesaba katılmayan.

Buhârî ve Müslim'de gelen bir hadiste Allah Rasûlü -sallallahu aleyhi ve sellem- şöyle buyurur:

"Âdem ve Mûsâ birbirleriyle tartıştılar (birbirlerine delil getirdiler). Mûsâ dedi ki: Ey Âdem! Sen ki insanlığın babasısın. Allah seni eliyle yarattı ve sana ruhundan üfledi. Sana melekler secde ettiler. Böyle olduğu halde bizi ve kendini cennetten çıkarttın. Âdem Aleyhisselam ona şöyle dedi: Sen ki Allah'ın seni kelamıyla (yani onunla konuşmasıyla) seçtiği Mûsâ'sın. Ve sana eliyle Tevrat'ı yazdığısın. Siz de, ben yaratılmadan önce « Âdem Rabbine karşı gelmiş ve yolunu şaşırmıştı »[2] âyetini, benim üzerime yazılı olarak buldun. Mûsâ şöyle dedi: Kırk sene önce. Âdem Aleyhisselam: Öyleyse neden, ben yaratılmadan kırk sene önce üzerime Allah'ın takdir ettiği bir emir yüzünden beni azarlıyorsun? Âdem, Mûsâ'yı tartışmasında delil ile yendi."[3]

Bu hadiste iki gurup, haktan sapmıştır. Bir gurup, kader sebebiyle Allah'a isyan edenden cezanın ve zemmetmenin kaldırılmasını içerdiğini zannederek bunu yalanlamıştır. Kaderi hüccet edinmişler ve "kader, onu müşahede eden hakikat ehli veya kendilerinin bir işte irade sahibi olmadıklarını görenler için hüccettir" demişlerdir. İnsanlardan bazısı şöyle demiştir: O hüccettir. Çünkü, günah bir şeriatte, kınama ise başka bir şeriattedir, yahutta, çünkü, bu başka bir yerde değil dünyada olacağındandır. Bunların hepsi de batıldır.

Fakat, hadisin anlamı; Mûsâ Aleyhisselam babasını (Âdem Aleyhisselamı), ağaçtan yemesinden dolayı başlarına gelen musibetten başka bir şey için kınamamıştır. Ona şöyle demişti: Neden bizi ve kendini cennetten çıkarttın? Günah işleyip, ondan tövbe ettiği için kınamamıştır. Mûsâ Aleyhisselam, günahından tövbe edenin kınanmayacağını şüphesiz bilmekte idi. Bununla beraber O da bundan tövbe etmişti. Şayet Âdem Aleyhisselam kader sebebiyle kendisinden kınamanın kaldırılacağına inansaydı: « Rabbimiz! Kendimize zulmettik. Eğer bizi bağışlamaz ve bize merhamet etmezsen, mutlaka hüsrana uğrayanlardan oluruz. »[4] demezdi.

Mü'min, musîbet (bela ve sıkıntı) anında sabretmekle ve teslim olmakla, günah işlediği zamanda tövbe ve istiğfarla (bağışlanma dileme) emrolunmuştur. Allah Teâlâ şöyle buyuruyor:

$$\text{(فَاصْبِرْ إِنَّ وَعْدَ اللَّهِ حَقٌّ وَاسْتَغْفِرْ لِذَنْبِكَ وَسَبِّحْ بِحَمْدِ رَبِّكَ بِالْعَشِيِّ وَالْإِبْكَارِ)}$$

---

[1] Kıyamet Sûresi: 36.
[2] Tâhâ Sûresi: 121
[3] Buhari: 3409, Muslim: 2652.
[4] A'râf Sûresi: 23

« (Ey Muhammed!) Şimdi sen de sabret. Allah'ın va'di şüphesiz haktır. Günâhın için istiğfar et. »[1]

O'na, musîbetlere sabretmesini ve kusurlardan istiğfar etmesini emrediyor.

Allah Teâlâ şöyle buyuruyor:

$$ (مَا أَصَابَ مِن مُّصِيبَةٍ إِلَّا بِإِذْنِ اللَّهِ وَمَن يُؤْمِن بِاللَّهِ يَهْدِ قَلْبَهُ وَاللَّهُ بِكُلِّ شَيْءٍ عَلِيمٌ) $$

«Hiçbir musîbet, Allah'ın izni olmadıkça isabet etmez. Kim Allah'a îman ederse, Allah'ta onun kalbine hidayet verir. »[2]

İbn-i Mesud -Allah ondan râzı olsun- şöyle diyor:

"Kişiye bir musîbet isabet ettiğinde, o, onun Allah katından olduğunu bilir, razı olur ve ona teslim olur.

Mü'minler, kendilerine bir musîbet isabet ettiği zaman, hastalık, fakirlik ve boyun eğme gibi, Allah'ın hükmüne razı olur. Şayet bu başkalarının günahı sebebiylense — tıpkı babasının, malını masiyetle kullanıp evlatlarının fakir düşmesi gibi — o da böyledir. Onların üzerine düşen, başlarına gelen şeyden ötürü sabretmeleridir. Şayet babalarını kınarlarsa, onlara kader hatırlatılır ve bu da onların kısmetleri yani kaderleridir.

Sabır, âlimlerin ittifakıyla vacibtir. Bundan daha üstünü, Allah'ın hükmüne rıza göstermektir. Rıza hakkında, kimileri vacib, kimileri de müstehab demişlerdir (sahih olan budur). Bundan daha üstünü de, Allah'ın onun üzerine nimetlerinden görmesinden dolayı ve hataların giderilmesine, derecesinin yükseltilmesine, günahından tövbe edip Allah'a dönmesine, O'na boyun eğmesine, O'na samimiyetine, tevekkül etmesine, diğer yaratılmışlar olmaksızın O'na yönelişine sebep olan musîbetlere karşı şükretmesidir.

Hak yoldan sapmış ve zulüm ehline gelince; hevalarına uyup günah işledikleri zaman, onları, kaderi delil olarak getirdiklerini görürsün. Kendilerine nimet verildiği zaman, bu iyilikleri kendi nefislerinden sayarlar. Onların bazı âlimlerinin dedikleri gibi: Sen itaat anında Kaderî'sin, masiyet anında Cebrî'sin, Hangi mezhep hevana uyarsa onu mezhep edinirsin (o senin mezhebindir).

Doğru yol ve akıl ehli ise; bir iyilik yaptıklarında onunla Allah Teâlâ'nın üzerlerine olan nimetlerine şahitlik ederler. Muhakkak ki Allah, onların üzerine bu nimeti verdi ve onları Müslümanlardan ve namazı kılanlardan eyledi. Onlara takvayı ilham etti (öğretti). Şüphesiz ki Allah'tan başkasında güç ve kuvvet yoktur. Ve onlardan kaderi şahit getirme,

---

[1] Mu'min Sûresi: 55
[2] Teğâbun Sûresi: 11

kendini beğenme, başa kalkma ve ezâyı gidermiştir. Bir kötülük yaptıklarında, Allah'tan bağışlanma dilerler ve ondan Allah'a tövbe ederler.

Sahihi Buhârî'de, Şeddad b. Evs'ten gelen hadiste şöyle dedi: Allah Rasûlü -sallallahu aleyhi ve sellem- şöyle buyurdu:

"İstiğfarın efendisi, kulun şöyle demesidir: "Allahım! Sen benim Rabbimsin, senden başka ilâh yoktur. Sen beni yarattın, ben de senin kulunum. Ben, gücüm yettiğinde senin va'din ve ahdin üzerineyim. Yaptıklarımın şerrinden sana sığınırım. Senin benim üzerime olan nimetlerini ve günahlarımı itiraf ediyorum. Beni bağışla. Şüphesiz ki günahları senden başkası bağışlamaz." Her kim bunu sabaha girdiği zaman ihlaslı ve sevabına kalbinden inanarak söylerse, o gününde ölürse cennete girer. Yine her kim, akşama girdiğinde ihlaslı ve kalbinden sevabına inanarak söylerse, o gecesinde ölürse cennete girer. »[1]

Ebu Zer -Allah ondan râzı olsun-'nun Nebi -sallallahu aleyhi ve sellem-'den, O'nun da Rabbi Tebâreke ve Teâlâ'dan bildirdiği sahih bir hadiste şöyle buyurur:

"Ey kullarım! Muhakkak ki ben nefsime zulmü haram kıldım. Sizin aranızda da haram kıldım. Birbirinize zulmetmeyiniz.

Ey kullarım! Sizler gece gündüz hata işlersiniz, ben de günahların hepsini bağışlarım. [Bundan dolayı kınamam.] Benden bağışlanma dileyin, sizleri bağışlayayım.

Ey kullarım! Ancak yedirdiğimden başka hepiniz açsınız. Benden yiyecek isteyin ki, size yiyecek vereyim.

Ey kullarım! Ancak giydirdiğimden başka hepiniz çıplaksınız. Benden elbise isteyin ki size elbise giydireyim.

Ey kullarım! Kendisine hidayet verdiğim (hak yola ilettiğim) kimse dışında hepiniz dalalettesiniz (hak yoldan ayrısınız). Benden hidayet isteyin ki, size hidayet edeyim.

Ey kullarım! Sizler bana ne bir yarar ne de bir zarar ulaştırabilecek değilsiniz.

Ey kullarım! Şayet sizin, öncekileriniz, sonrakileriniz, insanlarınız ve cinleriniz bir araya gelseler, fark gözetmeksizin, ayırım yapmadan benden isteseler ve onlardan her insanın istediğini versem, bundan dolayı benim katımdakinden, tıpkı iğneyi denize bir defa batırıp çıkardığınızdaki su miktarı kadardan başka bir şey eksilmez.

Ey kullarım! Onlar ancak sizin amellerinizdir. Onları sizin için sayıyorum. Sonra onlara mükâfatını vereceğim. Sizden her kim, bir hayır bulursa Allah'a hamdetsin. Her kim de bundan başkasını bulursa, kendi nefsinden başkasını kınamasın."

İnsanlardan bir çoğu, hakikat diliyle konuşurlar ve Allah'ın meşietine ve yaratmasına bağlı kaderi, kevnî hakikatlerle, muhabbeti ve rızasına bağlı emirler olan dini hakikatleri

---

birbirinden ayırmaz. Yine dini hakikatleri, peygamberlerin diliyle Allah'ın emrettiklerine muvafık olanla, Kitap ve Sünnette muteber olmayan zevklerine ve duygularıyla hareket edeni birbirinden ayırmaz. Tıpkı birçoklarının şeriat lafzı ile konuştukları gibi. Allah Teâlâ'nın peygamberlerine indirdiği Kitap ve Sünnet olan şeriat ki yaratılmışlardan hiç birine bu şeriatin dışına çıkış yoktur, ondan kafirden başkası çıkmaz ve hakimin hükmü olan şeriati (kanunu) birbirinden ayırt etmez. Hâkim ise, bazen isabet eder (doğruyu bulur), bazen ise hata eder. Bu ise, şayet âdil bir âlim ise. Ya değilse! Sünende Nebi -sallallahu aleyhi ve sellem-'den gelen bir hadiste, O şöyle buyuruyor:

" Kadılar (hüküm verenler), üçtür: İkisi ateştedir. Biri ise cennettedir. Bir adam hakkı öğrenir ve onunla (yani hakla) hükmederse, o, cennettedir. Bir adam da insanlara cehaletle hüküm verirse o da cehennemdedir. Yine bir adam hakkı bilir, fakat onun hilafına hüküm verirse o da cehennemdedir."[1]

Adil ve âlim kadıların en üstünü Âdemoğullarının efendisi Hz. Muhammed -sallallahu aleyhi ve sellem-'dir. Buhârî ve Müslim'de gelen hadiste şöyle buyuruyor:

" Sizler bana münakaşa ederek geliyorsunuz. Olur ki bazınız bazınızdan hüccetinde daha akıllı olabilir. Ben ancak duyduklarımla hüküm veririm. Her kime birinin lehine kardeşinin hakkında (yanlış) hüküm verecek olursam onu almasın. Ben ancak, onun için ateş parçasından bir parça kesmiş olurum." [2]

Yaratılmışların efendisi -sallallahu aleyhi ve sellem-, işittiği bir şeye hüküm verdiğinde, batında da o bunun hilafınaysa, hüküm verilenin kendisi için verilen hükmü almasının câiz olmadığını haber vermiştir.Çünkü o, onunla, onun için ateşten bir parça kesilir.

Mutlak mülklerde, âlimler arasında ittifak vardır. Hakim, ikrar etme ve deliller gibi, onu şer'î hüccet zannederek hükmeder de ve batını da (gizli olanı) zahirin hilafınaysa (görüneni zıddınaysa) kendisine hükmedilenin, hükmedileni alması ittifakla câiz değildir. Şayet, akitlerde (antlaşmalarda), anlaşmaları bozmada ve buna benzer şeylerde âlimlerin çoğunluğu şöyle derler: Durum yine aynıdır. Bu ise, Malik, Şafii ve Ahmed b. Hanbel'in mezhebidir. Ebu Hanife Rahimehullah ise bu iki çeşidi birbirinden ayırır.

Eş-Şer'u ve Şeriat lafzıyla, şayet Kitap ve Sünnet kastediliyorsa, ne Allah dostlarının birinin ne de bir başkasının bunun dışına çıkması mümkün değildir. Her kim, Allah dostlarından birinin, Muhammed -sallallahu aleyhi ve sellem-'e uymadan, batınî ve zahiri Allah'a giden bir yolu olduğunu düşünürse [ki o, batınen ve zahiren O'na uymamıştır] o, kâfirdir.

---

[1] Ebu Davud: 3573, Tirmizi: 1322. Sahih bir hadistir. El-Elbani: El-İrva'sında: 2614.
[2] Buhari: 2458, Muslim: 1713.

Her kim, bunda Mûsâ'nın Hızır ile olan kıssasını getirirse iki yönden hatalıdır:

Birincisi: Mûsâ Aleyhisselam Hızır'a gönderilmiş değildi. Hızır'ın Mûsâ Aleyhisselam'a uyması vâcib değildi. Mûsâ Aleyhisselam, İsrâiloğulları'na gönderilmiş bir peygamberdir. Muhammed -sallallahu aleyhi ve sellem-'in risaleti ise bütün cin ve insanlar içindir. Şayet, İbrahim, Mûsâ ve Îsâ gibi Hızır'dan daha üstün olanlar, Resul -sallallahu aleyhi ve sellem-'i idrak etmiş olsalardı, muhakkak O'na uymaları vâcib olurdu. Hızır'da böyle olduğuna göre, acaba Nebi ve Resul'ün durumu nice olur!? Veli veya Nebi olmasından başka, Hızır'ın durumu nasıldır!? Bunun içindir ki, Hızır, Mûsâ Aleyhisselam'a şöyle der:

«Ben, bana Allah tarafından öğretilmiş ve senin bilmediğin bir ilim üzereyim. Sen de, Allah tarafından sana öğretilmiş ve benim bilmediğim bir ilim üzeresin. » [1]

Kendisine Muhammed -sallallahu aleyhi ve sellem-'in risaleti ulaşan insan ve cinlerden hiç biri bunun gibi bir sözü söyleyemez.

İkincisi: Hızır'ın yaptıkları Mûsâ Aleyhisselam'ın şeriatine muhalif değildir. Bilakis, bunu mübah kılan sebepler ilmi kendisinde yoktu. Bunu ona bildirdiğinde, onda muvafakat etmiştir. Hızır'ın, gemiyi delmesi, sonrada onarması zalimin gemiyi alması korkusuyla, gemi ehlinin maslahatı ve onlara iyilikte bulunmak içindi. Bu ise, câizdir. Küçükte olsa, saldırganı öldürmek câizdir. Ana-babasını küfre götürecek olan kimsenin, bunu yapmasına ancak onu öldürmek engelleyecekse onu öldürmek câizdir.

Necde el-Harûrî, İbn-i Abbas -Allah ondan râzı olsun-'ya genç çocukların öldürülmesini sorduğunda ona şöyle dedi: Şayet, o çocuklar hakkında Hızır'ın bildiklerini biliyorsan onları öldür. Yoksa, onları öldürme. [2]

Yetime karşılıksız iyilikte bulunmak ve açlığa sabretmeye gelince, bu, salih amellerdendir. Bunda ise, Allah'ın şeriatine muhalif hiçbir şey yoktur.

Ancak şeriatte, hakimin hükmü murad ediliyorsa, o kişi belki zalim olabilir, adalet sahibi de olabilir. İsabet ettiği gibi, hata da edebilir. Belki de şeriatle, tıpkı Ebu Hanife, Sevri, Malik b. Enes, Evzai, Leys b. Sa'd, Şafii, Ahmed, İshak, Davud ve başkaları gibi fıkıh imamlarının sözleri de murad edilmiş olabilir. Bunların sözlerini Kitab ve Sünnetten delillendirirler. Taklit edenin (mukallid) başkasını taklit etmesi mümkündür. Bu câizdir. Onlardan birine uymak, Resul -sallallahu aleyhi ve sellem-'e uymak gibi ümmetin tamamına vacib değildir. Tıpkı, ilimsiz konuşana tabi olmak yasaklandığı gibi, onlardan birini taklit etmesi yasaklanmaz.

Ancak, birisi şeriate (Allah'ın kanunlarına) ondan olmayan yalancı sözleri katmak veya Allah'ın murada ettiğinin hilafına nasları te'vil etmek (açıklamada bulunmak), ve buna benzer şeyler, bunlar değiştirmenin çeşitlerindendir. İndirilmiş şeriatin, te'vil edilmiş

---

[1] Buhari: 73, Muslim: 2380.
[2] Muslim: 1812.

şeriatin ve tebdil edilmiş (değiştirilmiş) şeriatin arasında fark olması gerekir. Tıpkı kevnî hakikat ve emrî dînî hakikatin arası ile, Kitab ve Sünnetten delil getirilmesinin arasının ve sahibinin zevk ve vecdinin birbirinden ayırt edildiği gibi.

BÖLÜM

Allah Teâlâ, irade, emir, kaza, izin, haram kılma, gönderme, yollama, yaratma ile kevnî olan yaratmasını, kaderini ve kaza'sı arasındaki farkı Kitabında açıklamıştır. Şayet onunla emretmese, onu sevmese, ashabına sevap vermez ve onları evliyasından kılmamasıyla, dînî olan, onunla emrettiği, sevdiği, razı olduğu, failini sevdiği, onlara sevabını verdiği, ikram ettiği ve onları muttaki velilerinden felaha ermiş gurubu ve galip olan askeri arasındaki farkı beyan etmiştir Allah Azze ve Celle. Bunlar ise, Allah'ın dostlarıyla düşmanlarını ayırt ettiği en büyük farklardır. Rab Subhânehû ve Teâlâ her kimi, sevdiği ve razı olduğu işlerde kullanır ve bu hal üzere ölürse, o, Allah'ın dostlarındandır. Her kimin ameli de, Rabbi sinirlendirecek ve kerih gördükleri ise ve bu hal üzere ölürse, o, Allah'ın düşmanlarındandır.

Kevnî irâde, yarattığındaki meşietidir. Bütün mahluklar (yaratılmışlar) Allah Teâlâ'nın meşietinin içindedir. Dînî irâde ise, muhabbeti, rızasını ve emrettiğini içine alan ve onu din ve şeriat kıldığı iradedir.

Bu ise, îman ve sâlih amelle alakalıdır. Allah Teâlâ birincide şöyle buyuruyor:

$$\text{(فَمَن يُرِدِ اللَّهُ أَن يَهْدِيَهُ يَشْرَحْ صَدْرَهُ لِلإِسْلاَمِ وَمَن يُرِدْ أَن يُضِلَّهُ يَجْعَلْ صَدْرَهُ ضَيِّقاً حَرَجاً كَأَنَّمَا يَصَّعَّدُ فِي السَّمَاء)}$$

« Allah, kimi hidâyete erdirmek isterse, onun göğsünü İslam'a açar; kimi de saptırmak isterse, sanki göğe çıkmış gibi göğsünü iyice daraltır sıkar. »[1]

Nûh Aleyhisselam kavmine şöyle diyor:

---

[1] En'âm Sûresi: 125.

(وَلاَ يَنفَعُكُمْ نُصْحِي إِنْ أَرَدتُّ أَنْ أَنصَحَ لَكُمْ إِن كَانَ اللّهُ يُرِيدُ أَن يُغْوِيَكُمْ)

« Size nasihat etmeyi istediğimde, eğer Allah sizi azdırmayı murad etmişse, benim nasihatim size hiçbir fayda vermez. »[1]

Allah Teâlâ şöyle buyuruyor:

(وَإِذَا أَرَادَ اللّهُ بِقَوْمٍ سُوءًا فَلاَ مَرَدَّ لَهُ وَمَا لَهُم مِّن دُونِهِ مِن وَالٍ)

« Allah, bir kavme kötülük murad ettiği zaman, artık onu geri çevirecek bir şey yoktur. Onların Allah'tan başka velîleri de yoktur. »[2]

İkinci de ise Allah Teâlâ şöyle buyuruyor:

(وَمَن كَانَ مَرِيضاً أَوْ عَلَى سَفَرٍ فَعِدَّةٌ مِّنْ أَيَّامٍ أُخَرَ يُرِيدُ اللّهُ بكُمُ الْيُسْرَ وَلاَ يُرِيدُ بكُمُ الْعُسْرَ)

« Her kim hasta, yahut seyahatte olursa (tutamadığı günleri) başka günlerde tutsun. Allah sizler için kolaylığı ister; güçlüğü istemez. »[3]

Allah Teâlâ taharet âyetinde şöyle buyurur:

(مَا يُرِيدُ اللّهُ لِيَجْعَلَ عَلَيْكُم مِّنْ حَرَجٍ وَلَـكِن يُرِيدُ لِيُطَهَّرَكُمْ وَلِيُتِمَّ نِعْمَتَهُ عَلَيْكُمْ لَعَلَّكُمْ تَشْكُرُونَ)

« Allah, size bir güçlük çıkarmak istemiyor, fakat sizi temizlemek ve şükredesiniz diye de üzerinizdeki nimetini tamamlamak istiyor. »[4]

Nikahtan haram ve helal kıldıklarını zikrettiğinde şöyle buyuruyor:

(يُرِيدُ اللّهُ لِيُبَيِّنَ لَكُمْ وَيَهْدِيَكُمْ سُنَنَ الَّذِينَ مِن قَبْلِكُمْ وَيَتُوبَ عَلَيْكُمْ وَاللّهُ عَلِيمٌ حَكِيمٌ {٢٦} وَاللّهُ يُرِيدُ أَن يَتُوبَ عَلَيْكُمْ وَيُرِيدُ الَّذِينَ يَتَّبِعُونَ الشَّهَوَاتِ أَن تَمِيلُواْ مَيْلاً عَظِيماً {٢٧} يُرِيدُ اللّهُ أَن يُخَفِّفَ عَنكُمْ وَخُلِقَ الإِنسَانُ ضَعِيفاً)

« Allah, size (hükümlerini) açıklamak ve sizden öncekileri hak yoluna sizi irşad edip tövbelerinizi kabul etmek istiyor. Allah, her şeyi hakkıyla bilendir, hikmet sâhibidir.

---

[1] Hûd Sûresi: 34.
[2] Râd Sûresi: 11.
[3] Bakara Sûresi: 185.
[4] Mâide Sûresi: 6.

Allah, sizin tövbelerinizi kabul etmek istiyor; şehvetlerinin peşinde koşanlar ise, sizin doğru yoldan iyice sapmanızı istiyorlar.

Keza Allah, sizin sırtınızdaki (ağır yükleri) hafifletmek istiyor; zira insan, zayıf (ve güçsüz) yaratılmıştır. »[1]

Nebi -sallallahu aleyhi ve sellem-'in hanımlarına neleri emrettiğini ve neleri yasakladığını zikrettiğinde şöyle buyurur:

$$﴿ إِنَّمَا يُرِيدُ اللَّهُ لِيُذْهِبَ عَنكُمُ الرِّجْسَ أَهْلَ الْبَيْتِ وَيُطَهِّرَكُمْ تَطْهِيراً ﴾$$

« Ey Peygamberin ev halkı! Allah, sizden günâh kirini gidermek ve sizi tertemiz kılmak istiyor. »[2]

Bunun manası, Allah sizlere sizleri tertemiz kılmak için (Ehli Beyti) günâh kirini giderici şeyleri emrediyor. Her kim O'nun emrine itaat ederse o temiz olur ve isyan edenin aksine ondan günâh kiri giderilmiş olur.

Emir meselesine gelince, el-Emrul-Kevnî hakkında şöyle buyuruyor:

$$﴿إِنَّمَا قَوْلُنَا لِشَيْءٍ إِذَا أَرَدْنَاهُ أَن نَّقُولَ لَهُ كُن فَيَكُونُ﴾$$

« Zira bizim, bir şeyin olmasını istediğimiz zaman sözümüz, ona "ol" demektir; o da hemen oluverir. »[3]

Allah Teâlâ şöyle buyuruyor:

$$﴿وَمَا أَمْرُنَا إِلَّا وَاحِدَةٌ كَلَمْحٍ بِالْبَصَرِ﴾$$

« Bizim emrimiz, gözün açılıp kapanması gibi, ancak tek bir emirdir. »[4]

$$﴿ أَتَاهَا أَمْرُنَا لَيْلاً أَوْ نَهَاراً فَجَعَلْنَاهَا حَصِيداً كَأَن لَّمْ تَغْنَ بِالْأَمْسِ ﴾$$

« Gece yahut gündüz, ona emir gelir ve sanki dün hiçbir şey yokmuş gibi onu hasad edilmişe çeviririz. »[5]

Dînî emre gelince, Allah Teâlâ şöyle buyuruyor:

$$﴿إِنَّ اللَّهَ يَأْمُرُ بِالْعَدْلِ وَالْإِحْسَانِ وَإِيتَاء ذِي الْقُرْبَى وَيَنْهَى عَنِ الْفَحْشَاء وَالْمُنكَرِ وَالْبَغْيِ يَعِظُكُمْ لَعَلَّكُمْ تَذَكَّرُونَ﴾$$

---

[1] Nisâ Sûresi: 26-28.
[2] Ahzâb Sûresi: 33
[3] Nahl Sûresi: 40
[4] Kamer Sûresi: 50
[5] Yûnus Sûresi: 24

"Allah, adaletli olmayı, iyilik etmeyi ve yakınlara vermeyi emreder; (her çeşit) haramdan,kötülükten ve zorbalıktan da meneder;öğüt alasınız diye va'z ve nasihat eder."[1]

Allah Teâlâ şöyle buyuruyor:

$$إِنَّ اللَّهَ يَأْمُرُكُمْ أَنْ تُؤَدُّواْ الأَمَانَاتِ إِلَى أَهْلِهَا وَإِذَا حَكَمْتُم بَيْنَ النَّاسِ أَنْ تَحْكُمُواْ بِالْعَدْلِ إِنَّ اللَّهَ نِعِمَّا يَعِظُكُم بِهِ إِنَّ اللَّهَ كَانَ سَمِيعاً بَصِيراً$$

« Allah size, emanetleri ehline vermenizi, insanlar arasında hükmettiğiniz zaman da adaletle hükmetmenizi emrediyor. Allah bununla size ne güzel öğüt veriyor. Şüphe yoktur ki Allah, her şeyi hakkıyla işiten, hakkıyla görendir. »[2]

İzne gelince, sihri zikrettiğinde, kevnî'de şöyle der:

$$وَمَا هُم بِضَآرِّينَ بِهِ مِنْ أَحَدٍ إِلاَّ بِإِذْنِ اللّهِ$$

« Allah'ın izni olmadıkça, bu öğrendikleriyle hiç kimseye zararlı olamazlar. »[3]

Yani, kudreti ve dilemesiyle, bununla birlikte Allah Azze ve Celle sihri sevmez.

Allah Teâlâ dînî izin hakkında şöyle buyurur:

$$أَمْ لَهُمْ شُرَكَاء شَرَعُوا لَهُم مِّنَ الدِّينِ مَا لَمْ يَأْذَن بِهِ اللَّهُ$$

« Yoksa onların, Allah'ın izin vermediği şeyi kendileri için dinden bir şeriat koyan ortakları mı var? »[4]

Allah Teâlâ şöyle buyuruyor:

$$إِنَّا أَرْسَلْنَاكَ شَاهِداً وَمُبَشِّراً وَنَذِيراً ﴿٤٥﴾ وَدَاعِياً إِلَى اللَّهِ بِإِذْنِهِ وَسِرَاجاً مُّنِيراً$$

« Biz seni, şâhid olarak, müjdeci olarak, uyarıcı, kendi izniyle Allah'a davet edici olarak gönderdik. »[5]

$$وَمَا أَرْسَلْنَا مِن رَّسُولٍ إِلاَّ لِيُطَاعَ بِإِذْنِ اللّهِ$$

« Biz, gönderdiğimiz her bir peygamberi, ancak Allah'ın izniyle itaat olunması için gönderdik. »[6]

---

[1] Nahl Sûresi: 90
[2] Nisâ Sûresi: 58
[3] Bakara Sûresi: 102
[4] Şura Sûresi: 21
[5] Ahzâb Sûresi: 45-46
[6] Nisâ Sûresi: 64

(مَا قَطَعْتُمْ مِّنْ لِينَةٍ أَوْ تَرَكْتُمُوهَا قَائِمَةً عَلَى أُصُولِهَا فَبِإِذْنِ اللَّهِ)

« Hurma ağaçlarından her neyi kesmiş, yahut kesmeyip kökleri üzerinde dikili bırakmışsanız, o da Allah'ın izniyledir. »[1]

Kaza'ya gelince, kevnî'de şöyle der:

(فَقَضَاهُنَّ سَبْعَ سَمَاوَاتٍ فِي يَوْمَيْنِ)

« Böylece onları, iki gün içinde yedi gök olarak var etmiştir. »[2]

Allah Teâlâ şöyle buyuruyor:

(وَإِذَا قَضَى أَمْراً فَإِنَّمَا يَقُولُ لَهُ كُنْ فَيَكُونُ)

« Bir işin olmasına hükmettiği zaman, ona sadece "ol" der, o da hemen olur. »[3]

Dînî (emir de) de şöyle buyurur:

(وَقَضَى رَبُّكَ أَلاَّ تَعْبُدُواْ إِلاَّ إِيَّاهُ)

« Rabbin kendisinden başkasına ibadet etmemenizi emretti. »[4]

Bununla murad edilen, onu takdir etti, demek değildir. Muhakkak ki o, başkasına ibadet etmiştir. Tıpkı başka bir yerde haber verdiği gibi. Allah Teâlâ şöyle buyuruyor:

(وَيَعْبُدُونَ مِن دُونِ اللَّهِ مَا لاَ يَضُرُّهُمْ وَلاَ يَنفَعُهُمْ وَيَقُولُونَ هَـؤُلاء شُفَعَاؤُنَا عِندَ اللَّهِ قُلْ أَتُنَبِّئُونَ اللَّهَ بِمَا لاَ يَعْلَمُ فِي السَّمَاوَاتِ وَلاَ فِي الأَرْضِ سُبْحَانَهُ وَتَعَالَى عَمَّا يُشْرِكُونَ)

« (O müşrikler), Allah'ı bırakarak, kendilerine zararı da faydası da dokunmayan şeylere ibadet ederler ve "bunlar, Allah katında bizim şefaatçılarımızdır" derler. »[5]

Yine Halil Aleyhisselam'ın kavmine olan sözünde şöyle denir:

(قَالَ أَفَرَأَيْتُم مَّا كُنتُمْ تَعْبُدُونَ {٧٥} أَنتُمْ وَآبَاؤُكُمُ الْأَقْدَمُونَ {٧٦} فَإِنَّهُمْ عَدُوٌّ لِّي إِلَّا رَبَّ الْعَالَمِينَ)

---

[1] Haşr Sûresi: 5
[2] Fussilet Sûresi: 12
[3] Bakara Sûresi: 117
[4] İsrâ Sûresi: 23
[5] Yûnus Sûresi: 18

« İbrahim de demişti ki: "Şimdi, gerek sizin ve gerekse daha evvelki atalarınızın nelere ibadet ettiğinizi görmüyor musunuz?" "Onların hepsi benim düşmanlarımdır; yalnız âlemlerin Rabbi hâriç. »[1]

Allah Teâlâ şöyle buyuruyor:

(قَدْ كَانَتْ لَكُمْ أُسْوَةٌ حَسَنَةٌ فِي إِبْرَاهِيمَ وَالَّذِينَ مَعَهُ إِذْ قَالُوا لِقَوْمِهِمْ إِنَّا بُرَآءُ مِنكُمْ وَمِمَّا تَعْبُدُونَ مِن دُونِ اللَّهِ كَفَرْنَا بِكُمْ وَبَدَا بَيْنَنَا وَبَيْنَكُمُ الْعَدَاوَةُ وَالْبَغْضَاءُ أَبَداً حَتَّى تُؤْمِنُوا بِاللَّهِ وَحْدَهُ)

« İbrahim'in, babasına söylediği "senin için Allah'tan mutlaka mağfiret dileyeceğim. Fakat Allah'tan sana gelecek bir şeyi savmaya gücüm yetmez" sözü dışında, İbrahim'de ve onunla beraber olanlarda, sizin için uyulacak güzel bir örnek vardır. Hani onlar kavimlerine demişlerdi ki: "Biz sizden ve sizin Allah'tan başka ibadet ettiğiniz şeylerden uzağız. Biz sizin putlarınızı inkâr ediyoruz. Siz, tek bir Allah'a îman etmedikçe, bizimle sizin aranızda ebedî olarak kin ve düşmanlık belirmiştir. »[2]

(قُلْ يَا أَيُّهَا الْكَافِرُونَ {١} لَا أَعْبُدُ مَا تَعْبُدُونَ {٢} وَلَا أَنتُمْ عَابِدُونَ مَا أَعْبُدُ {٣} وَلَا أَنَا عَابِدٌ مَّا عَبَدتُّمْ {٤} وَلَا أَنتُمْ عَابِدُونَ مَا أَعْبُدُ (٥) لَكُمْ دِينُكُمْ وَلِيَ دِينِ)

« (Ey Muhammed! O kâfirlere) de ki: "Ey kâfirler! Ben sizin ibadet ettiklerinize ibadet etmem. Siz de benim ibadet ettiğime ibadet edecek değilsiniz. Ben aslâ sizin ibadet ettiklerinize ibadet edecek değilim. Siz de benim ibadet ettiğime ibadet edecek değilsiniz. Sizin dininiz size âittir; benim dînim de bana"... »[3]

Bu âyetler, buna rıza göstermesini değil, onların dininden uzak olduğunu ifade eder. Başka bir âyette Allah Teâlâ'nın buyurduğu gibi:

(وَإِن كَذَّبُوكَ فَقُل لِّي عَمَلِي وَلَكُمْ عَمَلُكُمْ أَنتُمْ بَرِيئُونَ مِمَّا أَعْمَلُ وَأَنَاْ بَرِيءٌ مِّمَّا تَعْمَلُونَ)

« Eğer onlar seni yalanlarlarsa, (onlara) de ki: "Benim amelim bana, sizin ameliniz de size aittir. Siz benim yaptığımdan uzaksınız; ben de sizin yaptığınızdan uzağım. »[4]

Dinsizlerden her kim, bunun, Allah Rasûlü -sallallahu aleyhi ve sellem-'in kâfirlerin dininden razı olması olduğunu iddia ederse, o, insanların en yalancısı ve en inkârcısıdır.

Tıpkı « Rabbin emretti »[1]   âyetinin manasının "kader" olduğunu, Allah Subhânehû ve Teâlâ'nın bir şeyi, ancak vuku bulduktan (meydana geldikten) sonra emrettiğini (takdir ettiğini) ve putlara tapanların, aslında Allah'tan başkasına tapmadıklarını (ibadet etmediklerini) iddia ederse, muhakkak ki bu, hepsini inkâr eden insanların en büyüğüdür.

"Ba's" (gönderme) lafzına gelince Allah Teâlâ "el-Ba'sul-Kevnî" hakkında şöyle buyurur:

$$ \text{(فَإِذَا جَاءَ وَعْدُ أُولاهُمَا بَعَثْنَا عَلَيْكُمْ عِبَاداً لَّنَا أُوْلِي بَأْسٍ شَدِيدٍ فَجَاسُواْ خِلاَلَ الدِّيَارِ وَكَانَ وَعْداً مَّفْعُولاً)} $$

« Nitekim ilkinin vakti gelince, üzerinize savaşta çok şiddetli olan kullarımızı göndermiştik. Onlar da ülke dâhilinde kontrolü ele almışlardı. Bu, yapılması gereken bir va'd idi. »[2]

"El-Ba'sud-Dînî" (dînî gönderme) hakkında da Allah Teâlâ şöyle buyuruyor:

$$ \text{(هُوَ الَّذِي بَعَثَ فِي الْأُمِّيِّينَ رَسُولاً مِّنْهُمْ يَتْلُو عَلَيْهِمْ آيَاتِهِ وَيُزَكِّيهِمْ وَيُعَلِّمُهُمُ الْكِتَابَ وَالْحِكْمَةَ)} $$

« Ümmî Araplar içinde, kendilerinden olan ve onlara Allah'ın âyetlerini okuyan, onları temizleyen ve onlara Kitap ve hikmeti öğreten bir Resul gönderen O'dur. »[3]

Allah Teâlâ şöyle buyuruyor:

$$ \text{(وَلَقَدْ بَعَثْنَا فِي كُلِّ أُمَّةٍ رَّسُولاً أَنِ اعْبُدُواْ اللَّهَ وَاجْتَنِبُواْ الطَّاغُوتَ)} $$

« Biz her ümmete, yalnız Allah'a ibadet etmeleri ve şeytandan da sakınmaları için bir peygamber gönderdik. »[4]

"İrsal" lafzına gelince, Allah Teâlâ "İrsâlul-Kevnî" hakkında şöyle buyuruyor:

$$ \text{(أَلَمْ تَرَ أَنَّا أَرْسَلْنَا الشَّيَاطِينَ عَلَى الْكَافِرِينَ تَؤُزُّهُمْ أَزًّا)} $$

« Nitekim kâfirler üzerine gönderdiğimiz şeytanların onları günâh işlemeye teşvik ettiklerini görmedin mi? »[5]

Allah Teâlâ şöyle buyuruyor:

---

[1] İsra Sûresi: 23
[2] İsra Sûresi: 5
[3] Cum'a Sûresi: 2
[4] Nahl Sûresi: 36
[5] Meryem Sûresi: 83

$$(وَهُوَ الَّذِي أَرْسَلَ الرِّيَاحَ بُشْراً بَيْنَ يَدَيْ رَحْمَتِهِ)$$

« Rahmetinin önünden rüzgârları müjdeci olarak gönderen O'dur. »[1]

"Dînî İrsal" hakkında da şöyle buyuruyor:

$$(يَا أَيُّهَا النَّبِيُّ إِنَّا أَرْسَلْنَاكَ شَاهِداً وَمُبَشِّراً وَنَذِيراً)$$

« Ey Peygamber! Biz seni, şâhid olarak, müjdeci ve uyarıcı olarak gönderdik. »[2]

Allah Teâlâ şöyle buyuruyor:

$$(إِنَّا أَرْسَلْنَا نُوحاً إِلَى قَوْمِهِ)$$

« Biz Nûh'u kavmine göndermiştik. »[3]

$$(إِنَّا أَرْسَلْنَا إِلَيْكُمْ رَسُولاً شَاهِداً عَلَيْكُمْ كَمَا أَرْسَلْنَا إِلَى فِرْعَوْنَ رَسُولاً)$$

« Ey insanlar! Firavun'a gönderdiğimiz peygamber gibi, size de, yaptıklarınıza şâhidlik etmek üzere bir peygamber göndermiştik. »[4]

$$(اللَّهُ يَصْطَفِي مِنَ الْمَلَائِكَةِ رُسُلاً وَمِنَ النَّاسِ)$$

« Allah, meleklerden de insanlardan da elçiler seçmiştir. »[5]

"Ca'l" lafzına gelince, "Kevnî" hakkında şöyle buyurur:

$$(وَجَعَلْنَاهُمْ أَئِمَّةً يَدْعُونَ إِلَى النَّارِ)$$

« Onları, ateşe davet eden önderler yapmışızdır. »[6]

"Dînî Ca'l" hakkında da şöyle buyuruyor:

$$(لِكُلٍّ جَعَلْنَا مِنكُمْ شِرْعَةً وَمِنْهَاجاً)$$

« Sizin her biriniz için bir şeriat ve bir yol vazettik. »[7]

Allah Teâlâ şöyle buyuruyor:

---

[1] Furkân Sûresi: 48
[2] Ahzâb Sûresi: 45
[3] Nûh Sûresi: 1
[4] Muzzemmil Sûresi: 15
[5] Hacc Sûresi: 75
[6] Kasas Sûresi: 41
[7] Mâide Sûresi: 48

(مَا جَعَلَ اللّهُ مِن بَحِيرَةٍ وَلاَ سَآئِبَةٍ وَلاَ وَصِيلَةٍ وَلاَ حَامٍ)

"Allah, ne "bahîre"yi, ne "sâibe"yi ne "vasîle"yi ve ne de "hâm" [1] ı meşru kılmıştır. »[2]

"Tahrim" (haram kılma) lafzına gelince, "Kevnî" hakkında şöyle buyurur:

(وَحَرَّمْنَا عَلَيْهِ الْمَرَاضِعَ مِن قَبْلُ)

« Önceden sütanalarını ona haram kılmıştık. »[3]

Allah Teâlâ şöyle buyuruyor:

(فَإِنَّهَا مُحَرَّمَةٌ عَلَيْهِمْ أَرْبَعِينَ سَنَةً يَتِيهُونَ فِي الأَرْضِ)

« O mukaddes arz, onlara kırk yıl süreyle haram kılınmıştır. Bulundukları yerde başıboş dolaşıp duracaklardı. »[4]

"Dînî Tahrim" hakkında da şöyle buyurur:

(حُرِّمَتْ عَلَيْكُمُ الْمَيْتَةُ وَالدَّمُ وَلَحْمُ الْخِنْزِيرِ وَمَا أُهِلَّ لِغَيْرِ اللّهِ بِهِ)

« Size, ölü, kan, domuz eti, Allah'tan başkası üzerine kesilen (hayvan eti) haram kılınmıştır. »[5]

Allah Teâlâ şöyle buyuruyor:

(حُرِّمَتْ عَلَيْكُمْ أُمَّهَاتُكُمْ وَبَنَاتُكُمْ وَأَخَوَاتُكُمْ وَعَمَّاتُكُمْ وَخَالاَتُكُمْ وَبَنَاتُ الأَخِ وَبَنَاتُ الأُخْتِ)

« Analarınız, kızlarınız, kız kardeşleriniz, halalarınız, teyzeleriniz, erkek kardeş kızları ve kız kardeş kızları size haram kılınmıştır. »[6]

"Kelimât" (kelimeler) lafzına gelince; "Kelimât Kevnî" hakkında şöyle buyuruyor:

(وَصَدَّقَتْ بِكَلِمَاتِ رَبِّهَا وَكُتُبِهِ)

---

[1] İslam öncesi Arapların bâtıl inanç ve âdetlerinden biri de bazı sebep ve bahanelerle birtakım hayvanları putlara kurban etmeleri, onları putlar adına serbest bırakmaları idi. Bu cümleden olarak beş kere doğuran ve beşinci yavrusu dişi olan deveye "bahîra" denir, kulağı çentilir, sağılmaz, sütü putlara bırakılırdı. Put namına serbest bırakılan ve sütünden yalnızca misafirlerin faydalandığı develere "sâibe" denirdi. Biri erkek, diğeri dişi olmak üzere ikiz doğuran koyun veya deveye "vasîle" derler, erkek yavruyu puta kurban ederlerdi. On nesli dölleyen erkek deveye "hâm" denir, o da serbest bırakılırdı. (Mütercim)

[2] Mâide Sûresi: 103
[3] Kasas Sûresi: 12
[4] Mâide Sûresi: 26
[5] Mâide Sûresi: 3
[6] Nisâ Sûresi: 23

« O, Rabbinin sözlerini ve kitabını tasdik etmiştir. »[1]

"Sahih" de gelen bir hadiste Allah Rasûlü şöyle derdi:

"Allah'ın yarattıklarının şerrinden, gazabından, azabından, kullarının şerrinden, şeytanların vesveselerinden ve hazır bulunmalarından, Allah'ın tam olan (noksansız) kelimelerine sığınırım."[2]

Allah Rasûlü şöyle buyurur:

"Her kim bir yere inerde "yarattıklarının şerrinden Allah'ın tam olan kelimelerine sığınırım" derse, o yerden ayrılıncaya kadar, ona hiçbir şey zarar vermez."[3]

Yine Allah Rasûlü -sallallahu aleyhi ve sellem- şöyle derdi:

" Ey Rahman (olan Allah'ım!) Yarattıklarının şerrinden, semadan inenin ve oraya yükselenin, toprağa ekilen tohumun ve oradan çıkanın şerrinden, gündüz ve gece fitnelerinden, ancak hayır için gelenin dışında geceleyin gelen ziyaretçinin şerrinden, hiçbir dindarın ve fâcirin (günâhkârın) bırakamayacağı, Allah'ın tam olan (eksiksiz) kelimelerine sığırım."[4]

Ne dindar olanın ve ne de fâcir olanın dışına çıkamayacağı Allah'ın tam olan kelimeleri öyle kelimelerdir ki, onunla Allah Teâlâ kâinâtı yaratmıştır. Ne dindar ne de fâcir onun yaratmasından, meşietinden (dilemesinden) ve kudretinden ayrılamaz. Dînî kelimelere gelince, onlar ise, indirdiği Kitapları, onlardaki emir ve yasaklarıdır. Ebrâr (sâdık) olanlar, o kitaplara itaat ettiler, füccâr (günahkârlar) ise, isyan ettiler (o kitaplara uymadılar).

Allah'tan hakkıyla korkan Allah dostları ise (Evliyaullah), Allah'ın dînî kelimelerine, dînî ca'line, dînî iznine ve dînî iradesine itaat edenlerdir.

Hiçbir dindarın ve de fâcirin dışına çıkamayacağı kevnî kelimelerine gelince; bunun altına İblis, onun askerleri, inkâr edenlerin hepsi ve diğer cehenneme girenler de dahil olmak üzere bütün mahlukat girer.

Mahlûkât, yaratmanın şümûlünde (kapsama-içine alma), meşiet, kudret ve kaderlerinde bir araya gelseler bile; emir de, nehiy de, muhabbet, rıza ve gadapta birbirinden ayrılırlar.

Allah'tan hakkıyla korkan Evliyâullah (Allah dostları) öyle kimselerdir ki; emredilenleri yapan, yasaklananları terk eden, kendilerine takdir edilene sabreden,

[1] Tahrîm Sûresi: 12
[2] Bu lafızda gelen rivayeti Malik (2/950) rivayet etmiştir. Tirmizi Deavat'da: 3519. Ebu Davud: 3893. Abdullah b. Amr hadisinden.
[3] Muslim: 2708
[4] Mâlik, Muvatta'sında: 2/950

onların Allah'ı sevdiği, Allah'ın da onları sevdiği, Allah'ın onlardan razı olduğu, onların da Allah'tan razı olduğu kullarıdır.

Allah'ın düşmanları ise, şeytanın dostlarıdır. Onlar, Allah'ın kudreti altında olsalar bile, Allah onlara buğzeder, onlardan nefret eder, onlara lânet eder ve onlara düşmanlık besler.

Bu cümlelerin geniş izahı başka bir yerde zikredilmiştir. Ben sadece burada Allah dostları ile şeytan dostları arasındaki farkın bütünü üzerinde uyarma olarak kaleme aldım. Allah Rasûlü -sallallahu aleyhi ve sellem-'e muvafakat itibari ile ikisi arasındaki farklar toplanıldı. Çünkü Allah Rasûlü -sallallahu aleyhi ve sellem-, Allah Teâlâ'nın kendisiyle mutluluk içindeki Allah dostları ile, şekavet içerisindeki düşmanlarını, cennet ehli olan dostları ile, cehennem ehli olan düşmanlarını, hüdâ ve reşâd ehli (hak yol üzere olan akıl ve feraset ehli) olan dostları ile, dalalet (sapıklık), fesad ve günahkar ehli olan düşmanlarını, düşmanı olan şeytanın taraftarları ile, kendi katından bir ruh ile güçlendirdiği ve kalplerine îmanı yazdığı dostlarını birbirinden ayırt etti. Allah Teâlâ şöyle buyuruyor:

$$ \text{(لَا تَجِدُ قَوْماً يُؤْمِنُونَ بِاللَّهِ وَالْيَوْمِ الْآخِرِ يُوَادُّونَ مَنْ حَادَّ اللَّهَ وَرَسُولَهُ)} $$

« Allah'a ve âhiret gününe îman eden bir kavmi Allah'a ve Rasûlüne karşı gelen kimselere sevgi beslediklerini göremezsin. »[1]

Allah Teâlâ şöyle buyuruyor:

$$ \text{(إِذْ يُوحِي رَبُّكَ إِلَى الْمَلَائِكَةِ أَنِّي مَعَكُمْ فَثَبِّتُوا الَّذِينَ آمَنُوا سَأُلْقِي فِي قُلُوبِ الَّذِينَ كَفَرُوا الرُّعْبَ فَاضْرِبُوا فَوْقَ الْأَعْنَاقِ وَاضْرِبُوا مِنْهُمْ كُلَّ بَنَانٍ)} $$

« Rabbin meleklere de şöyle vahyetmişti: "Şüphesiz ben sizinle beraberim; mü'minlerin kalplerini pekiştirin; küfredenlerin kalplerine korku salacağım. Bu itibarla vurun boyunların üstüne; vurun onların tüm parmaklarına. »[2]

Allah Teâlâ, düşmanları hakkında şöyle buyuruyor:

$$ \text{(وَإِنَّ الشَّيَاطِينَ لَيُوحُونَ إِلَى أَوْلِيَائِهِمْ لِيُجَادِلُوكُمْ)} $$

« Muhakkak ki şeytanlar, dostlarına, sizinle mücadele etmelerini telkin edecektir. »[3]

Allah Teâlâ şöyle buyuruyor:

---

[1] Mücâdele Sûresi: 22
[2] Enfâl Sûresi: 12
[3] En'âm Sûresi: 121

(وَكَذَلِكَ جَعَلْنَا لِكُلِّ نِبِيٍّ عَدُوّاً شَيَاطِينَ الْإِنْسِ وَالْجِنِّ يُوحِي بَعْضُهُمْ إِلَى بَعْضٍ زُخْرُفَ الْقَوْلِ غُرُوراً)

« Keza biz, her peygambere, aldatmak için birbirlerine yaldızlı sözler telkin eden insan ve cin şeytanlarını düşman etmişizdir. »[1]

(هَلْ أُنَبِّئُكُمْ عَلَى مَن تَنَزَّلُ الشَّيَاطِينُ {٢٢١} تَنَزَّلُ عَلَى كُلِّ أَفَّاكٍ أَثِيمٍ {٢٢٢} يُلْقُونَ السَّمْعَ وَأَكْثَرُهُمْ كَاذِبُونَ {٢٢٣} وَالشُّعَرَاء يَتَّبِعُهُمُ الْغَاوُونَ {٢٢٤} أَلَمْ تَرَ أَنَّهُمْ فِي كُلِّ وَادٍ يَهِيمُونَ {٢٢٥} وَأَنَّهُمْ يَقُولُونَ مَا لَا يَفْعَلُونَ {٢٢٦} إِلَّا الَّذِينَ آمَنُوا وَعَمِلُوا الصَّالِحَاتِ وَذَكَرُوا اللَّهَ كَثِيراً وَانتَصَرُوا مِن بَعْدِ مَا ظُلِمُوا وَسَيَعْلَمُ الَّذِينَ ظَلَمُوا أَيَّ مُنقَلَبٍ يَنقَلِبُونَ)

« Size, şeytanların kimlere indiğini haber vereyim mi? Onlar, çok günâh işleyen yalancılara inerler. Bunlar, şeytanlara kulak verirler, çoğu yalancıdırlar. Şâirler de, onlara da azgınlar uyar. Bilmez misin ki onlar, her vâdide şaşkın dolaşırlar ve yapmadıklarını (yaptık diye) söylerler.Ancak îman edenler, iyi iş yapanlar, Allah'ı çok zikredenler ve zulme uğradıktan sonra üstün gelenler, bunların dışındadır. O zulmedenler, nereye döneceklerini çok yakından öğreneceklerdir. »[2]

(فَلَا أُقْسِمُ بِمَا تُبْصِرُونَ {٣٨} وَمَا لَا تُبْصِرُونَ {٣٩} إِنَّهُ لَقَوْلُ رَسُولٍ كَرِيمٍ {٤٠} وَمَا هُوَ بِقَوْلِ شَاعِرٍ قَلِيلاً مَا تُؤْمِنُونَ {٤١} وَلَا بِقَوْلِ كَاهِنٍ قَلِيلاً مَا تَذَكَّرُونَ {٤٢} تَنزِيلٌ مِّن رَّبِّ الْعَالَمِينَ {٤٣} وَلَوْ تَقَوَّلَ عَلَيْنَا بَعْضَ الْأَقَاوِيلِ {٤٤} لَأَخَذْنَا مِنْهُ بِالْيَمِينِ {٤٥} ثُمَّ لَقَطَعْنَا مِنْهُ الْوَتِينَ {٤٦} فَمَا مِنكُم مِّنْ أَحَدٍ عَنْهُ حَاجِزِينَ {٤٧} وَإِنَّهُ لَتَذْكِرَةٌ لِّلْمُتَّقِينَ {٤٨} وَإِنَّا لَنَعْلَمُ أَنَّ مِنكُم مُّكَذِّبِينَ {٤٩} وَإِنَّهُ لَحَسْرَةٌ عَلَى الْكَافِرِينَ {٥٠} وَإِنَّهُ لَحَقُّ الْيَقِينِ {٥١} فَسَبِّحْ بِاسْمِ رَبِّكَ الْعَظِيمِ)

« Görebildiklerinize ve göremediklerinize yemin ederim ki, Kur'ân, muhakkak şerefli bir Peygamberin sözüdür. Yoksa o, bir şâirin sözü değildir. Ne kadar da az îman ediyorsunuz.O bir kâhinin sözü de değildir. Ne kadar da az düşünüyorsunuz. O , âlemlerin Rabbinden bir indirilmedir.Eğer Muhammed, bize karşı bası sözler iftira etmiş olsaydı, elbette ondan gücünü kuvvetini alır, sonra da onun şah damarını elbette keserdik.

---

[1] En'âm Sûresi: 112
[2] Şuara Sûresi: 221-227

İçinizden hiç biri de buna engel olamazdı.Gerçek şu ki Kur'ân, Allah'tan sakınanlar için bir öğüttür. İçinizde yalanlayanların da bulunduğunu biz elbette biliyoruz. Şüphesiz Kur'ân, kâfirler için bir hasrettir. O, kesin bir gerçektir. Bu itibarla sen yüce Rabbini tesbih et. »[1]

(فَذَكِّرْ فَمَا أَنتَ بِنِعْمَتِ رَبِّكَ بِكَاهِنٍ وَلَا مَجْنُونٍ {٢٩} أَمْ يَقُولُونَ شَاعِرٌ نَّتَرَبَّصُ بِهِ رَيْبَ الْمَنُونِ {٣٠} قُلْ تَرَبَّصُوا فَإِنِّي مَعَكُم مِّنَ الْمُتَرَبِّصِينَ {٣١} أَمْ تَأْمُرُهُمْ أَحْلَامُهُم بِهَذَا أَمْ هُمْ قَوْمٌ طَاغُونَ {٣٢} أَمْ يَقُولُونَ تَقَوَّلَهُ بَل لَّا يُؤْمِنُونَ {٣٣} فَلْيَأْتُوا بِحَدِيثٍ مِّثْلِهِ إِن كَانُوا صَادِقِينَ)

« (Ey Muhammed!) Sen öğüt vermene devam et. Rabbinin nimeti dolayısıyla sen ne kâhinsin, ne de bir mecnûn. Yoksa "o bir şâirdir, biz, zamanın helak edici hâdiselerini onda bekliyoruz" mu diyorlar. Onlar de ki: "Bekleyin bakalım. Ben de sizinle beraber bekleyenlerdeyim." Yoksa bunu kendilerine akılları mı emrediyor; yahut onlar, azgın bir kavim midir? Yoksa "Kur'ân'ı o uydurdu" mu diyorlar? Hayır, onlar îman etmiyorlar. Eğer öyle ise ve onlar da sözlerine güvenilir kimseler iseler, onun gibi bir söz getirsinler. »[2]

Allah Subhânehû ve Teâlâ, Nebimiz Muhammed -sallallahu aleyhi ve sellem-'e kâhin, şâir ve mecnunlardan olan şeytanların yaklaşmasını tenzih etmiştir. Kur'ân'ı getiren, Allah'ın seçtiği Kerim olan bir meleğin olduğunu beyan etmiştir.

Allah Teâlâ şöyle buyuruyor:

(اللَّهُ يَصْطَفِي مِنَ الْمَلَائِكَةِ رُسُلاً وَمِنَ النَّاسِ)

« Allah, meleklerden ve insanlardan da elçiler seçmiştir. »[3]

(وَإِنَّهُ لَتَنزِيلُ رَبِّ الْعَالَمِينَ {١٩٢} نَزَلَ بِهِ الرُّوحُ الْأَمِينُ {١٩٣} عَلَى قَلْبِكَ لِتَكُونَ مِنَ الْمُنذِرِينَ {١٩٤} بِلِسَانٍ عَرَبِيٍّ مُّبِينٍ)

« Şurası bir gerçektir ki, Kur'ân, âlemlerin Rabbinin indirdiği (bir Kitap) dir. Uyarıcılardan olman için (ey Muhammed!) onu senin kalbine apaçık bir arapçayla Cebrail indirmiştir. »[4]

(قُلْ مَن كَانَ عَدُوّاً لِّجِبْرِيلَ فَإِنَّهُ نَزَّلَهُ عَلَى قَلْبِكَ بِإِذْنِ اللّهِ مُصَدِّقاً لِّمَا بَيْنَ يَدَيْهِ وَهُدًى وَبُشْرَى لِلْمُؤْمِنِينَ)

---

[1] Hâkka Sûresi: 38-52
[2] Tûr Sûresi: 29-34
[3] Hacc Sûresi: 75
[4] Şuara Sûresi: 192-195

« (Ey Muhammed! Onlara) de ki: "Kim Cebrail'e düşman olursa, (bilsin ki), işte o Cebrail, daha önceki kitapları doğrulayan, mü'minler için hidayet ve müjde olan Kur'ân'ı Allah'ın izniyle senin kalbine indirmiştir. »[1]

(فَإِذَا قَرَأْتَ الْقُرْآنَ فَاسْتَعِذْ بِاللّهِ مِنَ الشَّيْطَانِ الرَّجِيمِ {٩٨} إِنَّهُ لَيْسَ لَهُ سُلْطَانٌ عَلَى الَّذِينَ آمَنُواْ وَعَلَى رَبِّهِمْ يَتَوَكَّلُونَ {٩٩} إِنَّمَا سُلْطَانُهُ عَلَى الَّذِينَ يَتَوَلَّوْنَهُ وَالَّذِينَ هُم بِهِ مُشْرِكُونَ {١٠٠} وَإِذَا بَدَّلْنَا آيَةً مَّكَانَ آيَةٍ وَاللّهُ أَعْلَمُ بِمَا يُنَزِّلُ قَالُواْ إِنَّمَا أَنتَ مُفْتَرٍ بَلْ أَكْثَرُهُمْ لاَ يَعْلَمُونَ {١٠١} قُلْ نَزَّلَهُ رُوحُ الْقُدُسِ مِن رَّبِّكَ بِالْحَقِّ لِيُثَبِّتَ الَّذِينَ آمَنُواْ وَهُدًى وَبُشْرَى لِلْمُسْلِمِينَ)

« Kur'ân'ı okuduğun zaman, taşlanmış olan şeytandan Allah'a sığın. Şu bir gerçektir ki, şeytanın, îman edenler ve Rabbine güvenip dayananlar üzerinde hiçbir nüfûzu yoktur. Onun nüfûzu, sadece kendisini dost tutanlar ve onun yüzünden müşrik olanlar üzerindedir. Biz, bir âyetle bir âyetin yerini değiştirdiğimiz zaman -ki Allah ne indirdiğini bilir- "Sen bir iftiracısın" derler. Hayır, öyle değil; fakat çoğu bilmiyor. (Ey Muhammed!) De ki: "Kur'ân'ı Rûhul-Kudüs (Cebrail), îman edenlerin îmanlarını sağlamlaştırmak ve Müslümanlara hidayet ve rahmet olmak üzere Rabbinden hak ile indirmiştir. »[2].

Allah Teâlâ Cebrail'i, Rûhul-Emîn ve Rûhul-Kudüs olarak isimlendirmiştir. Allah Teâlâ şöyle buyuruyor:

(فَلَا أُقْسِمُ بِالْخُنَّسِ {١٥} الْجَوَارِ الْكُنَّسِ)

□

« Gündüzleri kaybolup geceleri ortaya çıkan bütün yıldızlara. »[3]

Yani, gökyüzündeki yıldızların doğmadan önce gizlenmesidir. Ortaya çıktığında ise, insanlar onu gökyüzünde apaçık görürler, battığında ise, onu örten- gizleyen yerine gider.

« Kararmaya başlayan geceye » yani, çıkıp gittiğinde ve sabaha yaklaştığında, « Aydınlanmaya başlayan sabaha » yani, yaklaştığında, « O, şerefli bir elçinin sözüdür. » O, Cibril Aleyhisselam'dır. « Arşın sâhibi katında çok itibarlı, güçlü ve güvenilir olan » yani, gökyüzünde itibarlı ve güvenilir olan. Sonra Allah Teâlâ şöyle buyurur: « Arkadaşınız aslâ bir mecnûn değildir. »[4]

---

[1] Bakara Sûresi: 97
[2] Nahl Sûresi: 98-102
[3] Tekvir Sûresi: 15-16
[4] Tekvir Sûresi: 15-22

Yani, Allah'ın sizi onunla nimetlendirdiği, sizin cinsinizden, size arkadaşlık eden bir Rasûl gönderdi. (Şayet melekleri gönderseydi, sizler, onları görmeye tahammül edemezdiniz. Allah Teâlâ'nın buyurduğu gibi:

$$\text{(وَقَالُواْ لَوْلَا أُنزِلَ عَلَيْهِ مَلَكٌ وَلَوْ أَنزَلْنَا مَلَكاً لَّقُضِيَ الأَمْرُ ثُمَّ لاَ يُنظَرُونَ \{٨\}}$$
$$\text{وَلَوْ جَعَلْنَاهُ مَلَكاً لَّجَعَلْنَاهُ رَجُلاً وَلَلَبَسْنَا عَلَيْهِم مَّا يَلْبِسُونَ)}$$

« Peygambere bari bir melek indirilseydi (de, onu gözlerimizle görüp senini kulaklarımızla işitseydik) demektedirler. Eğer bir melek indirseydik, iş bitirilir (helak olurlar, iman etmeleri de) beklenmezdi. Eğer Peygamberi, biz bir melek yapsaydık, yine de onu bir adam sûretinde getirirdik ve onları, düştükleri şüpheye yine düşürürdük. » [1]

« Onu apaçık ufukta gördü » Yani, Cibril Aleyhisselamı.

$$\text{(وَلَقَدْ رَآهُ بِالْأُفُقِ الْمُبِينِ \{٢٣\} وَمَا هُوَ عَلَى الْغَيْبِ بِضَنِينٍ)}$$

« O, gaybden verdiği bilgi yüzünden de suçlanamaz. » [2]

Başka bir okuyuşa göre ise; ilmi gizleyen, ancak ücret karşılığında ifade eden cimri manasındadır.

$$\text{(وَمَا هُوَ بِقَوْلِ شَيْطَانٍ رَجِيمٍ)}$$

« Ve onun söylediği, kovulmuş şeytanın sözü de değildir. » [3]

Allah Azze ve Celle, tıpkı Muhammed -sallallahu aleyhi ve sellem-' i şair ve kâhin olmasından tenzih ettiği gibi, Cibrîl -aleyhisselâm-' ı da şeytan olmasından tenzih etmiştir.

Muttaki olan Allah dostları, Muhammed -sallallahu aleyhi ve sellem-' e tâbi olan, O'nun emrettiklerini yapan, yasakladığından da kaçınanlardır. Onlara sünnet kıldığına tâbi olurlar. Meleklerini ve O'ndan bir ruh olduğunu teyid ederler. Allah, onların kalplerine nurlarından serpmiştir.

Allah'ın muttaki ve seçilmiş kullarına ikram ettiği kerametleri vardır. Onların kerametleri, dinde onların aleyhine hüccet veya müslümanların haceti içindir. Nebi'lerinin mucizeleri olduğu gibi.

Allah dostlarının kerametleri, ancak O'nun Rasûlü -sallallahu aleyhi ve sellem-' e uymanın bereketiyle meydana gelmiştir. O ise hakikatte Rasûl -sallallahu aleyhi ve sellem-' in mucizelerine girer. Tıpkı ayın ikiye yarılması, elindeki taşın tesbih etmesi, ağacın kendisine gelmesi, bir kütüğün onu özlemesi, Mirac gecesi Beytul-Makdis'ten

---

[1] En'âm Sûresi: 8-9
[2] Tekvir Sûresi: 23-24
[3] Tekvir Sûresi: 25

haber vermesi, olmuştan ve olacaktan haber vermesi, yüce bir Kitap'la gelmesi, az bir yemekle Hendek savaşındaki askerin doyup, ondan hiçbir şey eksilmemesi gibi bir çok defa yemek ve içeceğin fazlalaşması, meşhur Ummu Suleym hadisinde olduğu gibi Hayber savaşında azık olarak hazırlanan suyun kullanıldığı halde azalmaması, Tebuk yılı ordunun sayısı yaklaşık üç bin olmasına rağmen az bir yemekle kaplarının dolması ve eksilmemesi, parmaklarının arasından çeşitli defalar suyun çıkması, hatta beraberinde olan insanlara da yetmesi, Hudeybiyye savaşında sayıları yaklaşık bin dört yüz veya bin beş yüz olduğu halde bu suyun onlara yetmesi gibi ve daha nice mucizeler.

Yine Katade'nin gözü yanağına aktığında, Rasûlullah -sallallahu aleyhi ve sellem-'in duasıyla, eskisinden daha iyi bir şekilde geri yerine gelmişti.

Muhammed b. Esleme'yi, Ka'b b. Eşref'i öldürmeye gönderdiğinde ayağı kırılmış, Nebi -sallallahu aleyhi ve sellem-' de onun ayağını mübarek elleriyle sıvazlayarak ayağını iyileştirmesi...

Kızartılmış etten yüz otuz kişiye yedirmesi. Her bir ondan iki parça almış ve hepside doymuştu.

Yine Abdullah'ın (Ebu Cabir) bir yahudiye otuz vask[1] olan borcunu ödemesi. Câbir şöyle der: Kendisine âit olan hurmaların hepsini alacaklıya almasını emretti, fakat o kabul etmedi. Bunun üzerine Rasûlullah -sallallahu aleyhi ve sellem- oraya gitti. Sonra da Câbir'e şöyle dedi: "Ona ilave et." Tam otuz vask idi. Üzerine on yedi vask daha ilave etti.

Bunun gibi misaller çoktur. Nebi -sallallahu aleyhi ve sellem-' den sâdır olan yaklaşık bin mucize topladım.

Sahâbenin, tâbiînin, ondan sonrakilerin ve diğer salihlerin kerametleri çoktur. Onlardan bazıları şunlardır:

Useyd b. Hudayr, Kehf suresini okuyordu. Gökyüzünden içinde lamba ışıklarına benzer şeylerin bulunduğu, güneşliğe benzer şeyler indi. Onlar, okumasını dinlemeye gelen meleklerdi.

Melekler, İmran b. Husayn'a selam verirlerdi.

Selmânul-Fârisî ve Ebud-Derda bir tabaktan yemek yiyorlardı. Tabak veya tabağın içindekiler tesbih etti.

Abbad b. Bişr ve Useyd b. Hudayr karanlık bir gecede Rasûlullah -sallallahu aleyhi ve sellem-' in yanından çıkmışlardı. Kırbaç ucuna benzer bir ışık onların yolunu aydınlattı. Onların ayrıldıklarında ise, ışıkta onlarla birlikte ayrılmıştı. (Buhârî ve başkaları rivayet etti)

---

[1] Vask: Bir ölçü birimidir. 1 vask = 60 sa' ,   1 sa' = 2,917 kg'dır.

Buhârî ve Müslim'de gelen Ebu Bekir es-Sıddîk kıssası: Beraberinde üç misafiriyle beraber evine gitmişti. Yedikleri her lokma eskisinden daha fazla arttı. Hepsi doymuş ve yemekte öncesinden daha çok olmuştu. Ebu Bekir ve hanımı yemeğe bakmış, eskisinden daha çok olduğunu görmüşlerdi. Yemeği alıp Rasûlullah -sallallahu aleyhi ve sellem-' e götürdüler. O'nun yanına yanına da bir çok kişi gelmiş ve yemekten yiyip hepsi de doymuşlardı.

Habib b. Adiyy, Mekke'de müşriklerin elinde esir olarak bulunuyordu. (Allah onu şereflendirerek) Mekke'de bulunmadığı halde onu üzüm ile rızıklandırdı. [1]

Âmir b. Fuheyra'nın   (şehid olarak öldürüldü) cesedini bulmaya çalışmışlar, fakat bulamamışlardı. Öldürüldüğünde cesedi yükseltilmişti. Âmir b. Tufeyl, onun cesedinin yükseltildiğini gördü. Urve şöyle dedi: Meleklerin, onun cesedini yükselttiğini gördüler.

Ummu Eymen, hiçbir yiyecek ve içeceği olmadığı hicret etmek üzere yola çıktı. Susuzluktan neredeyse ölmek üzereydi. Oruçlu olduğu halde iftar vakti yaklaşmıştı. Kafasının üzerinde bir ses işitti. Başını yukarı doğru kaldırdığında, beyaz iple asılı bir kırba gördü. Kanana kadar ondan içti. Geri kalan ömründe bir daha susamadı.

Rasûlullah -sallallahu aleyhi ve sellem-' in azatlı kölesi Sufeyne (gemisi fırtınaya uğrayarak parçalanmış ve onu bir sahile atmıştı. Orada bir aslanla karşılaştı [2]) Aslana, kendisinin Rasûlullah -sallallahu aleyhi ve sellem-' in azatlı kölesi olduğunu haber vermiş, aslanla beraber gidecekleri yere kadar yürüdüler.

Berâ b. Mâlik, Allah adına yemin ettiği zaman, Allah onun yeminini gerçekleştirirdi. Cihatta, savaş kızışınca, müslümanlar zor duruma düştüklerinde, Berâ'ya seslenerek şöyle derlerdi: "Ey Berâ! Rabbin adına yemin et." Berâ'da şöyle derdi: "Ey Rabbim! Düşmanın hezimete uğraması için senin adına yemin ediyorum." Bunun üzerine, düşman yenilgiye uğrardı. Kâdisiyye günü şöyle dedi: " Ey Rabbim! Onların yenilgilerini bize ihsan etmen ve benim de ilk şehid olmam için senin adına yemin ediyorum." Allah, onların yenilgilerini ihsan etti ve Berâ'da şehid oldu.

Hâlid b. Velid, çok iyi korunan bir kaleyi kuşatma altına almıştı. Kaledekiler dediler ki: Şu zehri içmedikçe sana teslim olmayız. Hâlid b. Velid o zehiri içmiş, ancak kendisine hiçbir zarar vermemişti.

Sa'd b. Ebi Vakkas'ın duası geri çevrilmezdi. Her ne dua etmiş ise hepsi kabul olunmuştu. Kisra ordusunu hezimete uğratan ve Irak'ı fetheden de O'dur.

Ömer b. Hattab, bir ordu göndermiş, bu ordunun başına da Sariye diye isimlendirilen birini komutan tayin etmişti. Ömer, hutbe verdiği bir esnada (minberin üzerindeyken) "Ya Sariye! Dağa, ya Sariye dağa" diye bağırdı. Ordusunun elçisi geldi ve

---

[1] Buhari: Cihad, 3045
[2] Abdurrezzak Musannef'inde: 20544

ona şunu sordu. Dedi ki: Ey mü'minlerin emiri, düşmanla karşı karşıyaydık. Onlar bizi yeniyorlardı. Tam o esnada birinin bize "Ya Sariye dağa, ey Sariye dağa doğru" diye bağırdığını işittik. Bizlerde sırtımızı dağa yasladık. Allah da onları hezimete uğrattı.

Zennîra, müslüman olduğunda Allah yolunda işkenceye maruz kalmıştı. Buna rağmen dininden dönmemiş ve bu işkence sonucu gözleri kör olmuştu. Bunun üzerine müşrikler: Lat ve Uzza'nın azabı ona dokundu da kör oldu, dediler. Bu sözden sonra Allah, onun gözlerini geri eski haline getirdi.

Said b. Zeyd'in, Ervâ binti Hakem'e olan bedduası. Duası üzerine gözleri kör olmuştu. Üzerine yalan iftirada bulunduğunda şöyle dedi: "Allahım! Şayet yalancıysa gözlerini kör et ve onu kendi toprağımda öldür." Bu bedduadan sonra, gözleri kör olmuş ve kendi topraklarında bulunan bir çukura düşerek orada ölmüştü.

A'lâ b. Hadrami (Bahreyn'de Peygamber -sallallahu aleyhi ve sellem-' in işçisi idi) duasında şöyle derdi: "Ya Alîmu ya Halîm, ya Aliyyu ya Azîm" Bunun üzerine Allah onun duasını kabul ederdi.

Yanlarında içecek ve abdest suyu bulunmadığı bir zamanda Allah'a, kendilerine ve kendilerinden sonrakilere su ihsan etmesi için dua etmiş, Allah'ta duasına icabet etmişti.

Atlarıyla birlikte geçmelerine deniz geçit vermeyince, Allah'a dua etmiş, hepsi atlarıyla hiçbir zarar gelmeden denizi geçmişlerdi.

Yine, öldüğü zaman cesedini görememeleri için Allah'a dua etmiş ve kıyıda onun cesedini görememişlerdi.

Aynı olay, denizde Ebu Muslim el-Havlani içinde ateşe atıldığı zaman cereyan etmişti. O ve beraberinde bulunan ordu Dicle nehrine yürümüştü. Dicle'nin suları yükselmiş, o da tahta atıyordu. Dicle'yi geçince arkadaşlarına şöyle dedi: "Eşyasından bir şey kaybedeniniz var mı? Onu göstermesi için Allah'a dua edeyim. Onlardan bazıları şöyle dediler: Atımın yem torbasını kaybettim. Ona "benimle gel" dedi. Onunla beraber gitti ve torbayı bir şeye takılı olarak buldu ve onu aldı.

Esved el-A'nesi, peygamberlik iddiasında bulunduğunda Ebul-Muslim el-Havlânî'ye şöyle demişti: Benim Allah'ın elçisi olduğuma şahitlik ediyor musun? O şöyle cevap verdi: "Seni duymuyorum. (Yani, senin Allah'ın elçisi olduğuna şahitlik etmiyorum.) Dedi ki: Muhammed'in Allah'ın Rasûlü olduğuna şahitlik ediyor musun? "Evet" dedi. Bunun üzerine bir ateş yakılıp içine atılmasını emretti. Onu ateşin içinde namaz kılarken buldular. Ateş, onun üzerine soğuk ve esenlik olmuştu.

Nebi -sallallahu aleyhi ve sellem-' in vefatından sonra Medine'ye gelmiş, Ömer onu kendisiyle Ebu Bekir'in (Allah onlardan razı olsun) arasına oturtmuştu. Şöyle dedi:

"Halilullah İbrahim'in yaptığı (ateşten kurtulduğu) gibi, Muhammed ümmetinden birini de ateşten kurtulduğunu, ölmeden bana gösteren Allah'a hamdolsun.

Cariyesi, yemeğine zehir koymuş, yediğinde ona hiçbir zarar vermemişti.

Bir kadın, hanımıyla arasını bozdu. Kadına beddua etti ve gözleri kör oldu. Kadın günahından geri döndü ve tövbe etti. Ebul-Muslim el-Havlânî'de ona dua etti. Allah'ta onun gözlerini geri iade etti.

Âmir b. Abdu Kays, infak etmek için iki bin dirhem alır, yolda karşılaştığı her dilenciye saymaksızın verirdi. Sonra evine döndüğünde ise adedinden veya ağırlığından hiçbir şey eksilmezdi.

Bir keresinde, karşılarına aslan çıkmış ve bu yüzden ilerleyemeyen bir gurupla karşılaştı. Geldi ve elbisesiyle aslanın ağzına dokundu. Sonra ayağıyla aslanın boynuna basarak şöyle dedi: "Sen ancak Rahman'ın yarattığı aslanlardan bir aslansın. Ben ise, O'ndan başkasından korkmaya, Allah'tan utanırım."

Kış günü temizlenmek için, kendisine kolaylık sağlasın diye Allah'a dua etmişti. Bunun üzerine kendisine sıcak su ihsan edildi.

Namazdayken, şeytanın kalbini meşgul etmesini yasaklaması için dua etmiş, şeytan da buna güç yetirememişti.

Hasanul-Basri, Haccac'dan kaçmıştı. Onu bulmak için evine altı sefer gelmişler, Allah Azze ve Celle'ye dua etmiş ve onu görememişlerdi.

Kendisine eziyet eden bazı haricilere beddua etmiş, o da ölü olarak yere kapanmıştı.

Sıla b. Uşeym'in savaş esnasında atı öldü. Dedi ki: "Allahım, beni kimseye minnet ettirme." Allah'a dua etti. Allah'ta onun atını diriltti. Evine ulaştığında şöyle dedi: "Ey oğlum, atın eğerini al, zira o çıplaktır. Eğerini aldı, at da oracıkta öldü.

Bir gün evinden yiyecek bir şeyler bulmak için çıkmış ama bir şey bulamamıştı. Allah'a dua etti. Allah'ta ona doyurdu. İpek bir kumaşın içinde taze hurma salkımı beliriverdi. Hurmayı yedi, kumaşta hanımının yanında bir müddet kaldı.

Sıkı ağaçlıklı, çok büyük bir ormanda geceleyin namaz kılarken, yanına bir aslan çıkageldi. Selam verip namazını bitirdiğinde ona şöyle dedi: "Git rızkını başka yerde ara." Aslan da kükreyerek arkasını dönüp çekip gitti.

Said b. Museyyib, sıcak günlerde, namaz vakitlerinde, kimsenin olmadığı ve mescidin boş olduğu bir zamanda, Nebi -sallallahu aleyhi ve sellem-' in kabrinden gelen ezan sesini dinlerdi.

Nehâî kabilesinden birinin, bir eşeği vardı. Eşeği yolda öldü. Arkadaşları ona: "Eşyalarını bizim hayvanlarımıza dağıtalım," dediler. Onlara şöyle dedi: "Bana biraz mühlet verin. Sonra güzelce bir abdest aldı. İki rekat namaz kıldı ve Allah'a dua etti. Allah'ta onun eşeğini diriltti. Eşyalarını da tekrar onun üzerine taşıdı.

Uveys el-Karânî vefat ettiğinde, elbisesinin içinde daha önceden olmayan kefenini ve bir kayanın içine kazılmış mezarını hazır buldular. Onu, o kefenle kefenlediler ve o kazılı buldukları kabre defnettiler.

Amr b. Utbe b. Ferkad çok sıcak bir günde namaz kılarken, bir bulut onun üzerini gölgeledi.

Arkadaşlarının hayvanlarına çobanlık yaparken, vahşi hayvanlar onu korurdu. Çünkü o, savaşta arkadaşlarına hizmet etmeyi şart koşmuştu.

Mutarraf b. Abdullah b. Eş-Şehhir evine girdiği zaman, onunla beraber kapları da "Subhânallah" diyerek Allah'ı tenzih ederlerdi.

O ve arkadaşları, karanlık bir gecede yürürlerken onların yolunu kırbaç ucuna benzer bir ışık aydınlattı.

el-Ehnaf b. Kays öldüğünde, onu defnederlerken bir adamın takkesi kabrine düştü. Adam takkesinin almak için kabre indiğinde, kabrin göz alabildiğine genişlediğini gördü.

İbrahim et-Teymî bir iki ay hiçbir şey yemden dururdu. Ailesine yiyecek bulmak için çıkar, fakat hiçbir şey bulamadan evine geri dönerdi.

Toprağı kırmızı bir araziden geçerken, oradan biraz toprak aldı. Ailesine dönüp açtıklarında onun kırmızı bir buğdaya dönüştüğünü gördüler. Onu ektiklerinde kökünden ucuna kadar sık taneli buğday olurdu.

Utbetul-Gulâm Allah'tan üç şey istedi: Güzel bir ses, çokça gözyaşı ve kendini zorlamadan elde edilen rızık. Kur'ân okuduğu zaman ağlar ve ağlatırdı. Gözyaşları sel olup akardı. Evine döndüğünde yemeğini hazır bulur, nereden geldiğini kendisi de bilmezdi.

Abdulvâhid b. Zeyd felç olmuştu. Abdest alacağı zaman, abdest uzuvlarının çözülmesi için Allah'a dua etti. Abdest alacağı zaman, abdest uzuvları çözülür, sonra da yine eski felçli haline geri dönerdi.

Bu, çok geniş bir konudur. Allah dostlarının kerametlerini, başka bir yerde geniş bir şekilde ele alınmıştır.

Bizim şahit olduğumuz ve bu zamanda kerametlerini bildiğimiz pek çok kişi vardır. Bilinmesi gerekir ki kerametler, insanın ihtiyacı nispetinde ortaya çıkar. Şayet imanı zayıf ve muhtaç olan birisi buna ihtiyaç hissederse, onun ihtiyacını gidermek ve imanının kuvvetlendirmek için verilir. Allah'a olan dostluğunda daha yüce ve daha kâmil olan birinin buna ihtiyacı yoktur. Derecesinin yüksekliliğinden ona bu tür şeyler gerekmez. Bu ise, onun dostluğunun noksanlığından kaynaklanan bir şey değildir. Bunun içindir ki, bu tür şeyler sahabeden çok, tabiinde vuku bulmuştur. Bu ise, olağanüstü olaylarla insanların hidayetine vesile olan yada onların hacetlerini gideren kimselerin hilafınadır. Bunlar derece olarak çok yücedirler.

Bu ise, şeytânî hallerin zıttınadır. Tıpkı Nebi -sallallahu aleyhi ve sellem- zamanında vuku bulan Abdullah b. Sayyad'ın durumu gibi. Bazı sahabiler onu Deccal zannetmişlerdi. Nebi -sallallahu aleyhi ve sellem- ise onun Deccal olmadığı kendisine kesin belli olana kadar bir şey demedi. Fakat o, kâhin-falcı cinsindendi. Nebi -sallallahu aleyhi ve sellem- ona şöyle dedi: "Senin için bir şey gizledim" Dedi ki: "Duh duh" Onun için Duhan suresini gizlemişti. Nebi -sallallahu aleyhi ve sellem- ona şöyle dedi: "Defol git, sen ancak kâhinlerin kardeşlerinden birisisin." [1]

Şeytan, kâhin-falcıyla beraberdir. Semadan çaldığı gaibî haberleri onlara haber verir. Buhârî'nin sahih bir hadiste belirttiği gibi yalanı doğruya katar. Nebi -sallallahu aleyhi ve sellem- şöyle buyurur: "Melekler, bulutlara inerek semada emre bağlanan şeyleri zikrederler. Şeytanlarda o haberleri kulak hırsızlığı yaparak kâhinlere vahyederler. Bir doğruya yüz yalan katarlar." [2]

Muslim'in İbn-i Abbas'tan -Allah O'ndan ve babasından razı olsun- rivayet ettiği hadiste o şöyle dedi:

Nebi -sallallahu aleyhi ve sellem-' in yanında ensardan bir topluluğun yanında bulunuyordu. O esnada bir yıldız parlayarak kayıverdi. Nebi -sallallahu aleyhi ve sellem- şöyle buyurdu: "Cahiliyede böyle bir olay gördüğünüzde ne derdiniz?" Bizler, büyük bir şahıs öldü veya büyük bir şahıs doğdu, derdik. Rasûlullah -sallallahu aleyhi ve sellem- şöyle buyurdu: "Muhakkak ki yıldızlar, bir kimsenin doğumuyla yada ölümüyle kaymazlar. Fakat, Rabbimiz Tebâreke ve Teâlâ bir iş emrettiği zaman, Arş'ın taşıyıcıları (melekler) tesbih ederler. Ondan sonra gelen sema ehli ve ondan sonra gelenler tesbih ederler. Tâki bu tesbih etme dünya seması ehline kadar ulaşır. Sonra yedinci sema ehli Arş'ın taşıyıcılarına "Rabbimiz ne buyurdu?" diye sorarlar. Onlar da haber verirler. Sonra da her sema ehline haber verirler. Tâki haber dünya seması ehline ulaşana kadar bu haber verme olayı devam eder. Bu esnada şeytanlar, kulak hırsızlığı yaparak bu haberlerden bir şeyler kapmaya çalışırlar. Bu hırsızlık esnasında da yıldızlarla taşlanırlar. Bu haberleri kendi dostlarına iletirler. Karşılaştıkları bu haberler haktır, fakat onlar, bu haberler üzerine yalan haberler ilave ederler."

---

[1] Buhari: Cenaze, 1354   Müslim: 2930
[2] Buhari: 3210 Müslim: 2228

Başka bir rivayette Ma'mer şöyle dedi: Zühri'ye şöyle dedim: Cahiliyede yıldızlarla şeytanlar taşlanıyor muydu? Dedi ki: Evet. Fakat Nebi -sallallahu aleyhi ve sellem- gönderildiğinde bu olay yoğun bir şekilde oldu.

Peygamberlik iddiasında bulunan Esvedul-Anesi'nin gâibî olayları kendisine haber veren şeytanları vardı. Müslümanlarla onunla savaştıklarında, onun hakkında konuştuklarını ona haber verirler diye, şeytanlardan çekiniyorlardı. Şeytanlar ona yardım etmişti. Sonunda Müslümanlar onu öldürdüler.

Museylemetul-Kezzab'ın da gâibî haberleri ona bildiren ve bazı işlerinde ona yardım eden şeytanları vardı.

Bunların misalleri çoktur. Tıpkı Abdulmelik b. Mervan zamanında, Şam'da ortaya çıkan ve peygamberlik iddia eden Hâris ed-Dimeşkî gibi. Şeytanlar, ayaklarını prangadan çıkarıyor ve kurşunun isabet etmesini engelliyordu. Mermerlere eliyle dokunduğu zaman mermerler tesbih ederdi. Kasiyan dağında, insanlar havada atlı ve yürüyen kimseler görürlerdi. O ise, cin oldukları halde, onların melekler olduklarını söylerdi. Müslümanlar onu öldürmek için yakaladıkları zaman, birisi ona mızrağını saplamış fakat tesir etmemişti. Abdulmelik ona şöyle dedi: Sen Allah'ın adını anmadın. Allah'ın adını zikretti ve mızrağı saplayıp onu öldürdü.

Şeytânî haller içerisinde bulunanlar işte böyledir. Şeytanları, onların yanında Allah'ın adı anıldığı zaman çeker giderler. Tıpkı Âyetel-Kursî okunduğu zaman olduğu gibi.

"Sahih" de geçen Ebu Hureyre -Allah ondan razı olsun- hadisinde olduğu gibi:

Nebi -sallallahu aleyhi ve sellem- onu fıtır zekatını koruması için görevlendirmişti. Bir şeytan gelerek iki gece üst üste zekat malından çalarken Ebu Hureyre -Allah ondan razı olsun- onu yakalamış ama her seferinde bir daha dönmemek üzere tevbe etmiş ve onu serbest bırakmıştı. Nebi -sallallahu aleyhi ve sellem- ona "Dün geceki esirin ne yaptı?" diye sorduğunda "O geri dönmeyeceğini iddia etti " der. Nebi -sallallahu aleyhi ve sellem-'de "Geri dönecek" buyurmuştu. Üçüncü sefer şeytan yine çalmak için gediğinde, Ebu Hureyre -Allah ondan razı olsun- onu gene yakalamıştı. Bu sefer şeytan ona şöyle dedi: Beni bırak ki, sana fayda veren şeyler öğreteyim. Yatağına yattığın zaman Âyetel-Kürsî'yi oku.

(اللّهُ لاَ إِلَهَ إِلاَّ هُوَ الْحَيُّ الْقَيُّومُ لاَ تَأْخُذُهُ سِنَةٌ وَلاَ نَوْمٌ لَهُ مَا فِي السَّمَاوَاتِ وَمَا فِي الأَرْضِ مَن ذَا الَّذِي يَشْفَعُ عِنْدَهُ إِلاَّ بِإِذْنِهِ يَعْلَمُ مَا بَيْنَ أَيْدِيهِمْ وَمَا خَلْفَهُمْ وَلاَ يُحِيطُونَ بِشَيْءٍ مِّنْ عِلْمِهِ إِلاَّ بِمَا شَاء وَسِعَ كُرْسِيُّهُ السَّمَاوَاتِ وَالأَرْضَ وَلاَ يَؤُودُهُ حِفْظُهُمَا وَهُوَ الْعَلِيُّ الْعَظِيمُ)

« Allah; O'ndan başka ilâh yoktur; diridir; kendi zâtıyla kâimdir. O'nu ne bir uyuklama ve ne de bir uyku tutar. Göklerde ve yerde ne varsa hepsi O'nundur. O'nun izni olmadan, O'nun yanında kim şefâat edebilir? Onların önünde ve arkasında olan her şeyi bilir. O'nun ilminden, kendisinin dilediği dışında hiçbir şeyi kavrayamazlar. O'nun Kürsî'si gökleri ve yeri kaplamıştır; onların gözetimi O'na asla ağır gelmez. O, çok yüce ve çok büyüktür. »[1]

Allah'tan sana bir koruyucu gelir ve sabahlayana kadar şeytan sana yaklaşamaz.

Nebi -sallallahu aleyhi ve sellem-' e bunu haber verdiği zaman şöyle buyurdu: "O yalancı olduğu halde sana doğruyu söylemiş." Ve gelenin şeytan olduğunu haber vermiştir. [2]

Bunun içindir ki, insan, şeytânî durumlar karşısında sıdk ile bunu okursa, o durumları iptal eder. Şeytânî bir hal içerisinde ateşe giren veya alkış ve ıslık seslerini dinleyen birinin üzerine şeytan iner. Onun diliyle, kendisinin bilmediği sözleri konuşmaya, orada bulunanların kalplerindekini ortaya çıkarmaya ve farklı dillerde konuşmaya başlar. Tıpkı, cinin deli bir kimsenin diliyle konuşması gibi. Bu hal başına gelen insan, şeytanın çarptığı deli mesabesinde ne yaptığını bilmez. Şeytan onun içine girer ve onun diliyle konuşur. Bundan kurtulduğu zaman da ne söylediğini bilemez.

Böylelerinin kimine, şeytan, o mekanda bulunmayan tatlılar, meyve ve yiyecekler getirirler. Kimilerini, cin, Mekke'ye, Beytül-Makdis'e ve başka yerlere uçurur. Kimileri de onu Arafat'a götürüp sonra da aynı gecede geri getirir. Sahih olan, İslam'ın emrettiği bir hacda yapmamış olur. Elbisesiyle gider, mikata geldiği zaman ihrama girmez. Telbiye getirmez, gecelemez ve Müzdelife'de durmaz. Kâbe'yi tavaf etmez, Safa ile Merve arasında say yapmaz. Cemreleri taşlamaz, bunun aksine elbisesiyle Arafat'ta durur. Sonra aynı gece geri döner. Bu ise müslümanların ittifakıyla meşru olmayan bir hacdır. Bilakis, bu, Cuma namazına abdestsiz gelen veya kıbleden başka bir yere yönelen kimseye benzer.

Arafat'a bir gecede gidip dönenler, uykularında , meleklerin hacıları yazdıklarını görürler. Der ki: Beni yazmıyor musunuz? Melekler ona şu cevabı verirler: Sen hacılardan değilsin. Yani İslam'ın emrettiği şerî bir hac yapmadın.

Evliyanın kerametleri ile buna benzer şeytânî durumların arasında çeşitli farklar vardır. Onlardan bazıları şunlardır: Allah dostlarının kerametlerinin sebebi, îman ve takvadır. Şeytânî hallerin sebebi ise, Allah ve Rasûlü'nün yasakladıklarından yardım dilemektir.

Allah Teâlâ şöyle buyuruyor:

---

[1] Bakara Sûresi: 255
[2] Buhari: 2311 Vekale'de

$$\text{(قُلْ إِنَّمَا حَرَّمَ رَبِّيَ الْفَوَاحِشَ مَا ظَهَرَ مِنْهَا وَمَا بَطَنَ وَالإِثْمَ وَالْبَغْيَ بِغَيْرِ الْحَقِّ}$$

$$\text{وَأَن تُشْرِكُواْ بِاللّهِ مَا لَمْ يُنَزِّلْ بِهِ سُلْطَاناً وَأَن تَقُولُواْ عَلَى اللّهِ مَا لاَ تَعْلَمُونَ)}$$

« De ki: "Rabbim, ister açığı olsun, ister gizliyi olsun, ancak kötülükleri, günâhı, haksız yere başkaldırmayı, hakkında hiçbir delil indirmediği bir şeyi Allah'a ortak kılmanızı ve Allah'a karşı bilmediğiniz şeyleri söylemenizi haram kılmıştır. »[1]

Allah adına bilgisizce konuşmak, şirk, zulüm ve iğrençlikleri Allah ve Rasûlü haram kılmıştır. Bunlar, asla Allah'ın kerametlerinin sebebi değildir. Bu şeytânî olaylara, namazla, zikirle, Kur'ân okumayla ve duayla ulaşmaz. Bilakis, şeytanın sevdikleri, içerisinde şirk olan işlerle meydana gelir. Yaratılmıştan yardım dileme veya birine zulmetme ve iğrençlik yapmak gibi şeyler Rahmânî kerametler değil, şeytânî hallerdendir.

Bunlardan bazıları alkış tutup ıslık çaldıkları zaman, onun şeytanı iner, onu havada taşır ve bulunduğu diyardan dışarı çıkarır. Allah dostlarından birisi geldiği zamanda, onun şeytanı kaçar ve o da yere düşer. Başka birinde vuku bulduğu gibi.

Bunlardan kimileri ister ölü olsun, ister yaşayan olsun birinden yardım talebinde bulunurlar. Kendisinden yardım istenilen, ister müslüman olsun, ister hıristiyan isterse müşrik olsun fark etmez. Şeytan, o yardım bulunulan şahsın şekline girer ve yardım talebinde bulunanın bazı hacetlerini giderir. O da, onun o şahıs olduğunu ya da onun şekline girmiş bir melek olduğunu zanneder. O, ancak, Allah'ın, şirk koşmasından dolayı saptığı şeytandır. Tıpkı şeytanların, putların içine girip müşriklerle konuşması gibi. Onlardan kimi bir şekle girerek, kendisinin Hızır olduğunu söyler. Belki de, bazı işleri ona haber verir ve bazı işlerinde ona yardım eder. Müslüman, yahudi, hıristiyan ve kâfirlerin bir çoğunda, batıda ve doğuda gerçekleştiği gibi. Onlardan birisi ölür ve şeytan onun ölümünden sonra onun şeklinde gelir. Onlar da, onun o ölü olduğuna inanırlar. Borçları öder, emanetleri geri verir ve ölüyle alakalı şeyler yapar, hanımıyla cima yapar ve gider. Belki de Hindistanlı kâfirlerin yaptığı gibi ölülerini ateşle yakmış da olabilirler. Onun ölümünden sonra yaşadığını zannederler. [Onlardan, Mısır'da bir şeyh, hizmetçisine vasiyette bulunarak şöyle derler: Ben öldüğüm zaman, kimse beni yıkamasın. Ben gelir ve kendimi yıkarım. Öldüğü zaman, hizmetçisi onun sûretinde bir şahıs görür ve onun o olduğuna inanır. Girer ve kendisini yıkar. Yıkadıktan sonra da ortadan kaybolur. O gelen şeytandı ve o ölüyü saptırmıştı. Şöyle dedi: Sen, ölümünden sonra gelecek ve kendi cenazeni yıkayacaksın. Öldüğünde yine onun sûretinde, ölüyü daha önce yanlış yola sevk etmek için geldiği gibi, yaşayanları da saptırmak için gelmiştir.]

Onlardan bazısı havada Arş'ı ve üzerinde nur görmüş ve birinin kendisine şu şekilde seslendiğini duymuştur: Ben senin Rabbinim. Şayet marifet ehlindense, bilen biriyse, onun şeytan olduğunu bilir, onu kovar ve ondan Allah'a sığınır. Bu olay da ortadan kalkar. [1]

Onlardan kimileri de uyanıkken bazı şahıslar görür. Onlardan biri, kendisinin Nebi, Sıddîk veya salihlerden bir şeyh olduğunu iddia eder. O ise, şeytanlardandır. [Bunlardan kimi, bunu ziyaret ettiği kabrin başında görür. Kabrin yarılır ve içinden bir sûret çıkar. Onun orada yatan ölü olduğuna inanır. O ancak, o sûrete giren cindir. Kimi de, kabrinden bir atlının çıktığını veya kabrine girdiğini görür. O ise şeytandır. Onların hepsi, kendi gözleriyle Nebi'yi gördük derler. Gördüğü ancak hayalden başka bir şey değildir.]

Onlardan kimileri rüyasında büyük zâtlardan bazılarını görürler. Ebû Bekir es-Sıddîk'ı -Allah ondan razı olsun- veya başkasının, kendisinin saçını kısalttığını veya başını tıraş ettiğini veya takiyesini veya elbisesini giydirdiğini görür. Kafasında takiyesi, saçı tıraş edilmiş veya kısaltılmış olarak sabahlar. Cin, onun saçını kısaltmış veya tıraş etmiştir. Bu şeytânî haller, Kitab ve Sünnet'in çizgisinden çıkanlarda vuku bulur. Onlar derecelerdir. Onlara yaklaşan cin onların cinslerinden [mezheblerinden] dir. Cinlerin içerisinde kâfir, fâsık ve hatalı olanlar vardır. Şayet insan kâfir, fâsık veya câhil ise onunla beraber küfre, fıska ve sapıklığa girerler. Küfürden seçtiklerine muvafakat ederlerse onlara yardım ederler. Tıpkı, cinlerden ve başkalarından olan ulularının adına yemin etmek gibi. Yine, Allah'ın isimlerini ve bazı sözlerini necâsetle yazmak, Fâtihâ, İhlas, Âyetel-Kürsî veya başka sûreleri tersine çevirerek yazmak gibi. O âyetleri necâsetle yazıp, onunla su çekiliyor. Onları razı eden şeyler sebebiyle küfre sapıyorlar. Ona hoşlandıkları kadın veya çocuk getiriyorlar. Bunu ya havadan uçurarak getiriyorlar ya da kendi isteğiyle ona yönelerek. Bu tür misaller uzar gider. Buna îman etmek, sihre ve tağuta îman etmektir. Allah Teâlâ şöyle buyuruyor:

$$(\text{أَلَمْ تَرَ إِلَى الَّذِينَ أُوتُواْ نَصِيباً مِّنَ الْكِتَابِ يُؤْمِنُونَ بِالْجِبْتِ وَالطَّاغُوتِ})$$

« Kendilerine kitaptan bir nasîb verilmiş olanları görmüyor musun? Sihir, şeytan ve putlara inanıyorlar. »[2]

Şayet insan, bâtında ve zâhirde Allah'a ve Rasûlü'ne itaatkâr ise bu sayılana girmesi mümkün değildir.

Bunun içindir ki, Allah'ın evi olan mescidlerde, Müslümanların ibadetleri meşru olunca, mescid ehli, şeytânî hallere en uzak olanlardır. Kabirleri, ölülerin meşhedlerini tazim edenler, ölülerden veya onunla beraber isteyenler, onun yanında yapılan duaya

---

[1] Şeyh Abdulkadir Ceylânî'de —Allah ona rahmet etsin- vuku bulduğu gibi
[2] Nisa Sûresi: 51

icabet edilir diyen bidat ve şirk ehli ise şeytânî hallere en yakın olanlardır. Buhârî ve Müslim'de gelen hadiste Nebi -sallallahu aleyhi ve sellem- şöyle buyuruyor:

« Peygamberlerinin kabirlerini mescidler edinen yahudi ve hıristiyanlara Allah lânet etsin. »[1]

Sahihi Müslim'de gelen bir hadiste Nebi -sallallahu aleyhi ve sellem- vefatından beş gece önce şöyle buyurdu:

« İnsanlar içinde bana arkadaşlığında ve eli bolluğunda en ihsankâr olan Ebu Bekir'dir. Şayet sizden birini halil-dost edinecek olsaydım, şüphesiz Ebu Bekir'i halil-dost edinirdim. Fakat arkadaşınız (Rasûlünüz) Allah'ın halili-dostudur. Ebu Bekir'in kapısı dışında, mescide açılan bütün kapıları kapatın. Sizden öncekiler kabirleri mescidler ediniyorlardı.Sakın ola ki, kabirleri mescidler edinmeyin! Ben sizi bundan men ediyorum. »[2]

Buhârî ve Müslim'de gelen hadiste, Allah Rasûlü -sallallahu aleyhi ve sellem-' in hastalığında, Habeşe'de bulunan bir kiliseden bahsettiler. Onun güzelliğinden ve içindeki resimlerden söz ettiler. Bunun üzerine Nebi -sallallahu aleyhi ve sellem- şöyle buyurdu:

« Onların içinden Salih biri öldüğü zaman, kabrinin üstüne mescid inşâ ederler ve içini de resimlerle süslerlerdi. Onlar kıyâmet günü yaratılmışların en şerlileridir. »[3]

"Musned" ve "Sahihu Ebi Hâtim" de gelen hadiste Allah Rasûlü -sallallahu aleyhi ve sellem- şöyle buyurdu:

« Kabirleri mescidler edinenler ve kıyâmetin kopacağı anda hayatta olanlar, yaratılmışların en şerlilerindendirler. »[4]

"Sahih" de gelen hadiste Allah Rasûlü -sallallahu aleyhi ve sellem- şöyle buyurdu:

« Kabirlerin üzerine oturmayın. Kabirlere doğru namaz kılmayın. »[5]

"Muvatta" da gelen hadiste Allah Rasûlü -sallallahu aleyhi ve sellem- şöyle buyurdu:

« Allahım! Benim kabrimi tapınılan bir put haline getirme. Peygamberlerin kabirlerini mescidler edinen kavme karşı Allah'ın gadabı şiddetlenmiştir. »[6]

"Sünen" de gelen hadiste Allah Rasûlü -sallallahu aleyhi ve sellem- şöyle buyurdu:

« Kabrimi, toplanılan bayram edinmeyin. Nerede olursanız olun bana salavat getirin. Sizin salavatınız bana ulaştırılır. »[1]

---

[1] Buhari: 437 Namaz'da, Muslim: 530 Mesacid'de

[2] Buhari: Namaz'da 466,3654,3904 Muslim: 2382 Sahabenin Faziletleri'nde

[3] Buhari: 427 Namaz'da. Muslim: 528 Mescidler'de.

[4] Ahmed Musned'inde: 1/435 Ebu Naim "Ehbâru Esbahân" da: 1/142. Sahih bir hadistir.

[5] Muslim: 972 Cenâiz'de.

[6] Malik "Muvatta" sında : 1/172, Namazı Kısaltma Kitabı'nda.

Allah Rasûlü -sallallahu aleyhi ve sellem- şöyle buyurdu:

« Her kim bana selam verirse, Allah'da onun selamına karşılık vermem için bana ruhumu geri iâde eder. »[2]

Allah Rasûlü -sallallahu aleyhi ve sellem- şöyle buyurdu:

"Allah, ümmetimden gelen selamı bana iletmesi için kabrime melekler tayin etmiştir."[3]

Allah Rasûlü -sallallahu aleyhi ve sellem- şöyle buyurdu:

« Cuma gecesi ve Cuma günü bana salavatı çoğaltınız. Sizin salavatınız bana o gün arz olunur. » Dediler ki: "Ey Allah'ın Rasûlü! Senin bedenin çürümüşken nasıl olur da bizim salavatımız sana arz olunur? Allah Rasûlü -sallallahu aleyhi ve sellem- şöyle buyurdu: "Allah, toprağa, peygamberlerin bedenini yemeği haram kılmıştır." »[4]

Allah Teâlâ Nuh'un -Allah'ın selamı onun üzerine olsun- kavmindeki müşrikler hakkında şöyle buyuruyor:

$$ (وَقَالُوا لَا تَذَرُنَّ آلِهَتَكُمْ وَلَا تَذَرُنَّ وَدّاً وَلَا سُوَاعاً وَلَا يَغُوثَ وَيَعُوقَ وَنَسْراً) $$

« "Ve dediler ki: Sakın ilâhlarınızı terk etmeyin. Vedd'i, Suvâ'ı, Yağus'u, Ya'ûk'u ve Nesr'i bırakmayın."»[5]

İbn-i Abbas ve seleften bazıları şöyle dedi: Bunlar, Nuh kavminin Salih kimseleri idiler. Öldüklerinde, kabirleriyle meşgul oldular. Sonra, onların resimlerini yapıp onlara taptılar. İşte bu olay, putlara tapmanın ilk başlangıcı oldu.

Nebi -sallallahu aleyhi ve sellem- şirk kapısını kapamak için, kabirlerin mescid edinilmesini yasaklamıştır. Tıpkı, güneş doğarken ve batarken namaz kılmayı yasakladığı gibi. Çünkü müşrikler o vakitte güneşe secde ederler. Şeytanda güneşin doğuşunda ve batışında onunla birleşir. O vakitte namaz kılmak, müşriklerin namazına benzemektir. Bu sebepten dolayı bu kapıyı kapatmıştır. Şeytan, güç yetirebildiği ölçüde Âdemoğlunu sapıtmaya çalışır. Her kim, yıldızlara tapan kimseler gibi, güneşe, aya ve yıldızlara ibadet ederse, ona bir şeytan gelir ve onunla bazı işlerde konuşur. Bunu da yıldızların ruhaniyeti diye isimlendirirler. O ise şeytandır. Şeytan, insana bazı işlerinde yardım etse de, zararı, ona faydasından daha fazladır. Ona itaat edenin akıbeti hüsrandır, şerdir. Ancak Allah'a tevbe eden bunun dışındadır.

---

[1] Ebu Davud: 2042 Menasik'de, Kabirleri Ziyaret Babı. Ahmed Musned'inde: 2/367 Ebu Hureyre hadisinden.

[2] Ebu Davud: 2041, Menasik'de, Kabirleri Ziyaret Babı, Ebu Hureyre Hadisi. Ahmed Musned'inde: 2/527. İsnadı Hasendir.

[3] Bu hadis, Abdullah b. Mesud tarafından şu lafızla rivayet edilmiştir. "Yeryüzünde dolaşan, Allah'ın gezgin melekleri vardır. Ümmetimden gelen selamı bana ulaştırırlar." Ahmed Musned'inde: 1/387,441,452. Nesai: 3/43 Sehv'de, Nebi -sallallahu aleyhi ve sellem-' e Selam Babı'nda.

[4] Ebu Davud: 1047, Namaz'da, Cuma Gecesi ve Gününün Fazileti Babı. Nesai: 3/91,92. Cuma'da, Cuma Günü Nebi -sallallahu aleyhi ve sellem-' e Salavatı Çoğaltma Babı.

[5] Nuh Sûresi: 23

Bunun gibi, putlara tapanlara da, şeytanlar onlarla diyalog kurar. Ölüden, gâibden, ölüye dua edenle veya onu çağıranla, kabrinin yanında dua etmenin, evlerde ve mescidlerde yapılan duadan daha üstün olduğunu zannedenle şeytanlar diyalog kurarlar. Hadis ehlinin ittifakıyla yalan kabul edilen şu hadisi rivayet ederler: "Bir iş size zor gelirse (başınız dara düşerse) kabir ehlinden yardım isteyin." Bunu, şirk kapısını açan birisi uydurmuştur.

Müslümanların sapıklarından hıristiyan, puta tapan, bidat ve şirk ehline benzeyenlerden bazıları vardır ki onlar, meşhedlerin yanında ve şeytandan olan bazı haller görürler ve onu keramet zannederler. Örneğin; kabrin yanına bir don bırakırlar ve onu daha sonra bağlanmış olarak bulurlar. Sârâ hastalığına yakalanmış birini kabrin yanına koyarlar ve şeytanın onu o hastalıktan kurtardıklarını görürler. Şeytan, bunu, onları sapıtmak için yapar. Orada sıdk ile Âyetel-Kürsî'yi okuduğun zaman, bu ipdal olur. Muhakkak ki tevhid (Allah'ı birleme) şeytanı kaçırır. Bunun içindir ki, bazıları havada taşınırken La İlâhe İllallah dediğinde yere düşer. Bunun gibi bazıları, kabrin yarılıp içinden bir insanın çıktığını görür, şeytan olduğu halde onu orada yatan ölü zanneder.

Bu çok geniş bir konudur ve uzar gider.

Allah ve Rasûlü'nün -sallallahu aleyhi ve sellem- meşru kılmadığı (dinden olmayan) çöl ve mağaralarda yoğunlaşması sebebiyle, şeytanlar dağlara ve mağaralara çokça sığınırlar. Tıpkı, Kâsiyûn dağındaki Dem mağarası, Şam sahilindeki Lübnan dağı, Üst Mısır'daki Fetih dağı, Horasandaki Rum dağı, Cezira dağı ve bundan başka, Lekam dağı, Ehyaş dağı, Erdebil yanındaki Sûlân dağı, Tebriz yanındaki Şehnek dağı, Nekşevan yanındaki Mâsât Mâsât Kûh dağı, Nehâvend dağı ve bundan başka bazı insanların bulunduğunu zannettiği dağlar. Onları da: Gaybî insanlar diye isimlendirirler. Aslında orada cinlerden bazı kimselerden başkası yoktur. Tıpkı insanlardan bazı adamlar olduğu gibi cinlerden bazı kimseler vardır. Allah Teâlâ'nın buyurduğu gibi:

$$\text{(وَأَنَّهُ كَانَ رِجَالٌ مِّنَ الْإِنسِ يَعُوذُونَ بِرِجَالٍ مِّنَ الْجِنِّ فَزَادُوهُمْ رَهَقاً)}$$

«İnsanlardan bazı kimseler vardır ki, cinlerden bazı kimselere sığınırlardı. Cinler de onların azgınlıklarını artırıyorlardı. »[1]

Bunlardan bazıları, keçi kılı gibi uzun kılları olan bir kimse sûretinde görünür. Derisi tıpkı keçi derisi gibidir. Bilmeyen, onu insan zanneder. O ise, ancak bir cindir. Şöyle derler: Bu dağların her birinde kırk tane Ebdal vardır. Bu dağlardakiler cin olduğu halde bunlar, onların, Ebdal olduğunu zannederler. Bu ise, çeşitli yollarla bilinir.

---

[1] Cin Sûresi: 6

Bu konuyu genişliğinden dolayı burada zikretmeyeceğiz. Ondan bildiklerimiz burada zikredildi. Burada kısa olarak söylediklerimiz, Allah dostları hakkında soru soranlara verdiğimiz cevaplardır. Bu, gördüklerimiz ve duyduklarımızla vasfı uzayan bir konudur.

İnsanlar, olağanüstü olaylar karşısında üç guruba ayrılırlar. Bir kısım insanlar bu tür olayları peygamberlerden başkası için yalanlar. Belki de özel olarak doğrular. Evliyadan olmadığı düşüncesiyle, bir çok insanda zikredildiği zaman onu yalanlar, kabul etmez. Bazıları ise, her kim de bu olağanüstü olaylar vuku bulursa onu Veliyyullah (Allah dostu) zanneder. Bu iki durumda hatalıdır. Bunun içindir ki onlar, müşriklerin ve Ehli Kitabın onlara Müslümanlarla savaşmak için onlara yardım eden yardımcıları olduğunu ve onlarında Allah dostları olduklarını söylerler. Bunlar, onların olağanüstü olayı oldukları konusunda yalan söylerler. Doğru olan ise üçüncü sözdür. O da, onlara Allah dostlarından değil, kendi cinslerinden birilerinin yardım ettiğidir. Allah Teâlâ'nın buyurduğu gibi:

$$\text{(يَا أَيُّهَا الَّذِينَ آمَنُواْ لاَ تَتَّخِذُواْ الْيَهُودَ وَالنَّصَارَى أَوْلِيَاء بَعْضُهُمْ أَوْلِيَاء بَعْضٍ وَمَن يَتَوَلَّهُم مِّنكُمْ فَإِنَّهُ مِنْهُمْ إِنَّ اللَّهَ لاَ يَهْدِي الْقَوْمَ الظَّالِمِينَ)}$$

«Ey îman edenler! Yahudileri ve hıriistiyanları kendinize dost edinmeyin. Onlar birbirlerinin dostudurlar. İçinizden her kim onları dost edinirse, o onlardandır. »[1]

Allah'ın Kitabı'na ve sünnetine uyan muttaki Allah dostlarından olmayan bu ubbad ve zühhada şeytanlar yaklaşır. Onun haline münasip olmayan olağanüstü olaylar meydana gelir. Fakat, bunların olağanüstü olaylarının bazısı bazısından ayrılır. Bu tür olaylar gerçek Allah dostlarından hasıl olduğu halde onların olayını iptal eder. Onların böyle olağanüstü olaylar gösterebilmesi için cehaletten veya bilerek yalan söylemesi, şeytanların hallerine uygun günah işlemesi gerekir. Allah Teâlâ bununla, muttaki dostlarıyla, onlara benzemeye çalışan şeytanın dostlarını birbirinden ayırt eder. Allah Teâlâ şöyle buyurur:

$$\text{(هَلْ أُنَبِّئُكُمْ عَلَى مَن تَنَزَّلُ الشَّيَاطِينُ ﴿٢٢١﴾ تَنَزَّلُ عَلَى كُلِّ أَفَّاكٍ أَثِيمٍ)}$$

« Size şeytanların kimlere indiğini haber vereyim mi? Onlar, çok günah işleyen yalancılara inerler. »[2]

Şeytânî olayları güçlendiren sebeplerin en başında, müşriklerin dinledikleri müzik ve benzeri şeylerdir. Allah Teâlâ şöyle buyurur:

---

[1] Maide Sûresi: 51
[2] Şuara Sûresi: 221-222

(وَمَا كَانَ صَلَاتُهُمْ عِندَ الْبَيْتِ إِلاَّ مُكَاءً وَتَصْدِيَةً فَذُوقُواْ الْعَذَابَ بِمَا كُنتُمْ تَكْفُرُونَ)

« Onların Kâbe yanındaki duâları, ıslık çalmak ve el çırpmaktan başka bir şey değildi. »[1]

İbn-i Abbas, İbn-i Ömer ve seleften bazıları -Allah onlardan razı olsun- bu âyet hakkında şöyle dediler:

"Müşrikler, el çırpma ve ıslık çalmayı ibadet olarak yapıyorlardı."

Nebi -sallallahu aleyhi ve sellem- ve ashabının ibadetleri ise, Allah'ın emrettiği namaz, Kur'ân okuma, zikir ve buna benzer şeylerle, din adına yapılan toplantılardı. Nebi -sallallahu aleyhi ve sellem- ve ashabı, avuç içini birbirine vurarak ve ne de tefle yapılan müziği dinlemedi, onlara karşı asla sevgi beslemedi ve ne de bunlardan dolayı bürdesi yere düştü. Bilakis bunların hepsi ilim ehlinin ittifakıyla yalandır.

Nebi -sallallahu aleyhi ve sellem-' in ashabı bir araya geldikleri zaman içlerinden birine Kur'ân okumasını söylerlerdi. Diğerleri ise onu dinlerdi. Ömer b. Hattab —Allah ondan razı olsun- Ebu Musa el-Eş'ari'ye şöyle derdi: Bize Rabbimizi hatırlat. O da Kur'ân okur, onlarda dinlerlerdi. Nebi -sallallahu aleyhi ve sellem- Ebu Musa el-Eş'ari'ye uğramıştı. O ise Kur'ân okuyordu. Ona şöyle dedi: "Dün gece sana uğradım, sen ise Kur'ân okuyordun. Ben de durup seni dinledim." Şayet senin beni dinlediğini bilseydim, senin için güzelleştirirdim.[2]

Allah Rasûlü -sallallahu aleyhi ve sellem-' in buyurduğu gibi:

« Kur'ân'ı seslerinizle süsleyin. »

Allah Rasûlü -sallallahu aleyhi ve sellem- şöyle buyurur:

« Allah'ın, güzel bir sesle Kur'ân okuyanı dinlemesi, bir kimsenin kadın şarkıcısının şarkısını dinlemesinden daha çok şiddetlidir. »[3]

Nebi -sallallahu aleyhi ve sellem- İbn-i Mesud'a "Bana Kur'ân oku" buyurdu. İbn-i Mesud: "Kur'ân sana indirildiği halde, sana Kur'ân mı okuyayım?" dedi. Nebi -sallallahu aleyhi ve sellem- şöyle buyurdu: "Ben başkasından Kur'ân dinlemeyi daha çok severim." Nisa suresini okumaya başladım. Hatta 41. âyetine gelmiştim ki:

(فَكَيْفَ إِذَا جِئْنَا مِن كُلِّ أُمَّةٍ بِشَهِيدٍ وَجِئْنَا بِكَ عَلَى هَؤُلَاء شَهِيداً)

---

[1] Enfâl Sûresi: 35

[2] Heysemi "Mucemmauz-Zevaid" : 7/171, Hadis, şahidleriyle Hasendir.

[3] Ahmed Musned'inde: 6/19,20. İbnu Mace: 1340 İkametus-Salah, Kur'ân'la Sesi Güzelleştirme Babı, Fudale b. Ubeyd Hadisinden. El-Elbânî: "Daîful-Cami' " : 4633. Hadis Zayıftır.

« Her ümmetten bir şâhid getirdiğimiz ve seni de (ey Muhammed!) bunlara şâhid gösterdiğimiz zaman o kâfirlerin halleri nasıl olacaktır? »

Ağlamaktan gözlerinden yaşlar dökülüyordu. [1]

Bu dinleme, Nebi ve ona tâbi olanların dinlemesidir.

Allah Teâlâ'nın Kur'ân'da zikrettiği gibi:

$$ \text{(أُوْلَئِكَ الَّذِينَ أَنْعَمَ اللَّهُ عَلَيْهِم مِّنَ النَّبِيِّينَ مِن ذُرِّيَّةِ آدَمَ وَمِمَّنْ حَمَلْنَا مَعَ نُوحٍ وَمِنْ ذُرِّيَّةِ إِبْرَاهِيمَ وَإِسْرَائِيلَ وَمِمَّنْ هَدَيْنَا وَاجْتَبَيْنَا إِذَا تُتْلَى عَلَيْهِمْ آيَاتُ الرَّحْمَنِ خَرُّوا سُجَّداً وَبُكِيّاً)} $$

« İşte bunlar, Âdem'in, Nûh ile birlikte (gemide) taşıdıklarımızın, İbrahim'in, İsmail'in ve hidayet edip seçtiklerimizin soyundan gelen, Allah'ın kendilerine nimet verdiği peygamberlerdir ki, Allah'ın âyetleri okunduğu zaman, ağlayıp hemen secdeye kapanırlardı. » [2]

Allah Teâlâ ma'rifet ehli hakkında şöyle buyurur:

$$ \text{(وَإِذَا سَمِعُواْ مَا أُنزِلَ إِلَى الرَّسُولِ تَرَى أَعْيُنَهُمْ تَفِيضُ مِنَ الدَّمْعِ مِمَّا عَرَفُواْ مِنَ الْحَقِّ)} $$

« Peygambere indirilen (Kur'ân)'i dinledikleri zaman, hakkı öğrenmiş olmalarından dolayı gözlerinin yaşla dolup taştığını görürsün. » [3]

[Allah Subhânehû ve Teâlâ sadece Kur'ân dinleyenleri, bundan dolayı imanlarının artmasından sonucu onları övmüştür.] Gözyaşının akması ve tüylerinin ürpermesi bunun eserlerindendir.

Allah Teâlâ şöyle buyurur:

$$ \text{(اللَّهُ نَزَّلَ أَحْسَنَ الْحَدِيثِ كِتَاباً مُّتَشَابِهاً مَّثَانِيَ تَقْشَعِرُّ مِنْهُ جُلُودُ الَّذِينَ يَخْشَوْنَ رَبَّهُمْ ثُمَّ تَلِينُ جُلُودُهُمْ وَقُلُوبُهُمْ إِلَى ذِكْرِ اللَّهِ ذَلِكَ هُدَى اللَّهِ يَهْدِي بِهِ مَن يَشَاءُ وَمَن يُضْلِلِ اللَّهُ فَمَا لَهُ مِنْ هَادٍ)} $$

« Allah, sözlerin en güzelini, âyetleri güzellikte birbirine benzeyen ve mükerrer olarak gelen bir kitap şeklinde indirmiştir. Allah'tan korkanların ondan tüyleri ürperir. Sonra Allah'ın zikriyle derileri ve kalpleri sükûna kavuşur. » [1]

---

[1] Buhari: 5049 Kur'ân'ın Faziletleri. Kendisine, Başkasından Kur'ân Dinleme Daha Sevgili Gelen Kimse Babı. Muslim: 800, Yolculuk Namazı, Kur'ân Dinlemenin Fazileti Babı.

[2] Meryem Sûresi: 58

[3] Maide Sûresi: 83

$$\left(\text{إِنَّمَا الْمُؤْمِنُونَ الَّذِينَ إِذَا ذُكِرَ اللّهُ وَجِلَتْ قُلُوبُهُمْ وَإِذَا تُلِيَتْ عَلَيْهِمْ آيَاتُهُ زَادَتْهُمْ}\right.$$

إِيمَاناً وَعَلَى رَبِّهِمْ يَتَوَكَّلُونَ {٢} الَّذِينَ يُقِيمُونَ الصَّلَاةَ وَمِمَّا رَزَقْنَاهُمْ يُنفِقُونَ {٣}

أُوْلَئِكَ هُمُ الْمُؤْمِنُونَ حَقّاً لَهُمْ دَرَجَاتٌ عِندَ رَبِّهِمْ وَمَغْفِرَةٌ وَرِزْقٌ كَرِيمٌ)

« Mü'minler öyle kimselerdir ki (yanlarında) Allah anıldığı zaman, yürekleri ürperir; kendilerine O'nun âyetleri okunduğu zaman da îmanları artar ve yalnız Allah'a dayanıp güvenirler.

Keza namazı dosdoğru kılarlar; kendilerine rızık olarak verdiklerimizden infak ederler.

İşte gerçek mü'min olanlar bunlardır. Onlara Rableri katında dereceler vardır; bağışlanma ve hudutsuz rızık onlara mahsustur. »[2]

Son zamanlarda insanların dinledikleri ise, el çırpma, tef ve düdükten ibarettir. Sahabe, tabiîn ve diğer din imamlarının büyükleri, bunu Allah'a uzanan bir edinmemişlerdi. Bunu, itaat ve yaklaşma saymadılar. Aksine yerilmiş bidatlerden kabul ettiler. İmam Şafiî -Allah ondan razı olsun- şöyle der:

"Zındıklar, Bağdat'ta "tağyir" (değişiklik-değiştirme) adını verdikleri bir şey uydurdular. Onunla insanları Kur'ân'dan uzaklaştırıyorlardı. Bilgi sahibi Allah dostları bunu biliyorlardı. Biliyorlardı ki şeytanın bunda büyük payı var. Bunun içindir ki, onlardan orada hazır bulunan hayırlı insanlar bundan tövbe etmişlerdir."

Marifetten, yani Allah dostluğunun kemâliyetinden en uzak olanlarda, şeytanın nasibi daha çok olmuştur. Şeytan ona daha çok tesir etmiştir. Müzik ise içki mesabesindedir. Hatta onun nefislerdeki etkisi içkiden daha üstündür. Bunun içindir ki, müzik inleyerek kendinden geçenler kuvvetlendiği zaman onların üzerine şeytanlar iner. Onların bazılarının dillerinde konuşur ve bazılarını havada taşırlar. Belki de aralarında düşmanlık baş gösterir. Tıpkı içki içenlerin arasında kavga vuku bulduğu gibi. Onlardan birinin şeytanları, diğerinin şeytanlarından daha kuvvetli olur ve onu öldürür. Cahiller de, bunu, muttaki olan Allah dostlarının kerametlerinden zannederler. Bu hareketler ise, sahibini ancak Allah'tan uzaklaştırır. Bu haller, şeytani hallerden başkası değildir. Bir müslümanı öldürmek, Allah'ın helal kıldığı haller dışında helal olmaz. Nasıl olur da, masum birini öldürmek, Allah'ın dostlarına bir ikramı olur!? Kerametin gayesi, ancak istikametin lüzûmu içindir. Allah Teâlâ kuluna, sevdiği ve razı olduğu şeylerde yardım eder. Kendisine yaklaştıracak şeyleri artırır ve onunla derecesini yükseltir.

Olağanüstü olaylar, gizli şeyleri ortaya çıkarma gibi ilim cinsinden olur. Kimi olağanüstü olaylar da, alışılmışın dışında uygulamalar gibi kudret ve mülk cinsindendir.

Yine kimi olağanüstü olaylar, ilim, saltanat, zenginlik ve mal olarak verilen zenginlik cinsindendir.

Allah'ın kuluna verdiği bütün bu olağanüstü olayları ve başkalarını Allah'ın sevdiği, razı olduğu, O'na yaklaştıran, derecesini yükselten ve Allah ve Rasûlü'nün emrettiği şeylerde kullanırsa, bunlarla Allah'a ve Rasûlü'ne olan yakınlığı artar ve derecesi yükselir. Bütün bunlarla şirk, zulüm ve çirkinlikler gibi Allah ve Rasûlü'nün yasakladığı işlerde kullanırsa bununla zemmedilmeye ve azâba müstahak olur. Ya bundan dolayı güzel bir tövbeyle tövbe eder ve iyi davranışlarda bulunur, ya da onun diğer günahkârlardan hiçbir farkı kalmaz. Bunun içindir ki, olağanüstü olaylar gösterenler çokça cezalandırılırlar. Bu ceza bazen kralın krallıktan indirilmesi, alimin ilminin elinden alınması, bazen de nafileleri elinden alınarak vuku bulur ve özel dostluktan genel dostluğa intikal eder. Bazen de günahkârlar mertebesine indirilir. Bazen İslamdan döner, mürted olur. Bu gibi haller ise, şeytânî olanlarda vuku bulur. Bunların çoğu dininden dönüp mürted olurlar. Birçokları da bunun şeytandan olduğunu bilmez. Bunları, Allah dostlarının kerametlerinden zanneder.

Allah'ın, bir kuluna mal-mülk verip de hesaba çekmeyeceğini zanneden birisi gibi, onlardan bazısının zannettiği gibi, Allah Azze Ve Celle'nin bir kuluna olağanüstü olaylar bahşettiği zaman, bundan dolayı onu hesaba çekmeyeceğini zanneder. Onlardan kimi de, bu olağanüstü olayları ne emredildiği ve ne de yasaklandığı işlerde kullanır. Bu ise evliyalığın umumundan olur. Onlar ise, muktesid ve ebrar (orta yollu ve iyi) olanlardır. Sabikûn mukarrabûn (öne geçmiş olanlar) ise bunlardan daha yücedirler. Tıpkı Kul-Rasûl olanın Nebi-Kral olandan daha üstün olduğu gibi.

Olağanüstü olaylar, bir kimsenin derecesini eksilttiği zaman, salihlerin bir çoğu, zina ve hırsızlık gibi günahlardan tövbe edildiği gibi bu tür olaylardan da tövbe edip Allah'tan bağışlanma dilerler. Onlardan bazılarına bu tür olağanüstü olaylar bahşedildiği zaman, onun giderilmesi için Allah'a dua eder. Keramet zannettikleri bu olaylarla beraber, onların hepsi, kendilerini takip eden müridlerine bunların üzerinde durmamalarını, gayretlerinin bu olmaması gerektiğini ve onunla övünmemelerini emretmişlerdir. Hakikatte ise bu, şeytanın bir aldatmacası olunca hal nice olur!? Ben, onlardan öylelerini biliyorum ki, bitkiler onlarla konuşup, kendilerinde bulunan faydaları ona haber verirler. Bu ise, o bitkinin içine giren şeytandan başkası değildir. Onlardan kimi de, taş ve ağaçla konuşur. Şöyle derler: "Hoş geldin ey Allah dostu!" Âyetel-Kürsî'yi okuduğunda ise şeytan çeker gider. Yine onlardan tanıdığım bazısı kuş avına çıkar. Onunla bülbüller ve başka kuşlar konuşarak şöyle derler: " Beni al götür ki fakirler yesin." Tıpkı bir insanın içine girip konuştuğu gibi o kuşların da içine girmiştir. Onlardan kimisi de, evinde kapalı olduğu halde, kendini dışarıda görür, o ise kapıyı açmaz veya tam tersi. Yine o şahıs şehrin kapılarında görünür. Cin onu oradan çabucak girdirip çıkarmıştır. Veya ışıklar görür ve onu isteyene hemencecik getiriverir.

Onlar, şeytanlar olup sahibinin kılığına girerler. Tekrar tekrar Âyetel-Kürsî'yi okuduğu zaman bunların hepsi yok olup giderler.

Birilerinin onunla konuşup şöyle dediklerini bilirim: "Ben Allah'ın emrindenim." Onu Nebi -sallallahu aleyhi ve sellem-' in müjdelediği Mehdi olarak kabul eder. Onun olağanüstü olayları ortaya çıkar. Mesela, kalbinden kuş ve çekirgelerin sağa ve sola gitmelerini geçirir, onlar da onun dilediği şekilde giderler. Kalbinden bazı hayvanların ayağa kalkmasını, uyumasını veya gitmesini geçirdiği zaman, görünen bir hareket yapmaksızın o gerçekleşir. Onu Mekke'ye götürüp geri getirirler. Güzel yüzlü insanlarla gelir ve onlara, senin ziyaretine gelmek isteyen melekler olduğunu söyler. Bunların hepsi de şeytanın hilelerindendir. Bu çok geniş bir konudur. Bu konudaki bildiklerimi kaleme alacak olsaydım ciltler dolusu kitap gerekirdi. Allah Teâlâ şöyle buyuruyor:

$$ \text{(فَأَمَّا الْإِنسَانُ إِذَا مَا ابْتَلَاهُ رَبُّهُ فَأَكْرَمَهُ وَنَعَّمَهُ فَيَقُولُ رَبِّي أَكْرَمَنِ} ١٥ \{ وَأَمَّا} $$
$$ \text{إِذَا مَا ابْتَلَاهُ فَقَدَرَ عَلَيْهِ رِزْقَهُ فَيَقُولُ رَبِّي أَهَانَنِ)} $$

« İşte insan, ne zaman Rabbi onu imtihan eder ve bu maksatla kendisinde ikramda bulunup nimet verirse, "Rabbim bana ikram etti" der. Fakat ne zaman da onu imtihan edip rızkını daraltırsa "Rabbim bana ihanet etti" der. »[1]

Allah Teâlâ bu âyetten sonra (كَلَّا) "kellâ" yani kesinlikle hayır lafzını kullanır. Bu lafızda ikaz ve engelleme-mani olma vardır. Bu sözün benzerlerinin telaffuzunu engeller, mani olur, haber verdiği şeyi ikaz eder ve onunla ondan sonrasına emreder. Onun için dünya nimetlerine kavuşmak, onu elde etmek keramet sayılmaz. Allah Azze ve Celle, onunla, ona ikramda bulunmuştur. Rızkı daraltılarak, kendisine fakirlik takdir edilmiş birisine, Allah ihanet etmiş değildir. Bilakis Allah Subhânehû ve Teâlâ kulunu mutluluk ve sıkıntılarla imtihan eder. Sevmediği ve yanında kerim olmayan insanlara onunla aklını başından almak için dünya nimetlerini verir. Sevdiği ve dost edindiği kimseleri ise, yanındaki derecesinin eksilmemesi ve onun sebebiyle de sevmediği şeylerde vuku bulmaması için onu ondan korur.

Allah dostunun kerametinin sebebi, muhakkak îman ve takva olması gerekir. Küfür, günah ve isyan sebebiyle ise bu, Allah dostlarının kerametlerinden değil, Allah dostlarının olağanüstü olaylarındandır. Her kim, olağanüstü olaylara namazla, Kur'ân okumakla, zikirle, gece namazıyla ve duayla ulaşmıyor da, ölüden veya gaipten yardım dilemek gibi şirkle, günahlar ve isyanla, yılan, büyük eşekarısı, pis böceği ve kan gibi haram kılınmış pislikleri yiyerek, müzik, dans, özellikle de yabancı kadınlarla bunu yapıyorsa, olağanüstü olayları Kur'ân dinleme anında azalıp, şeytanın düdüğünü (üflemeli çalgılar) dinlerken artıyorsa, geceleyin uzun uzadıya dans ediyorsa, namaz vakti geldiğinde ayakta veya

---

[1] Fecr Sûresi: 15-16

horozun taneyi gagaladığı gibi namaz kılıyorsa, Kur'ân dinlemeyi kerih görüyor, onu sevmiyor ve ondan nefret ediyorsa,bunu isteksiz, zorla ve yapmacık tavırla yapıyor, Kur'ân dinlerken hiçbir lezzet, zevk almıyor ve ona karşı muhabbeti-sevgisi yoksa, el çırpma (alkışı) ve çalgı sesini seviyor ve ondan zevk duyuyorsa ve bütün bunları yaparak o olağanüstü olaylara ulaşıyorsa muhakkak ki bütün bunlar şeytânî hallerdir ve bu kimseler Allah Teâlâ'nın şu âyetine muhatap olan kimselerdir:

$$ (وَمَنْ يَعْشُ عَنْ ذِكْرِ الرَّحْمَنِ نُقَيِّضْ لَهُ شَيْطَاناً فَهُوَ لَهُ قَرِينٌ) $$

« Allah'ın zikrini kim umursamazsa, ona bir şeytanı musallat ederiz de, artık o, ondan hiç ayrılmayan bir arkadaş olur. »[1]

Kur'ân Rahman'ın zikridir. Allah Teâlâ şöyle buyuruyor:

$$ (وَمَنْ أَعْرَضَ عَنْ ذِكْرِي فَإِنَّ لَهُ مَعِيشَةً ضَنكاً وَنَحْشُرُهُ يَوْمَ الْقِيَامَةِ أَعْمَى {١٢٤} قَالَ رَبِّ لِمَ حَشَرْتَنِي أَعْمَى وَقَدْ كُنتُ بَصِيراً {١٢٥} قَالَ كَذَلِكَ أَتَتْكَ آيَاتُنَا فَنَسِيتَهَا وَكَذَلِكَ الْيَوْمَ تُنسَى) $$

« Kim beni anmaktan yüz çevirirse, onun için dar bir geçim vardır. Kıyâmet günü de onu kör olarak haşrederiz. O, "Rabbim! Niçin beni kör olarak haşrettin; halbuki ben gören bir kimse idim?" der. Allah da şöyle buyurur: "Öyle. Sana âyetlerimiz gelmişti de, sen onları unutmuştun; bugün de sen öyle unutulursun." »[2]

Yani, onu ameliyle baş başa bırakırız.

İbn-i Abbas -Allah ondan ve babasından razı olsun- şöyle der: "Allah, Kitabı'nı okuyan ve onunla amel edeni dünyada sapıtmaması ve ahirette de cehennem ehlinden olmaması için kefâleti-koruması altına almıştır. Sonra bu âyeti okudu.

[1] Zuhruf Sûresi: 36
[2] Tâhâ Sûresi: 124-126

Herkesin şunu iyi bilmesi gerekir ki, Muhammed -sallallahu aleyhi ve sellem-' i Rasûl olarak tüm cin ve insanlara göndermiştir. Her insan ve cinin üzerine düşen, Muhammed -sallallahu aleyhi ve sellem-' e îman etmek, O'na tabi olmak, haber verdiklerini doğrulamak ve emrettiklerine de itaat etmektir. Her kim, O'nun peygamber olduğu kendisine hüccet edildikten sonra, buna iman etmezse, insan olsun cin olsun kâfir olur.

Muhammed -sallallahu aleyhi ve sellem- Müslümanların ittifakıyla insanlara ve cinlere gönderilmiştir. Nebi -sallallahu aleyhi ve sellem- Tâif'ten döndükten sonra ashabına namaz kıldırırken bir gurup cin onun Kur'ân okuyuşunu dinlemişler ve kendi kavimlerini buna davet etmek için geri dönmüşlerdi. Allah Teâlâ bu olayı Kur'ân'da şu âyetleriyle anlatır:

(وَإِذْ صَرَفْنَا إِلَيْكَ نَفَراً مِّنَ الْجِنِّ يَسْتَمِعُونَ الْقُرْآنَ فَلَمَّا حَضَرُوهُ قَالُوا أَنصِتُوا فَلَمَّا قُضِيَ وَلَّوْا إِلَى قَوْمِهِم مُّنذِرِينَ ﴿٢٩﴾ قَالُوا يَا قَوْمَنَا إِنَّا سَمِعْنَا كِتَاباً أُنزِلَ مِن بَعْدِ مُوسَى مُصَدِّقاً لِّمَا بَيْنَ يَدَيْهِ يَهْدِي إِلَى الْحَقِّ وَإِلَى طَرِيقٍ مُّسْتَقِيمٍ ﴿٣٠﴾ يَا قَوْمَنَا أَجِيبُوا دَاعِيَ اللَّهِ وَآمِنُوا بِهِ يَغْفِرْ لَكُم مِّن ذُنُوبِكُمْ وَيُجِرْكُم مِّنْ عَذَابٍ أَلِيمٍ ﴿٣١﴾ وَمَن لَّا يُجِبْ دَاعِيَ اللَّهِ فَلَيْسَ بِمُعْجِزٍ فِي الْأَرْضِ وَلَيْسَ لَهُ مِن دُونِهِ أَوْلِيَاء أُوْلَئِكَ فِي ضَلَالٍ مُّبِينٍ)

« (Ey Muhammed!) Hani birara cinlerden bir gurubu Kur'ân dinlemeleri için sana yöneltmiştik. Onun yanına gelince birbirlerine "susun" demişler, okuma bitince de uyarıcılar olarak kavimlerine dönmüşlerdi. Onlara demişlerdi ki: "Ey kavmimiz! Biz Mûsâ'dan sonra, Muhammed'e indirilen, kendinden öncekileri doğrulayan, hakka ve dosdoğru yola hidayet eden bir kitap dinledik."

"Ey kavmimiz! Allah'ın davetçisine icabet edin ve ona inanın ki Allah, sizin için günahlarınızdan bir kısmını bağışlasın ve sizi o acı azabtan korusun."

Kim Allah davetçisine icabet etmezse yeryüzünde Allah'ı âciz bırakıp kendini kurtaramaz. Kendisinin O'ndan başka dostları olamaz. Böyleleri apaçık bir sapıklık içindedir. »[1]

Allah Teâlâ bu âyetlerden sonra şunları indirdi:

(قُلْ أُوحِيَ إِلَيَّ أَنَّهُ اسْتَمَعَ نَفَرٌ مِّنَ الْجِنِّ فَقَالُوا إِنَّا سَمِعْنَا قُرْآناً عَجَباً ﴿١﴾ يَهْدِي إِلَى الرُّشْدِ فَآمَنَّا بِهِ وَلَن نُّشْرِكَ بِرَبِّنَا أَحَداً ﴿٢﴾ وَأَنَّهُ تَعَالَى جَدُّ رَبِّنَا مَا اتَّخَذَ صَاحِبَةً

وَلَا وَلَداً {٣} وَأَنَّهُ كَانَ يَقُولُ سَفِيهُنَا عَلَى اللَّهِ شَطَطاً {٤} وَأَنَّا ظَنَنَّا أَن لَّن تَقُولَ الْإِنسُ وَالْجِنُّ عَلَى اللَّهِ كَذِباً {٥} وَأَنَّهُ كَانَ رِجَالٌ مِّنَ الْإِنسِ يَعُوذُونَ بِرِجَالٍ مِّنَ الْجِنِّ فَزَادُوهُمْ رَهَقاً)

« (Ey Muhammed!) De ki: "Cinlerden bir gurup benden Kur'ân dinlemiş ve şöyle demişlerdi: Biz, doğru yola ileten hayret verici bir Kur'ân dinledik ve ona îman ettik. Artık Rabbimize hiç kimseyi ortak koşmayacağız. Zira Rabbimizin büyüklüğü çok yüce olup, ne bir eş ve ne de bir çocuk asla edinmemiştir. Meğer câhilimiz, Allah'a karşı çok büyük yalanlar söylüyormuş.Biz de insanların ve cinlerin Allah'a karşı hiç yalan söylemeyeceklerini zannediyorduk. Fakat insanlardan bazı adamlar varmış ki, cinlerden bazı kimselere sığınıyorlarmış; cinler de onların azgınlıklarını artırıyorlarmış." »[1]

Bir insan, bir vadiye indiği zaman şöyle derdi: Kavminin sefihlerinden bu vadinin yücesine sığınırım. İnsan, cinden yardım istediğinde, cinler de onların azgınlık ve kâfirliklerini artırdılar. Allah Teâlâ'nın buyurduğu gibi:

(وَأَنَّهُ كَانَ رِجَالٌ مِّنَ الْإِنسِ يَعُوذُونَ بِرِجَالٍ مِّنَ الْجِنِّ فَزَادُوهُمْ رَهَقاً {٦} وَأَنَّهُمْ ظَنُّوا كَمَا ظَنَنتُمْ أَن لَّن يَبْعَثَ اللَّهُ أَحَداً {٧} وَأَنَّا لَمَسْنَا السَّمَاء فَوَجَدْنَاهَا مُلِئَتْ حَرَساً شَدِيداً وَشُهُباً)

« Fakat insanlardan bazı adamlar varmış ki, cinlerden bazı kimselere sığınıyorlarmış; cinler de onların azgınlıklarını artırıyorlarmış.Sizin, Allah'ın hiç kimseyi yeniden diriltmeyeceğini sandığınız gibi, cinler de öyle sanmışlardı. "Biz, gökyüzünü yokladık ve onu sert bekçiler ve birer atımlık alevlerle doldurulmuş bulduk." »[2]

Kur'ân indirilmeden önce şeytanlar parlak yıldızlarla taşlanıyorlardı. Fakat, bazen parlak yıldızlar onlara ulaşmadan önce kulak hırsızlığı yapıyorlardı. Nebi -sallallahu aleyhi ve sellem- gönderildikten sonra gökyüzü güçlü koruyucular ve parlak yıldızlarla doldu. Parlak yıldızlar, şeytanlar duymadan önce onları taşlayan kurşunlar oldu. Onların dedikleri gibi:

(وَأَنَّا كُنَّا نَقْعُدُ مِنْهَا مَقَاعِدَ لِلسَّمْعِ فَمَن يَسْتَمِعِ الْآنَ يَجِدْ لَهُ شِهَاباً رَّصَداً)

"Halbuki biz önceden, göğün haberlerini dinlemek için onun oturulacak yerlerine otururduk; şimdi ise, kim dinlemek isterse, kendisini gözleyen bir alev buluyor."[3]

Başka âyette Allah Teâlâ şöyle buyuruyor:

---

[1] Cin Sûresi: 1-6
[2] Cin Sûresi: 6-8
[3] Cin Sûresi: 9

(وَمَا تَنَزَّلَتْ بِهِ الشَّيَاطِينُ {٢١٠} وَمَا يَنبَغِي لَهُمْ وَمَا يَسْتَطِيعُونَ {٢١١} إِنَّهُمْ عَنِ السَّمْعِ لَمَعْزُولُونَ)

« Kur'ân'ı şeytanlar indirmemiştir. (Onu indirmek) onlara düşmez; zaten buna güçleri de yetmez. Onlar, (vahiy sırasında Kur'ân'ı) dinlemekten men olunmuşlardı. »[1]

Dediler ki:

(وَأَنَّا لَا نَدْرِي أَشَرٌّ أُرِيدَ بِمَن فِي الْأَرْضِ أَمْ أَرَادَ بِهِمْ رَبُّهُمْ رَشَداً {١٠} وَأَنَّا مِنَّا الصَّالِحُونَ وَمِنَّا دُونَ ذَلِكَ كُنَّا طَرَائِقَ قِدَداً)

« "Yeryüzündekilere bir kötülük mü murat olundu, yoksa Rabbin onlara bir hayır mı istedi, doğrusu biz bunu bilemiyoruz. İçimizde iyi olanlar da var, olmayanlar da var. Çeşit çeşit guruplara ayrılmışız. »[2]

Yani çeşitli mezheplere. Onlardan bazı alimlerin dedikleri gibi: Müslüman, müşrik, yahudi, hıristiyan, sünnete uygun hareket eden ve bidatcı.

(وَأَنَّا ظَنَنَّا أَن لَّن نُّعجِزَ اللَّهَ فِي الْأَرْضِ وَلَن نُّعْجِزَهُ هَرَباً)

« "Biz şunu iyice anladık ki, yeryüzünde Allah'ı aslâ âciz bırakamayacağız; kaçmakla da O'nu âciz kılamayacağız. »[3]

Cinler, Allah'ı yeryüzünde kalsalar da kaçsalar da âciz bırakamayacaklarını haber veriyorlar.

(وَأَنَّا لَمَّا سَمِعْنَا الْهُدَى آمَنَّا بِهِ فَمَن يُؤْمِن بِرَبِّهِ فَلَا يَخَافُ بَخْساً وَلَا رَهَقاً {١٣} وَأَنَّا مِنَّا الْمُسْلِمُونَ وَمِنَّا الْقَاسِطُونَ فَمَنْ أَسْلَمَ فَأُوْلَئِكَ تَحَرَّوْا رَشَداً)

« "Doğruluk rehberi Kur'ân'ı dinlediğimiz zaman, ona îman ettik. Kim Rabbine îman ederse, artık o, sevabının azalacağından ve bir haksızlığa uğrayacağından korkmaz. İçimizde müslüman olanlar da vardır; haktan ayrılmış olanlar da vardır. »[4]   Yani zalimler.

(فَمَنْ أَسْلَمَ فَأُوْلَئِكَ تَحَرَّوْا رَشَداً {١٤} وَأَمَّا الْقَاسِطُونَ فَكَانُوا لِجَهَنَّمَ حَطَباً {١٥} وَأَلَّوِ اسْتَقَامُوا عَلَى الطَّرِيقَةِ لَأَسْقَيْنَاهُم مَّاء غَدَقاً {١٦} لِنَفْتِنَهُمْ فِيهِ وَمَن يُعْرِضْ عَن ذِكْرِ رَبِّهِ يَسْلُكْهُ عَذَاباً صَعَداً {١٧} وَأَنَّ الْمَسَاجِدَ لِلَّهِ فَلَا تَدْعُوا مَعَ

[1] Şuara Sûresi: 210-212
[2] Cin Sûresi: 10-11
[3] Cin Sûresi: 12
[4] Cin Sûresi: 13-14

اللَّهِ أَحَداً {١٨} وَأَنَّهُ لَمَّا قَامَ عَبْدُ اللَّهِ يَدْعُوهُ كَادُوا يَكُونُونَ عَلَيْهِ لِبَداً {١٩} قُلْ إِنَّمَا أَدْعُو رَبِّي وَلَا أُشْرِكُ بِهِ أَحَداً {٢٠} قُلْ إِنِّي لَا أَمْلِكُ لَكُمْ ضَرّاً وَلَا رَشَداً {٢١} قُلْ إِنِّي لَنْ يُجِيرَنِي مِنَ اللَّهِ أَحَدٌ وَلَنْ أَجِدَ مِنْ دُونِهِ مُلْتَحَداً {٢٢} إِلَّا بَلَاغاً مِّنَ اللَّهِ وَرِسَالَاتِهِ وَمَن يَعْصِ اللَّهَ وَرَسُولَهُ فَإِنَّ لَهُ نَارَ جَهَنَّمَ خَالِدِينَ فِيهَا أَبَداً {٢٣} حَتَّى إِذَا رَأَوْا مَا يُوعَدُونَ فَسَيَعْلَمُونَ مَنْ أَضْعَفُ نَاصِراً وَأَقَلُّ عَدَداً)

« "Fakat kimler müslüman olursa, işte bunlar hak yola yönelmiş olurlar. Haktan ayrılmış olanlar ise, cehenneme odun olurlar."Halbuki onlar, İslam'ın yoluna yönelmiş olsalardı, denemek için onlara bol bol su içirirdik. Kim de Rabbinin zikrinden yüz çevirirse, Allah da onu çok ağır bir azâba sokar. Şüphe yoktur ki mescidler, Allah'a mahsustur. Bu itibarla oralarda, Allah ile beraber başkasına da kulluk etmeyin. Zira Allah'ın kulu (Muhammed), O'na ibadet etmek için kalkınca, etrafında neredeyse kümeleşiveriyorlardı. (Ey Muhammed!) De ki: "Ben, sadece Rabbime ibadet ediyorum ve hiç kimseyi O'na ortak koşmuyorum" Ve de ki: "Ben size ne zarar verebilirim; ne de iyilik edebilirim" Ve yine de ki: "Eğer ben Allah'a karşı gelirsem, O'nun azâbından beni hiç kimse kurtaramaz ve ben O'ndan başka sığınacak birini de aslâ bulamam.Ancak O'nun gönderdiklerini Allah'tan tebliğ edersem bana yardım eder." Kim Allah'a ve Resûlüne, onun için, içinde ebediyen kalacakları cehennem ateşi vardır. Sonunda tehdit oldukları bu ateşi gördükleri zaman, yardımcı olarak kimin daha zayıf ve kimin sayıca daha az olduğunu anlayacaklardır. »[1]

Cinler, Kur'ân'ı işittikleri zaman Nebi -sallallahu aleyhi ve sellem-' e gelip beyat etmişlerdi. "Sahih"[2] de gelen İbn-i Mesud hadisinde sabit olduğu gibi.

Nebi -sallallahu aleyhi ve sellem- onlara Rahman suresini okuyordu. « O halde Rabbinizin hangi nimetlerini yalanlayabilirsiniz? » âyetini okuyunca şöyle dediler: Nimetlerinden hiçbir şeyi yalanlamayız, sana hamd olsun.[3]

Nebi -sallallahu aleyhi ve sellem- ile bir araya geldiklerinde kendileri ve hayvanları için yiyeceklerini sordular. Rasûlullah -sallallahu aleyhi ve sellem- şöyle buyurdu:

« Sizin yiyeceğiniz, eti çok olan ve üzerine Allah'ın ismi zikredilen kemiklerdir. Hayvanlarınızın yiyeceği ise, gübre ve yemdir.»

« O ikisiyle (kemik ve gübre) istinca etmeyin. Çünkü onlar, cin kardeşlerinizin yiyecekleridir. »[4]

---

[1] Cin Sûresi: 14-24

[2] Buhari: 772. Ezan'da. Sabah Namazında Sesli Okuma Babı. Muslim: 449. Namaz'da. Sabahta Sesli Okuma Babı.

[3] Tirmizi: 3320 Tefsir'de. Rahman Sûresi'nin Faziletlerinden Babı. Cabir b. Abdullah hadisinden.

[4] Muslim: 450. Namaz'da. Sabahta Kıratı Açıktan Okuma Babı. Tirmizi: 3254. Tefsir'de.

Bu yasaklama, çeşitli yollarla gelmiş olup, Nebi -sallallahu aleyhi ve sellem-' den sabittir. Bunun içindir ki, âlimler, cinler ve hayvanlarının yiyecekleriyle istinca yapmanın yasaklanmasını delil getirerek şöyle demişlerdir: İnsanlar ve hayvanlarının yiyecekleri onlarınkinden daha evlâdır.

Muhammed -sallallahu aleyhi ve sellem- bütün cin ve insanlara gönderilmiştir. Bu, değer olarak, Allah katında, cinlerin Süleyman -aleyhisselâm-'ın emrine verilmesine rağmen en yüce olandır. Cinler, Süleyman -aleyhisselâm-' ın emrine verilmiş ve O'da bir kral hükmüyle onlara hükmediyordu. Muhammed -sallallahu aleyhi ve sellem- ise, onlara Rasûl olarak gönderilmiş ve onlara Allah'ın ve Rasûlü'nün emrettiklerini emreder. Çünkü O -sallallahu aleyhi ve sellem- Allah'ın kulu ve Rasûlüdür. Kul-Rasûl olan bir peygamberin makamı, Nebi-Kral olan peygamberin makamının üstündedir.

Kitap, sünnet ve icmayla sabittir ki, cinlerin kâfirleri cehenneme girecektir. Mü'minleri ise, âlimlerin cumhurunun görüşüne göre cennete gireceklerdir. Âlimlerin cumhuruna göre peygamberler insanlardan gönderilmiştir. Cinlerden peygamber gönderilmemiştir. Fakat onlardan uyarı olmuştur. Bu konular başka bir yerde geniş olarak açıklanacaktır.

Buradan maksat ise, cinlerin insanlarla olan ilişkileri çeşitlidir. İnsanlardan her kim cinlere yalnızca Allah'a ibadet etmek ve peygamberine itaat etmek gibi Allah ve Rasûlünün emrettiklerini emrederse, bu, Allah dostluğunun en üstün olanıdır. O, bu durumda Rasûl -sallallahu aleyhi ve sellem-' in halifesi ve nâibidir. Her kim cinleri, haram olmayan mubah işlerde kullanırsa o, bir insanı mubah işlerde kullanan kimse gibidir. Bu ise, şayet onlara, üzerlerine gereken şeyleri emrediyor, haram olan şeyleri yasaklıyor ve onları mubah olan şeylerde kullanıyorsa o, bunu yapan krallar makamında olur.

Bu ise, onun Allah Teâlâ'nın dostlarından ve tıpkı Nebi-Kralla birlikte Kul-Rasûl olan Davûd, Süleyman, Yûsuf ve İbrahim, Mûsâ, Îsâ, Muhammed —Allah'ın salat ve selamı onların üzerine olsun- gibi gayesi Allah Teâlâ dostlarının umûmundan olması takdir edilmişse durum böyledir.

Her kim de cinleri, Allah ve Rasûlü'nün, şirk, masum birini öldürme, öldürme olmaksızın düşmanlık etme, birini hasta etme, ilmini unutturma, fuhşuyat isteyenin celbi gibi iğrençlikte zulüm gibi yasakladığı işlerde kullanırsa bu, onları günah ve düşmanlıkta kullanmaktır. Sonra her kim onları küfürde kullanırsa o kâfirdir. Ma'siyette kullanırsa o âsidir, fâsıktır, günahkârdır.

Şeriat ilimlerinde tam bir ilme sahip olmayanlar, keramet zannedilen bazı işlerde cinleri kullanırlar. Tıpkı, hacca gitmek, bidat şeyler işittiğinde o mekandan onu uçurarak uzaklaştırmak, kendisini Arafat'a taşımaları (fakat Allah ve Rasûlü'nün emrettiği şerî haccı yapmaz), bir şehirden diğer bir şehre taşımaları için onları kullanmak gibi. Bunlar aldatmadır ve onlar bununla tuzak kurmuşlardır.

Bunların bir çoğu, bu tür olayların cinlerden olduğunu bilmez. Allah dostlarının (yani kendisinin) kerametlere ve olağanüstü olaylara sahip olduğunu duymuştur. Onların, imanın hakikatlerinden ve Kur'ân'ın marifesinden haberleri olmadığı için Rahman'dan olan kerametlerle, şeytanın hilelerini birbirinden ayırt edemez. Cinler, inancı nispetinde onu kandırır. Şayet o şahıs, yıldızlara ve putlara tapan bir müşrik ise veya bu ibadetlerle fayda sağlayacağı konusunda onun zihnini meşgul etmişler ise, onun amacı melek, nebi ve salih bir şahsın kılığına girdiği puttan tevessül ve şefaat talebinde bulunmasıdır. O, meleğe, nebiye veya salih kimseye ibadet ettiğini zanneder. Hakikatte ise onun ibadeti/kulluğu şeytanadır. Allah Teâlâ şöyle buyuruyor:

$$(\text{وَيَوْمَ يَحْشُرُهُمْ جَمِيعاً ثُمَّ يَقُولُ لِلْمَلَائِكَةِ أَهَؤُلَاءِ إِيَّاكُمْ كَانُوا يَعْبُدُونَ } \{٤٠\}$$
$$\text{قَالُوا سُبْحَانَكَ أَنتَ وَلِيُّنَا مِن دُونِهِم بَلْ كَانُوا يَعْبُدُونَ الْجِنَّ أَكْثَرُهُم بِهِم مُّؤْمِنُونَ })$$

« O gün onların hepsini toplar, sonra da meleklere der ki: "Size bunlar mı ibadet ediyorlardı?"

Onlar da şöyle derler: "Seni tenzih ederiz. Bizim velîmiz, onlar değil sensin. Hayır, onlar cinlere ibadet ediyorlardı. Çoğu onlara îman eden kimselerdi." »[1]

Bunun içindir ki, güneşe, aya ve yıldızlara secde edenler, onlara secde edecekleri zaman, secdelerinin kendisine olması için şeytan orada hazır bulunurdu. Şeytan, müşriklerin yardım istediği şeyin şekline girerdi. Hıristiyan ise ve Cerces ve başkasından yardım istemişse şeytan, kendisinden yardım istenilen Cerces veya başkası kılığında gelir. Şayet müslüman ise ve kendisi hakkında hüsn-ü zanda bulunduğu müslüman şeyhlerinden birinden yardım istemişse, şeytan, o şeyhin sûretinde gelir. Şayet Hindistanlı müşriklerden ise şeytan onun yücelttiği müşrik sûretinde gelir.

Kendisinden yardım talebinde bulunulan şeyh, şayet Şeriat hakkında bilgi sahibi ise, şeytanın kendisinden yardım talebinde bulunan ashabına kendisinin sûretinde gittiğini bilmez. Şeyhin Şeriat hakkında bilgi sahibi değilse, onların sözlerini ona haber verir, onlar için onun sözlerini naklederler. Onlar da, şeyhin onların sözünü uzaktan işittiğini ve cevap verdiğini zannederler. O ise ancak şeytan vasıtasıyla olmaktadır.

Cinler yardımıyla gizliliği ortaya çıkarma ve onlarla diyalog gibi şeyler başına gelen bazı şeyhler haber vererek şöyle demişlerdir: Cin, bana su ve cam gibi berrak bir şeyler gösterdi. Haber verilmesi istenilen şeyi bunun içinde şekille gösteriyorlardı. İnsanlara bu olay haber verilir. Bana, ashabımdan yardım isteyenlerin kelamını ulaştırırlar ve ben de onlara cevap veririm. Onlar da cevabımı ona ulaştırırlar.

Bazı kimseler, bu olağanüstü olaylardan başına gelen şeyhlerin bir çoğunu, bilmedikleri (yani bunun şeytandan olduğunu) bu olayları yalanlayarak şöyle derler:

Sizler bu olayları hile yoluyla yapıyorsunuz. Tıpkı, ateş taşı, turunçun dış kabuğu, kurbağa yağı ve başka tabi hileleri kullanarak ateşe girilip onlara ateşin zarar vermediği gibi. Şeyhler hayret ederek şöyle derler: Vallahi biz bu hileli şeylerin hiçbirini bilmeyiz. Bilgi sahibi bir zât şöyle der: Sizler bu sözünüzde doğrusunuz. Fakat bu haller şeytani hallerdir. Sonunda bunu kabul ederler. Hak açıkça belli olduktan ve bir çok yönden onun şeytandan olduğu ortaya çıktıktan sonra [bu tür hallerin şeytandan olduğunu gördüklerinde] onlardan bazıları Allah'a tövbe etmiştir. Yine görmüşlerdir ki, bu olağanüstü olaylar, şeriattaki yerilmiş bidatler ve Allah ve Rasûlüne isyan sonucunda oluşmuştur. Bu tür olağanüstü olaylar Allah ve Rasûlünün sevdiği şerî ibadetlerden meydana gelmiyor. İşte o zaman anladılar ki, bunlar Rahman'ın dostlarına olan kerametlerinden değil de, şeytanın dostlarına olan olağanüstü olaylarındandır.

Hamd, tek olan Allah'adır. O'nun salat ve selamı efendimiz Muhammed -sallallahu aleyhi ve sellem-' e, âilesi ve ashabının üzerine olsun. Allah bize yeter, O, ne güzel vekildir.